Horst Gerbaulet

Erlebnis Eggeweg

Wandern von den Externsteinen bis Marsberg

Erstellt durch:

LWL-Denkmalpflege, Landschafts- und Baukultur in Westfalen

Herausgegeben von:

Naturpark Teutoburger Wald Eggegebirge

Erschienen im:

tpk Regionalverlag
www.tpk-verlag.de

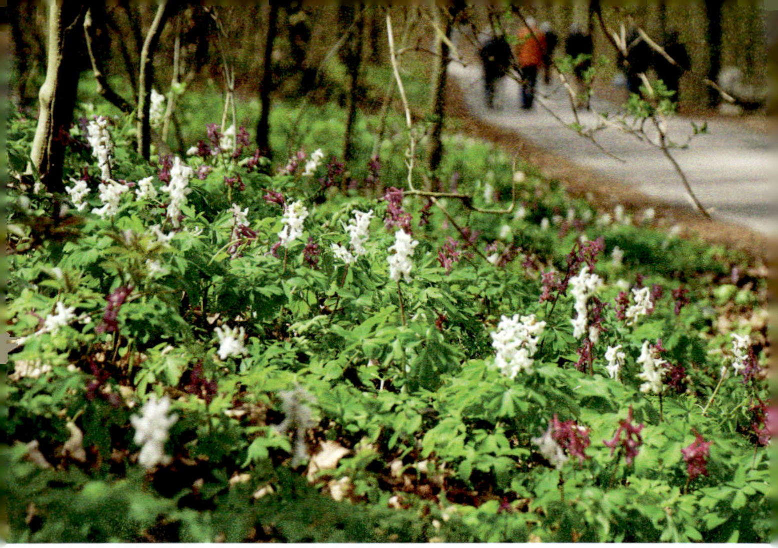

Erlebnis Eggeweg

Wandern von den Externsteinen bis Marsberg

Der Abwechslungsreichtum des Eggegebirges und die Vielzahl kulturhistorisch bedeutsamer Sehenswürdigkeiten sind ein wesentlicher Grund dafür, dass der Eggeweg zu einem der beliebtesten Kammwanderwege Deutschlands zählt. Seine Qualität lässt sich auch daran bemessen, dass er 2010 vom Deutschen Wanderverband als erster Wanderweg Deutschlands zum dritten Mal in Folge als »Qualitätsweg« ausgezeichnet wurde.

Links und rechts des Weges lassen sich Reste sächsischer Wallburgen, alte Grenzsteine und Wegemale sowie historische Passwege entdecken Darüber hinaus finden sich im Wald mannigfaltige Spuren des Abbaus von Bodenschätzen, der Glasherstellung, des Köhlerwesens oder der Waldhude. Auf diese kulturlandschaftlichen Besonderheiten möchten der Naturpark Teutoburger Wald / Eggegebirge und der Landschaftsverband Westfalen-Lippe (LWL) aufmerksam machen.

Zusammen mit den beiden Wanderführern zum Hermannsweg sind die „Hermannshöhen“ nun auf ihrer gesamten Länge von Rheine bis Marsberg durch Erlebnis-Wanderführer des LWL im tpk-Regionalverlag abgedeckt. Wie seine Vorgängerbände enthält auch dieser Wanderführer alle notwendigen Wegeinformationen, eine detaillierte Beschreibung der einzelnen Etappen und der besonders sehenswerten Bereiche sowie einen informativen Kartenteil.

Wenn dieses Buch hilft, dass Sie als Wanderer erlebnisreiche Tage auf dem Eggeweg verbringen, dann hat es sein Ziel erreicht. Wir wünschen Ihnen ein unbeschwertes Wandervergnügen!

Dr. Wolfgang Kirsch
LWL-Direktor

Landrat Friedel Heuwinkel
Verbandsvorsteher des Naturparks Teutoburger Wald / Eggegebirge

Inhalt

Zu diesem Wanderführer

Dieser Wanderführer für den Eggeweg ist in gleicher und bewährter Weise wie seine beiden Schwesternbände für den Hermannsweg (H-Weg) aufgebaut (⇨ S. 141). Von den Externsteinen bis zum Velmerstot verlaufen der Hermanns- und der Eggeweg sogar ein Stück parallel bzw. weggleich.

Eine Wanderung über den Eggeweg ist im Vergleich zum Hermannsweg mit deutlich weniger Auf- und Abstiegen verbunden, da den Gebirgskamm querende und tief eingeschnittene Täler beim Eggeweg relativ selten sind. Dafür ist der Weg häufiger naturbelassen, was auch Kondition und Konzentration erforderlich macht.

Der Eggeweg stellt außerdem ein 70 km langes Teilstück des von Mittelschweden bis Umbrien (Italien) verlaufenden Europäischen Fernwanderwegs **E1** dar. Dieser soll verlängert werden und dann über rund 4.900 km vom Nordkap bis nach Sizilien führen.

Der an den Externsteinen beginnende Eggeweg führt durch den ⇨ Naturpark Teutoburger Wald / Eggegebirge. Er durchläuft vier Kreise sowie acht Städte und Gemeinden. Ab dem Velmerstot bis nach Blankenrode führt er über den Kammbereich der Egge. Zwar ist diese – anders noch als vor

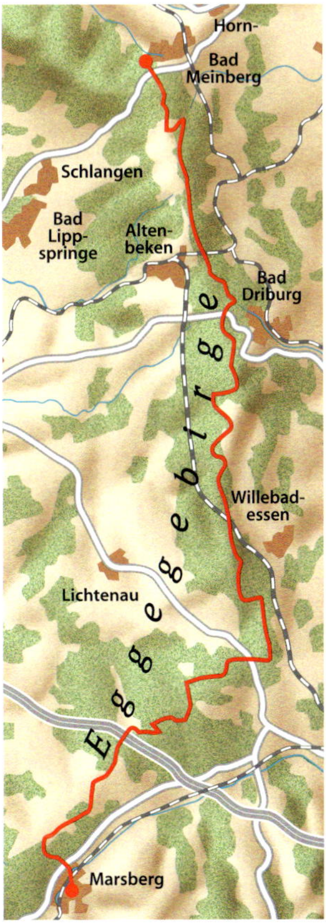

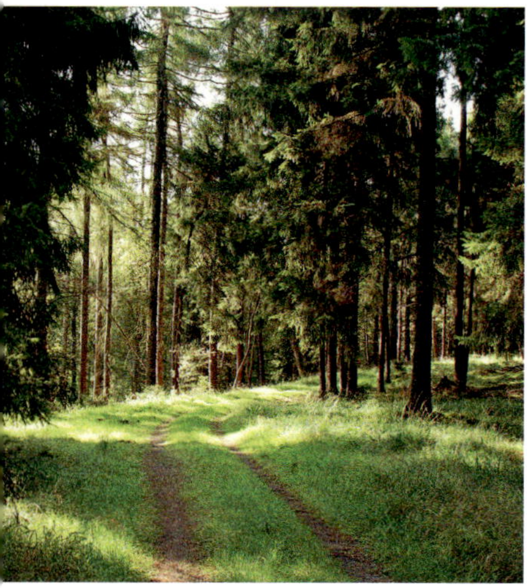

Eggeweg an den Hardehauser Klippen

hundert Jahren – fast durchgehend bewaldet, dennoch ergeben sich von Aussichtspunkten und -türmen immer wieder schöne Blicke in die Landschaft, insbesondere am Ende des geschlossenen Waldbereichs nordöstlich von Oesdorf.

Streckenführung / Route

Der Eggeweg beginnt an den Externsteinen, verläuft durch das Silberbachtal und steigt dann auf den Kamm des Eggegebirges hinauf. Im Grenzbereich der Kreise Paderborn im Westen und Höxter im Osten führt der Weg ein gutes Stück nach Süden durch mehr oder weniger geschlossene Waldbereiche. Am Rand der Paderborner Hochfläche bei Oesdorf verlässt der Weg schließlich den Wald und führt durch Wiesen und Weiden nach Essentho. Am Rand der Paderborner Hochfläche entlang wandernd, hat man auf dieser letzten Etappe weite Ausblicksmöglichkeiten und viel Sonne (so sie denn scheint). Hinter Essentho geht es dann hinunter ins Diemeltal bei Marsberg, wo der Weg am Bahnhof endet.

Exkurs Naturpark Teutoburger Wald / Eggegebirge

■ Der **Naturpark Teutoburger Wald / Eggegebirge** wurde 1965 gegründet und umfasst heute 2.711 Quadratkilometer des Teutoburger Waldes und der Egge sowie der seitlich anschließenden Naturräume. Er ist ein Zweckverband der Stadt Bielefeld und der Kreise Gütersloh, Lippe, Höxter, Paderborn und Hochsauerlandkreis. Der Naturpark hat die **Aufgabe**, die Natur zu schützen und zu entwickeln, den Menschen eine naturnahe Erholung zu ermöglichen sowie das Verständnis für die natürlichen Vorgänge und den notwendigen Schutz der Natur zu fördern. Dabei hat er die gesetzlich definierte Verpflichtung, den **Schutz und die Nutzung** der Natur miteinander zu vereinbaren; was zwar oft schwierig, aber durchaus nicht unmöglich ist. Nur wenn der Mensch die Natur versteht und sie zu schätzen weiß, ist er bereit, sie zu schützen. So ist es folgerichtig der Leitfaden des Naturparkhandelns, den Menschen an die Natur heranzuführen, um ihm ihre Schönheit, aber auch ihre Gefährdung zu zeigen. Im Naturpark Teutoburger Wald / Eggegebirge werden **Natur, Kultur und Geschichte** erlebbar gemacht. Der Naturpark hat sich deswegen auch für diesen Erlebnisführer zum Eggeweg eingesetzt und ihn finanziell wie ideell gefördert. ■

Tipp: Der Naturpark gibt Flyer und Broschüren mit weiteren Wandervorschlägen für die Region heraus.

Naturpark Teutoburger Wald Eggegebirge

Naturpark Teutoburger Wald / Eggegebirge, Felix-Fechenbach-Straße 5, 32756 Detmold, (05231) 627944, www.naturpark-teutoburgerwald.de

Routenbeschreibung

Der Weg wurde in acht praktische Wanderetappen unterteilt. Die Beschreibung der Route erfolgt von Nord (Externsteine) nach Süd (Marsberg). Damit sich auch derjenige zurechtfindet, der den Eggeweg in umgekehrter Richtung erwandert, wird im Text in der Regel mit Himmelsrichtungen gearbeitet, so z.B. »östlich des Wegs« statt »links vom Weg«.

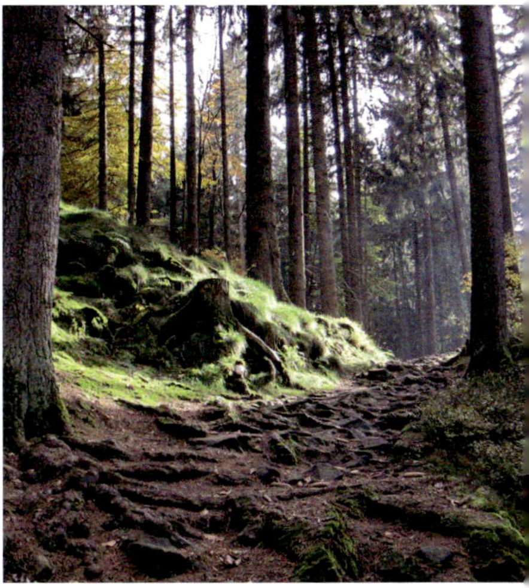

Über Stock und Stein: an vielen Stellen ist der Weg pfadartig

Wegequalität

Große Teile des Eggeweges verlaufen über naturbelassene, teils pfadartige Waldwege. Etliche Kilometer sind als Fußpfade neben dem befestigten Weg geführt. Da man immer mal wieder auf eine Baumwurzel oder anstehendes Felsgestein treten kann, sollte man entsprechendes Schuhwerk tragen. Auch bei steileren Abschnitten ist Vorsicht geboten, ebenso bei den unvermeidlichen Querungen einiger stark befahrener Straßen.

Streckencharakteristika

Zu Beginn jeder Wanderetappe werden Angaben zur Streckencharakteristik (Länge, Steigun-

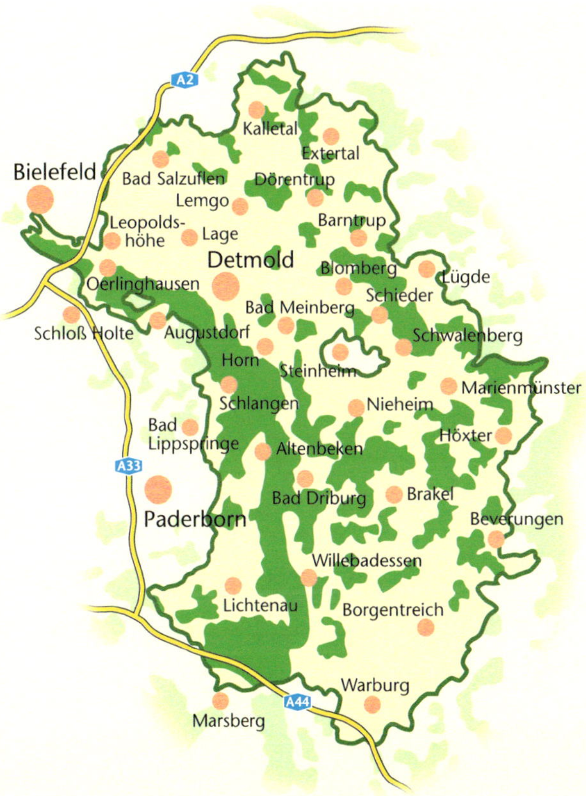

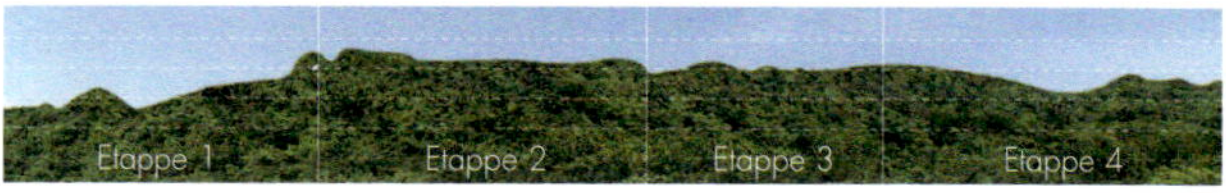

1	2	3	4
7,4 km	8,3 km	5,9 km	8,4 km
Externsteine bis Velmerstot	Velmerstot bis Rehberg	Rehberg bis Iburg	Iburg bis Herbram-Wald
schwer	mittel	leicht	leicht
Externsteine Silberbachtal Velmerstot	Velmerstot Steinbrüche Ausblicke	Historische Waldnutzungen Bad Driburg	Iburg Ausblicke Bodental

Gesamtprofil und Übersicht über die Wanderabschnitte (Etappen-Nr.,

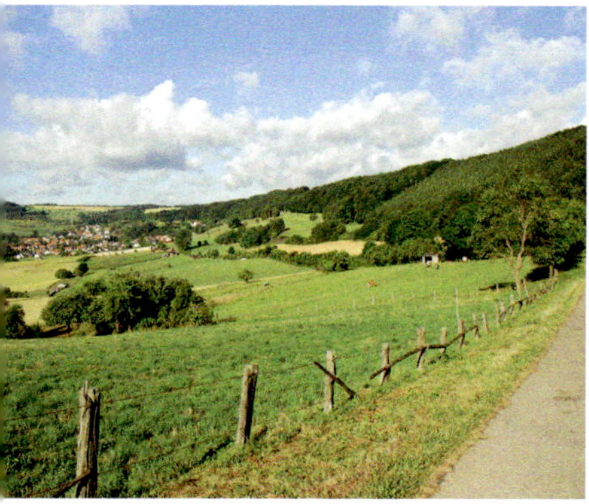

Ausblick auf Oesdorf

gen, Höhenlage, Wegebelag) sowie der Schwierigkeitsgrad angegeben. Der Eggeweg verläuft in Höhenlagen zwischen 250 m und maximal 468 m ü. NN. Damit befindet er sich zumeist rund 100 bis 150, teils mehr als 200 m über den westlich und östlich angrenzenden Längstälern bzw. vorgelagerten Bereichen. Gerade die erste Etappe ist »schwer«; denn sie weist mit dem Schlussanstieg zum Velmerstot einige steile bis sehr steile Abschnitte auf. Oben auf dem Kamm angekommen, folgen mit Etappe 2 eine als »mittel« und darauf drei als »leicht« eingestufte Etappen. Besonders die Abschnitte 5 und 6 führen dabei durch recht unwegsames Gelände. Die beiden letzten, als »mittel–schwer« eingestuften Etappen führen über steile Abstiege vom Eggekamm hinunter ins Diemeltal bei Marsberg.

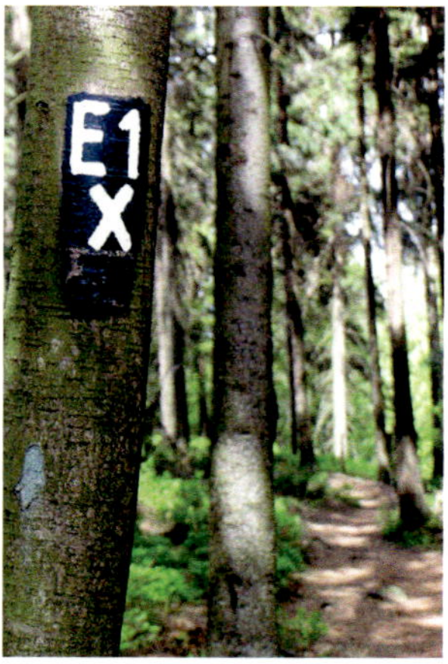

Eggeweg »X« und Europawanderweg »E1« verlaufen hier zusammen

Schuhwerk

Die Etappen 3 und 4 sind mit normalem Schuhwerk zu begehen. Für die übrigen Abschnitte sind jedoch bequeme Wander- oder Treckingschuhe zu empfehlen.

Tipp: Wer beim längeren Wandern schnell Probleme mit Blasen an den Füßen bekommt, sollte Vorsorge treffen. Hierzu gibt es zwei Möglichkeiten: a) die Füße mit Hirschtalg o.ä. einreiben oder b) unter dem normalen Strumpf zusätzlich einen Seidenstrumpf tragen.

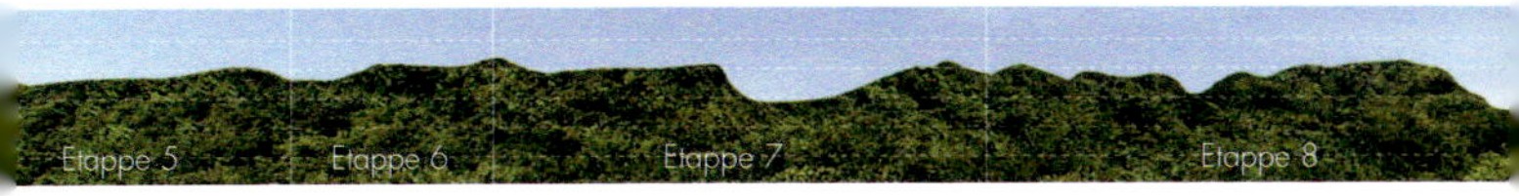

5	6	7	8
8,9 km	5,1 km	12,5 km	14,1 km
Herbram-Wald bis Alte Eisenbahn	Alte Eisenbahn bis Borling-hauser Hütte	Borlinghauser Hütte bis Blankenrode	Blankenrode bis Marsberg
leicht	leicht	mittel–schwer	mittel–schwer
Teufelsküche Grenzsteine Alte Eisenbahn	Karlsschanze Teutoniaklippen Bierbaums Nagel	Hardeh. Klippen Schwarzbachtal Stadtwüstung	Bleikuhlen Ausblicke Via Regia

Etappenlänge, Start- und Zielort, Schwierigkeitsgrad, besondere Aspekte)

Ausschilderung der Strecke

Der Eggeweg ist im Gelände mit **X** (manchmal auch **X1**) gekennzeichnet. An Wegkreuzen stehen oft hölzerne Wegweiser der »Hermannshöhen«, auf denen die Entfernungen zu beliebten Wanderzielen und Orten angegeben sind. Die »Naturpark-Wanderparkplätze« sind mit Infotafeln und topografischen Karten des Naturparks Teutoburger Wald / Eggegebirge ausgestattet. Die Zugangswege aus den umliegenden Städten und Gemeinden sind mit **>** gekennzeichnet *(siehe den Kartenteil ab S. 113)*. Dies erleichtert die Anwanderung zum Eggeweg, speziell wenn man mit Bahn oder Bus anreist.

Schutzhütten & Rettungspunkte

23 Schutzhütten bieten dem Wanderer Rastmöglichkeiten und Zuflucht bei schlechtem Wetter. Entlang des Eggeweges existieren zudem 28 Rettungspunkte. Das sind in der Regel Schutzhütten, an denen Schilder angebracht sind, die neben ihrem Namen eine Nummer tragen. Wer diese im Notfall an die »112« durchgibt, kann sich des Auffindens in kürzest möglicher Zeit sicher sein. Dieses seit dem Jahr 2010 existierende Rettungssystem ist das erste seiner Art auf einem Wanderweg in NRW.

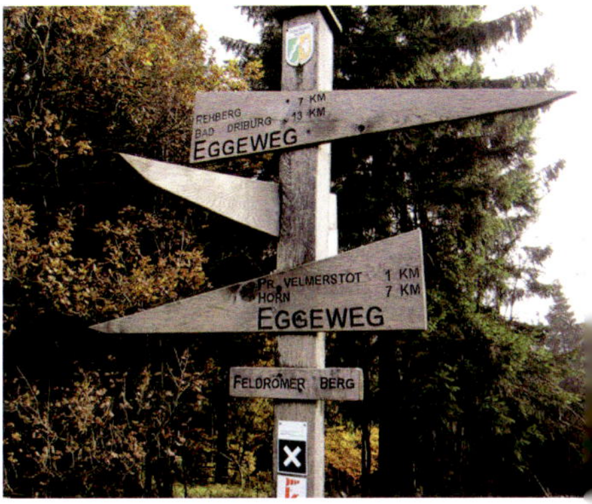

Hölzerne Tafeln weisen den Weg

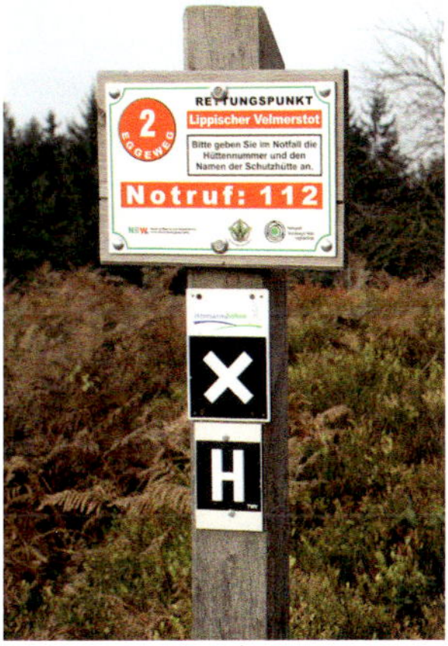

In den Karten ab Seite 113 werden alle Rettungspunkte mit Nummer und Namen angegeben

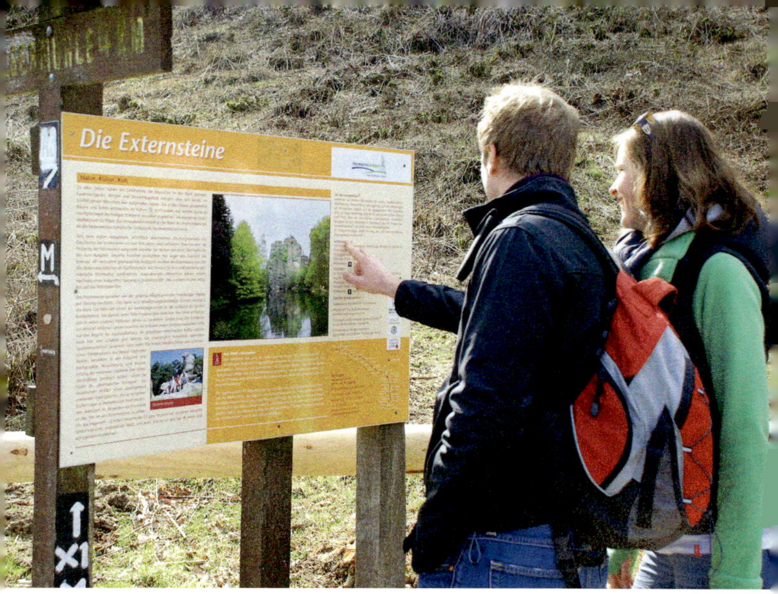

Am Startpunkt des Eggewegs an den Externsteinen

Wander-Etappen

Es ist jedem selbst überlassen, in wievielen Teilstrecken und in welcher Richtung er den Eggeweg begehen will. Der ⇨ Eggegebirgsverein schlägt für seine Erwanderung 3 bis 4 Tagesetappen vor. Für eine 3-Tages-Tour bieten sich zwei Übernachtungen, etwa in Bad Driburg und im Bereich von Willebadessen/Kleinenberg/Blankenrode an. Dem entsprechen unsere Etappen 1 bis 3, 4 bis 6 und 7 bis 8 mit Wanderstrecken von jeweils 23 bis 26 Kilometern Länge.

Unsere Einteilung in acht Abschnitte erleichtert die Planung auch kürzerer Touren, beispielsweise für Familien. Zusammen mit den vorgeschlagenen Rückwanderrouten bietet sich die Möglichkeit an, nach ein (oder zwei) Wanderetappen zum Startpunkt zurückzuwandern und sich auf diese Weise den Eggeweg als Rundwanderung zu erobern. Der geübte Streckenwanderer wird hingegen an einem Tag gleich zwei oder mehr Etappen bewältigen. Die längste Wanderetappe ist rund 14,1 km, die kürzeste etwa 5,1 km lang.

Sehenswertes

Dieser Erlebnisführer weist an vielen Stellen auf kulturhistorische und landschaftliche Besonderheiten links und rechts des Eggewegs hin. Das Auffinden solcher sehenswerter Geländepunkte wird durch die in Text und Karte gleichlautende Nummerierung im gelben Kreis (○) erleichtert.

Exkurse

In insgesamt 52 Exkursen werden verschiedene Aspekte und Themen, die am Rande des Eggewegs in den Fokus geraten, kurz und prägnant vertieft. Solche Exkurse betreffen etwa Orte und Landschaften, historische Nutzungsweisen des Waldes oder kulturgeschichtliche Details, vom eisenzeitlichen Erzabbau über mittelalterliche Siedlungsgeschichte bis zu Spuren der jüngsten Vergangenheit. Auf solche Exkurse wird im Text jeweils mit »⇨« hingewiesen. Die Übersicht auf Seite 140 ermöglicht ein schnelles Auffinden der Themen. ***Tipp:*** Weitere Exkurse rund um Teutoburger Wald und Eggegebirge sind den beiden Erlebnisführern dieser Reihe zum Hermannsweg enthalten (siehe S. 141).

An- und Abreise
ÖPNV – Ankunft am Bahnhof Horn-Bad Meinberg, weiter mit Buslinie 782 in Richtung Detmold bis Haltestelle »Externsteine«. April bis Oktober am Wochenende auch Touristikline 792. – Abreise: Der Eggeweg endet unmittelbar am Bahnhof in Marsberg.

Erfreulicherweise verfügt der Eggeweg in seinem Umfeld (trotz oder gerade wegen) der schwierigen Topografie über ein recht dichtes Bahn(hofs-) netz. Das Problem ist nur, dass diese meist am Fuß der Egge liegen und somit einige Kilometer vom Weg entfernt sind.

Die Anfangs- und Zielorte Horn und Marsberg haben Bahnanschlüsse. Weitere Bahnhöfe mit Zugangsweg ▶ zum Eggeweg befinden sich entlang der Strecke in Leopoldstal, Sandebeck, Altenbeken, Bad Driburg, Scherfede und Willebadessen. Über die elektronische Fahrplanauskunft der Verkehrsträger (DB, Westfalenbahn, Eurobahn und Nordwestbahn) ist es möglich, deutschlandweit jede Haltestelle mit jeder gewünschten Adresse am Eggeweg zu verknüpfen. Gleiches erreicht man telefonisch unter der »Schlauen Nummer« (0 18 03) 50 40 30

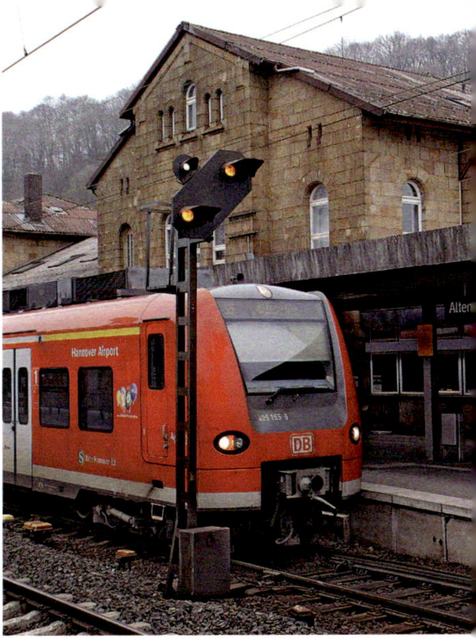

Altenbeken: Umsteigebahnhof an der Egge

Exkurs Hermannshöhen

■ 2004 wurden die **Hermannshöhen®** mit dem Ziel ins Leben gerufen, die touristische Vermarktung von Hermanns- und Eggeweg »aus einem Guss« zu gestalten: als ein durchgängiger Wanderweg von der Münsterländer Parklandschaft bei Rheine bis in die nördlichen Ausläufer des Sauerlandes in Marsberg. Projektträger ist die OstWestfalenLippe Marketing GmbH, Projektpartner sind die Tourismusverbände Münsterland, Osnabrücker Land und Teutoburger Wald sowie die beiden Naturparke, die Kreise und Anliegerorte.

Qualitätsweg Wanderbares Deutschland

Die Hermannshöhen umfassen den rund 160 km langen **Hermannsweg** und den ca. 70 km langen **Eggeweg**. Beide Wege wurden vom Deutschen Wanderverband mit dem Gütesiegel »Qualitätsweg Wanderbares Deutschland« ausgezeichnet. Die Hermannshöhen gehören zu den »Top Trails of Germany«, den 10 attraktivsten Fernwanderwegen Deutschlands. Mit seiner im tpk-Regionalverlag erschienenen Reihe an Erlebnis-Wanderführern zum Hermannsweg (West u. Ost) sowie zum Eggeweg deckt der LWL die Wanderstrecke der Hermannshöhen vollständig ab. ■

Info: (0521) 967 33 25
www.hermannshoehen.de

Hermannshöhen®
Hier läuft das Leben!

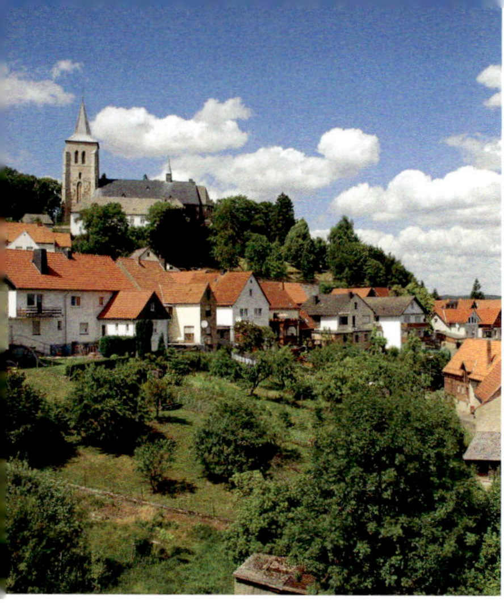

Zielort des Eggewegs: Obermarsberg

(0,09 €/Min. aus dem Festnetz, Mobilfunk max. 0,42 €/Min). Das Gebiet erschließen verschiedene Verkehrsgesellschaften *(siehe die Übersicht unter www.hermannshoehen.de)*.

PKW – Die Start- und Zielpunkte der einzelnen Wanderetappen sind mit zwei Ausnahmen (Velmerstot, Borlinghauser Hütte) so gewählt, dass sie über einen PKW-Parkplatz verfügen.

Im Kartenteil werden die den Start- und Zielpunkten der Wanderetappen nächstgelegenen Bahnhöfe, Bushaltestellen, Parkplätze und Zugangswege (»>«) sowie sonstige Zugangswege aus den umliegenden Kommunen dargestellt.

Unterkunft & Verpflegung

Der Eggeweg verläuft von den Externsteinen bis Blankenrode (1. bis 7. Etappe) auf dem Eggekamm, oft recht weit von den nächsten Ortschaften entfernt. Daher ist es ratsam, sich vor Antritt der Wanderung ausreichend mit Proviant zu versorgen. Erst auf der letzten Etappe von Blankenrode nach Marsberg werden zusammen mit Oesdorf und Essentho vier Ortschaften durchwandert.

Gasthäuser mit Übernachtungsmöglichkeit findet man in den Oren zu beiden Seiten der Egge, in Sandebeck, Altenbeken, Bad Driburg, Neuenheerse, Herbram-Wald, Kleinenberg, Blankenrode, Meerhof, Westheim oder Marsberg. Jugendherbergen finden sich in Horn und in Bad Driburg. *(Siehe hierzu auch unser Kapitel auf S. 138.)*

Exkurs
Eggegebirgsverein (EGV)

■ Der **Eggegebirgsverein** (EGV) wurde am 11. März 1900 in Altenbeken gegründet. Er ist vorwiegend ein Wanderverein und besteht zur Zeit aus 50 lokal organisierten Abteilungen mit insgesamt rund 6.000 Mitgliedern. Hauptwanderweg des EGV ist der Eggeweg, der erste vom Deutschen Wanderverband mit dem Gütesiegel »Qualitätsweg Wanderbares Deutschland« ausgezeichnete Wanderweg und zugleich der erste, der bereits zum zweiten Mal das begehrte Zertifikat erhielt. Mit dem »Viadukt-Wanderweg« betreut der EGV seit 2009 einen weiteren zertifizierten Qualitätswanderweg.

Der Wanderführer **»Das Eggegebirge und sein Vorland«** ist seit über 45 Jahren »eine Fundgrube des Entdeckens und Wissens«, wie Konrad Kappe, langjähriger erster Vorsitzender des EGV, es im Geleit zur 5. Auflage des blauen Büchleins formulierte. Nach Willy Lippert, dem Verfasser der beiden ersten Auflagen, hat dessen Sohn Lothar die weiteren drei Auflagen immer wieder aktualisiert. So war es möglich, die eine oder andere Information mit freundlicher Genehmigung des Autors aus **»dem Lippert«** zu übernehmen. ■

Eggegebirgsvereins e.V., Auf dem Krähenhügel 7, 33014 Bad Driburg, Tel. (05253) 93 11 76, www..eggegebirgsverein.de

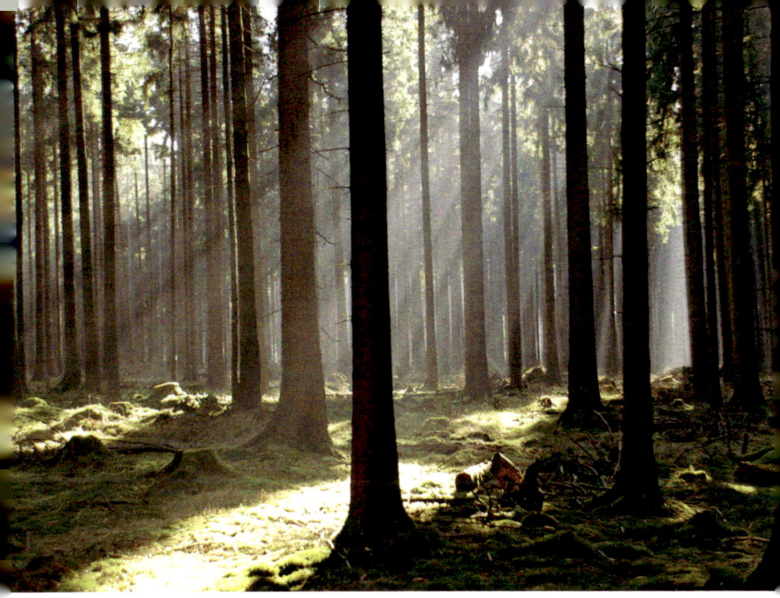

Das Eggegebirge

Das Eggegebirge (kurz auch: »die Egge«) umschließt zusammen mit dem Teutoburger Wald im Norden und dem Haarstrang im Süden die Westfälische Bucht und bildet den Ostrand der Münsterländer Kreidesenke. Der »Preußische Velmerstot« stellt mit 468 m ü. NN den höchsten Geländepunkt der insgesamt rund 160 km langen, aus »Teuto« und »Egge« gemeinsam gebildeten Gebirgskette dar. Nördlich des Silberbachs geht der schmale und kammartige Gebirgszug der Egge in den nach Nordwesten verlaufenden, kuppigeren und in der Regel aus drei Parallelkämmen bestehenden Teutoburger Wald über.

Der Name »Egge«

Seit uralten Zeiten führten die beiden Höhenzüge Egge und Teutoburger Wald die gemeinsame Bezeichnung »Osning« oder »Osnegge«. Der Name begegnet uns erstmals schon im Jahr 783 bei Einhard, dem Biografen Karls des Großen (*...iuxta montem qui osnegge dicitur...*). Er ist aus den beiden Worten »os« und »egge« zusammengesetzt.

Das Wort »Os« oder mundartlich »as« bedeutet soviel wie »Wald«. Das Wort »egge« bezeichnet eine »Ecke« oder »äußere Kante«, meint im übertragenen Sinn also die Abbruchkante eines Bergzuges; »*Osn-Egge*« bedeutet also so viel wie steiles Waldgebirge.

Bezeichnenderweise wurde das an der Abbruchkante der Paderborner Hochfläche gelegene Oesdorf, heute Teil der Stadt Marsberg, 1170 erstmals unter dem Namen *Osnincthorpe* urkundlich erwähnt. In diesem Wort steckt sowohl Osning, als auch Dorf. Und der im Urkataster von 1838 als »auf der Egge« bezeichnete bewaldete Bergzug östlich von Oesdorf wird bis heute »Egge« genannt.

Eine andere, eher mythische Deutung ist die folgende: »os« oder »as« könnte auch von »Ase« stammen, einem altgermanischen Wort für Gott; womit das Gebirge »*Os-Egge*« seinen Namen von den Göttern, den Asen, erhalten hätte.

Morgendliche Stimmung im Fichtenwald

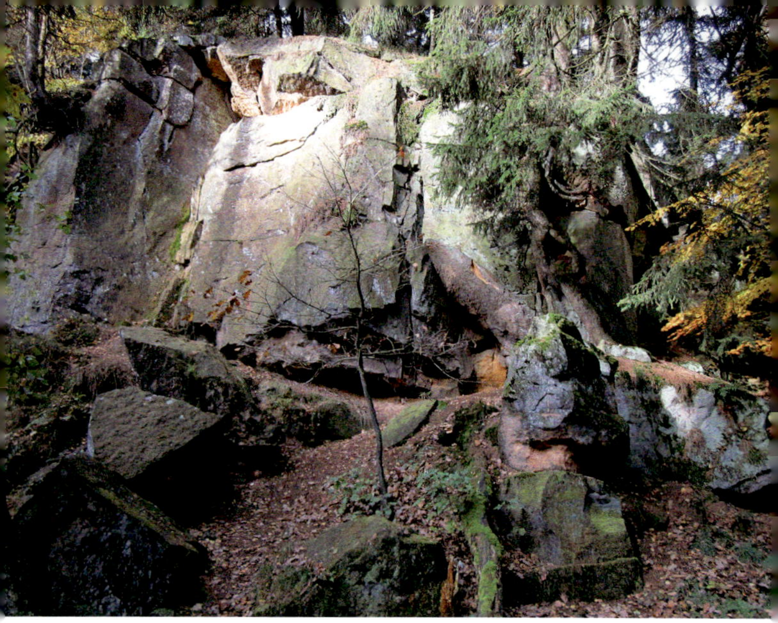

Klüfte und Fugen prägen den Osning-Sandstein

Geologie

Vor rund 100–137 Millionen Jahren in der Kreidezeit abgelagerte Meeressedimente wurden vor ca. 80–65 Mio. Jahren durch dieselben tektonischen Kräfte, die auch die Auffaltung der Alpen verursachten (Kollision der Afrikanischen und Eurasischen Platten), aufgerichtet. Die Gesteine des ehemals hier befindlichen Meerbeckens wurden hochgedrückt und zu einer Landschwelle herausgehoben.

Dabei kam es besonders in den Randzonen zu intensiven Vertikalbewegungen, deren Ergebnis die lang gestreckten, markanten Höhenzüge des Teutoburger Waldes und der Egge sind. Die Kreideschichten treten am Rand der Paderborner Hochfläche und auf dem

Exkurs
Passwege über die Egge

■ Wohl schon in »grauer Vorzeit« dienten die **natürlichen Einschnitte** in Eggegebirge und Teutoburger Wald den Menschen als Querungshilfe. Wie Funde von bearbeiteten Feuersteinen belegen, nutzten diese Wege bereits die wandernden Jäger und Sammler der mittleren Steinzeit. Aber auch die Wege über den Kamm boten die Möglichkeit, relativ sicher und ohne große Umwege ans Ziel zu gelangen. Im Tal hingegen verhinderten feuchte, unwegsame Bachauen oder nur zu bestimmten Jahreszeiten passierbare Furten durch den Bach das Weiterkommen.

Im Zuge der mittelalterlichen **Ausbildung von Territorien** bekamen Wegebeziehungen zunehmend strategische Bedeutung. Zur Absicherung des eigenen Territoriums wurden sie daher mittels Burgen, Landwehren und der Gründung städtischer Ansiedlungen gesichert. Es entwickelten sich **Fernhandelsbeziehungen**, die im Wesentlichen der Beschaffung von Rohstoffen (Erze, Wolle) und dem Austausch von Handelsgütern (Metallerzeugnisse, Glas, Bekleidung) dienten. So verdankt die Stadt Marsberg (⇨ S. 111) ihre Entstehung im 9./10. Jahrhundert nicht nur der günstigen Lage im Diemeltal und der Nähe zu zwei sich kreuzenden Fernhandelswegen, sondern ihren Kupfervorkommen, die zu den bedeutendsten in Deutschland gehören.

Eggekamm zu Tage, während sie im Westen der Münsterländer Bucht von Sedimenten, z.B. Sanden, bedeckt sind.

Da die weicheren Schichten der aufgerichteten Gesteine durch Erosion ausgeräumt wurden, entstand im Laufe von Jahrmillionen ein schmaler, im Teutoburger Wald aus mehreren parallel verlaufenden Bergketten gebildeter Gebirgszug. Eines seiner eindrucksvollsten Naturphänomene sind die Externsteine.

Die östlich und westlich angrenzenden, rund 200 m tiefer liegenden Senken grenzen den Höhenzug deutlich gegen sein Umland ab. Vom Westen her steigt das Eggevorland als Teil der ⇨ Paderborner Hochfläche allmählich bis zur recht steilen Kante des westlichen Längstals an. Nach Osten hingegen bildet der durch Verwerfungen aufgerichtete Sandstein den Außenrand des meist steil abfallenden Höhenzugs.

Der Eggekamm besteht im Wesentlichen aus zwei markanten Schichteinheiten der Unterkreide, dem ***Osning-*** und dem ***Gault-Sandstein***. Der landschaftstypische helle bis gelblichbraune Osning-Sandstein prägt den langgestreckten Höhenrücken der Egge; er hat hier noch eine Mächtigkeit von 5–20 m und tritt an vielen Stellen schroff zutage. Diese ***»Klippen«*** wie z.B. die »Teutonia-Klippen« stellen eine etwa

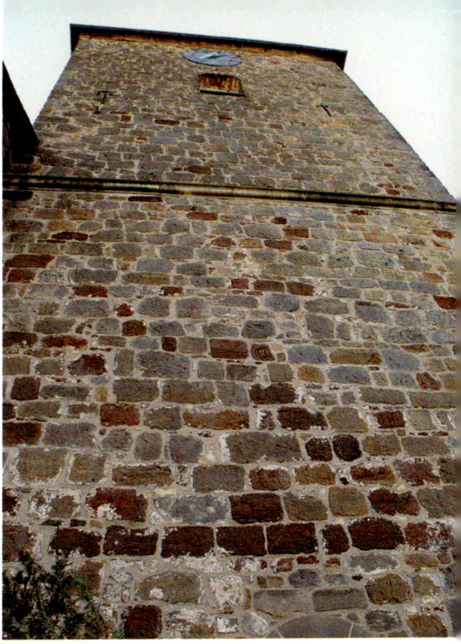

Mosaik aus Osning- und Gault-Sandstein: Cyriakuskirche in Kleinenberg

Exkurs
Passwege über die Egge

Im Wesentlichen sind zwei Fernhandelswege für den Bereich des Eggegebirges von Bedeutung. Dies sind der in Nord-Süd-Richtung verlaufende **Frankfurter Weg** und der **Hellweg** (⇨ S. 65), auch Cöllnsche Straße genannt, mit seinen unterschiedlichen Trassen. Der Frankfurter Weg, die **»via regia«**, stieg vom Diemeltal im heutigen Niedermarsberg zur Paderborner Hochfläche bei Essentho hinauf. Von hier verlief der Weg über Paderborn durch die Dörenschlucht bei Detmold in Richtung Salzuflen, erreichte an der Porta Westfalica die Norddeutsche Tiefebene und schließlich Bremen.

Durch das Schönthal westlich der »Alten Eisenbahn« führte außerdem die von Paderborn über Lichtenau kommende **Holländische Straße** (heute: B64/68), eine im Mittelalter zwischen Holland und Süddeutschland bedeutende Fracht-, Post- und Heeresstraße. Eine weitere Eggequerung war der **Warburger Weg**, ein alter Königsweg, der auch »Herßweg« (= Heeresweg) genannt wurde und durch die als Grenzfestung angelegte **Stadt Blankenrode** (⇨ S. 99) verlief. Oft wurden unterhalb der Pässe Pferde bereit gehalten, die den beladenen Fuhrwerken zusätzlich vorgespannt wurden, um den steilen Anstieg über den Kamm zu bewerkstelligen. Auf weitere weniger bedeutsame Eggepässe wird im Text hingewiesen. ■

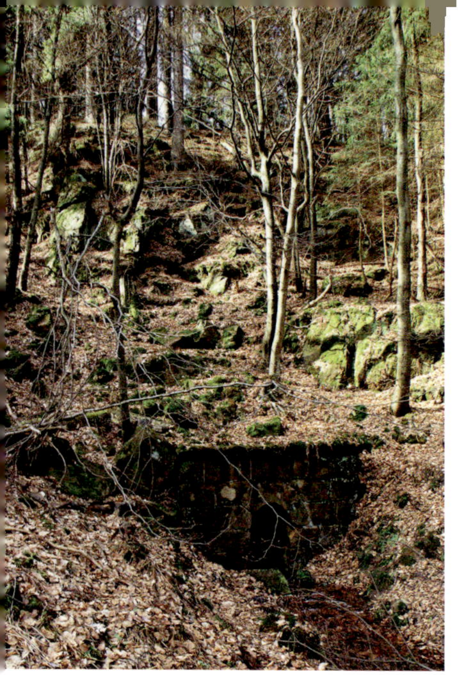

Blockhalde mit Stollen an der »Teufelsküche«

20 m hohe, der Mächtigkeit des Sandsteins entsprechende Felskante dar.

Bei den ebenfalls landschaftstypischen ***Blockhalden*** unterhalb der Klippen handelt es sich um vom Fels abgesprengtes Gestein, wofür neben den vorhandenen Klüften, vor allem die strengen eiszeitlichen Fröste verantwortlich sind. Die Sandsteinschichten werden in der Ostegge häufig von weichen Tonen und Mergel unterlagert. Hierdurch rutschen sie besonders bei der Schneeschmelze hangabwärts, was zu weiteren Abbrüchen führt. Der Osning-Sandstein besteht zu 95 % aus reinem Quarz und kann bei Auswahl der richtigen Bänke als verwitterungsbeständig bezeichnet werden.

Der rotbraune bis grauviolette ***Gault-Sandstein*** liegt meist unmittelbar auf dem Osning-Sandstein auf. Er bildet keine Höhen, ist aber auf dem flachgeneigten Westhang der südlichen Egge verbreitet. Diese Sandsteine prägen nicht nur das Landschaftsbild, sondern durch die große Zahl der mit ihnen errichteten Bauwerke wie Klöster, Kirchen, Schlösser, Bürger- und Bauernhäuser auch das Antlitz der Städte und Dörfer der Region.

Der harte Osning-Sandstein wurde bereits seit dem 11. Jahrhundert in größerem Umfang als ***Baustein*** verwendet. Der letzte von ca. 160 lokalisierbaren Steinbrüchen wurde im Jahr 1968 (bei Gravenhorst) geschlossen.

Der Gault-Sandstein hatte aufgrund seiner eher geringen Witterungsbeständigkeit als Baustein nur eine lokale Bedeutung und wurde vom ausgehenden 18. Jahrhundert bis Mitte des 20. Jahrhunderts abgebaut und verwendet. Im Ortskern von Herbram (von Herbram-Wald über den X2 in 1,7 km Entfernung zu erreichen, ⇨ Etappe 5/6) befinden sich noch zwölf Gebäude, die um 1900 aus Gault-Sandstein erbaut wurden.

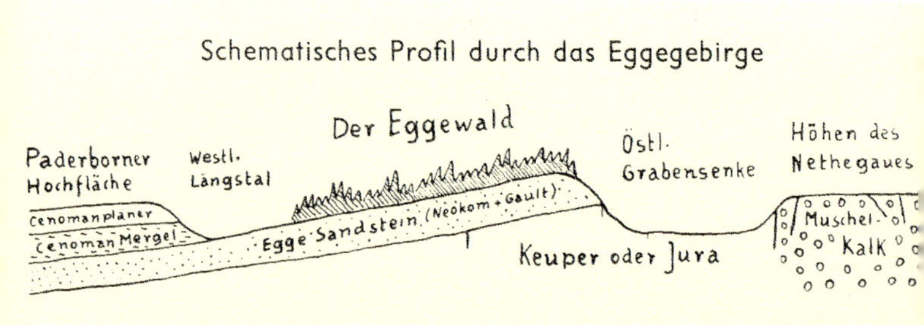

Entn. aus: Maasjost: Das Eggegebirge (1952)

Exkurs Paderborner Hochfläche

■ Mit 480 qkm stellt die **Paderborner Hochfläche** die größte **Karstlandschaft** in Westfalen dar. Mächtige Kreideschichten steigen bei Paderborn von 120 m ü. NN allmählich und breitflächig zum Eggegebirge im Osten und zum Sauerland im Süden an. Auf dem Brocksberg bei Buke erreicht sie 368 m, am Hohenloh bei Meerhof sogar 451 m. Auf den Feldern der Hochfläche liegen häufiger weiße Kalkplatten und in den Städten und Dörfern finden sich weiße Mauern und Gebäude aus den vor Ort anstehenden Kalkgesteinen. Darin finden sich zahlreiche Klüfte und Schichtfugen. Die Paderborner Hochfläche ist gekennzeichnet durch zeitweilig trocken fallende Täler und Quellen. Hinzu kommen **Dolinen** bzw. **Erdfälle**: trichterförmige Einsenkungen, die durch Lösung und Einsturz entstehen. Mit Kohlendioxid angereichertes Oberflächenwasser löst den Kalk chemisch aus dem Kalkgestein heraus; es entstehen immer größer werdende Hohlräume. Das Sickerwasser der Hochfläche legt unterirdisch große Entfernungen zurück und tritt entlang der Hellweglinie zwischen Bad Lippspringe und Geseke in ständig fließenden **Quellen** wieder zu Tage. So versickert die Sauer bei Lichtenau und kommt erst nach 15 Kilometern bzw. 72 Stunden in Paderborn wieder ans Tageslicht. Die Paderquellen sind eine der wasserreichsten Quellgruppen Deutschlands. ■

Jenseits der Talflächen liegen Kalkschichten. Im Westen sind dies die ***Oberkeidekalke*** der Paderborner Hochfläche (Cenoman und Turon), im Osten die ***Muschelkalke*** des Nethegaues. Im Talkessel von Bad Driburg blieb der Muschelkalkrahmen am Ostrand der Egge stehen, als die Erdschollen im Erdmittelalter im östlichen Senkungsfeld in der Tiefe verschwanden.

Hydrologie

Die Egge bildet die Wasserscheide zwischen Rhein und Weser. Die unzähligen kleinen Rinnsale und Bäche, die am steilen Osthang der Egge entspringen, fließen über Emmer, Nethe und Diemel zur Weser. Die wenigen Bäche der westlichen Egge versickern in der Paderborner Hochfläche und treten nach unterirdischem Verlauf im Karstgebirge in den

Gault-Sandstein-Gebäude prägen das Ortsbild von Herbram

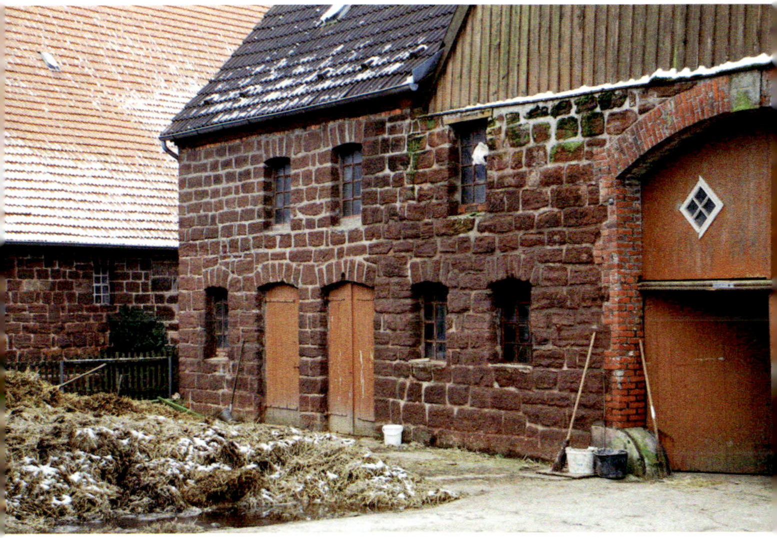

Quelltöpfen von Bad Lippspringe, Paderborn, Borchen und Upsprunge wieder zutage, um dann über Alme und Lippe dem Rhein zuzufließen.

Der Quellreichtum beiderseits der Egge erklärt sich abgesehen von hohen Niederschlägen dadurch, dass der Eggesandstein körnig und grob und somit wasserdurchlässig ist. Am Osthang stößt er in den Senkungsfeldern auf die undurchlässigen Keuper- und Liastone. Hier staut sich das Wasser und quillt an der Schichtgrenze aus dem Berg hervor. Im westlichen Längstal bilden die tonigen Cenomanmergel den Stau- und damit Quellhorizont.

Klima

Klimatisch betrachtet gehört das Eggegebirge zum maritimen Klimabereich, weist an seiner Südostseite aber schon kontinentale Züge auf. Neben der Wasserscheide bildet die Egge daher auch eine deutliche Wetterscheide. Die Streichrichtung des Gebirges bedingt, dass sich vom Atlantik her eindringende Tiefdruckgebiete im Westen vor der Egge stauen und dort jährliche Niederschläge von 1.200 mm bringen, während auf der Ostseite mit 650 bis 800 mm wesentlich geringere Werte gemessen werden. Die markante Kammlage bedingt auch einen früheren Wintereinbruch und einen um 2 bis 3 Wochen späteren Frühlingsbeginn.

Die Lage im Grenzbereich zwischen der atlantisch beeinflussten und der kontinental beeinflussten Klimazone ist Grund für die große Vielfalt von Landschaften und Lebensräumen. Zwei der vom Naturpark eingerichteten »Klima-ErlebnisRouten« führen zum Teil über den Eggeweg. Entlang dieser Routen werden die faszinierenden Wechselwirkungen von Klima, Natur und menschlicher Gesundheit sicht- und erlebbar. Ein eigens hierzu herausgegebener Wanderführer lässt sich auf der Internetseite des Naturparks herunterladen.

Fauna

In den unzerschnittenen und unzugänglichen Wäldern der Egge leben viele, auch seltenere und störungsempfindliche Arten. Das ***Rotwild*** kann als sensible Leittierart der Egge angesehen werden. Nur dort, wo alle Bedingungen für das

Vermoostes Totholz: ein Hinweis auf hohe Niederschlagsraten

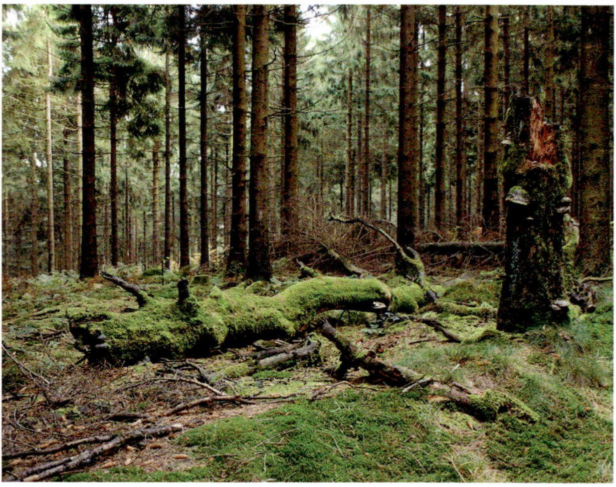

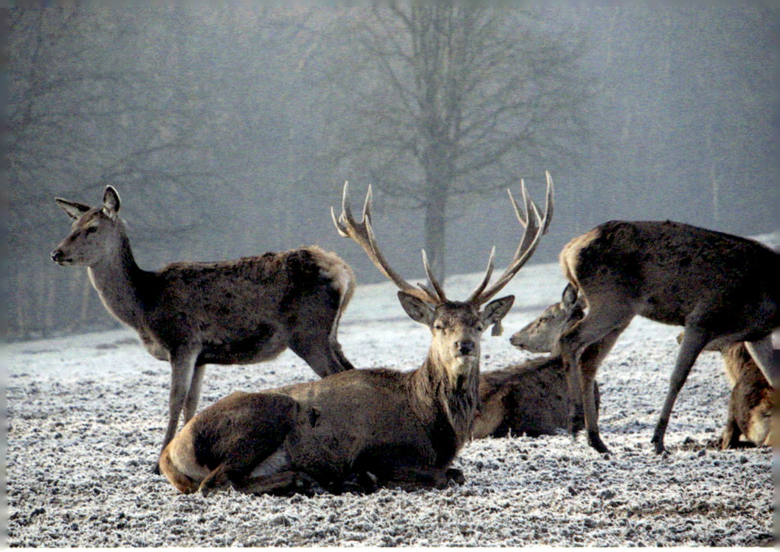

Rothirsch mit Rudel

Vorkommen dieser Tierart gegeben sind, kommt sie vor.

Um ihre Lebensbedingungen und die vieler anderer Arten zu verbessern, soll ab 2012 eine Grünbrücke über die B 64 zwischen Altenbeken-Buke und Bad Driburg die derzeit isolierten Areale beiderseits der Straße miteinander verbinden. Davon könnte auch die in der Egge wieder heimische ⇨ ***Wildkatze*** profitieren und vielleicht sogar der ***Luchs***, der gelegentlich die Egge durchstreift.

Die größte einheimische Eulenart, der ***Uhu***, kommt an geeigneten Standorten wieder überall in der Egge vor. Er ist mit rund 70 cm Länge etwa doppelt so groß wie die häufige ***Waldohreule***. Der monogam lebende Uhu legt sein Nest meist in alten Steinbrüchen an. Die Reviergröße des Nachtjägers umfasst rund 40 Quadratkilometer. Im Gegensatz zum Uhu konnte der mit ihm konkurrierende ***Wanderfalke*** seine früheren Brutbiotope noch

Exkurs
Wildkatze

■ Die **Wildkatze** (auch: Waldkatze – *Felis silvestris*) sieht einer Hauskatze recht ähnlich, ist jedoch mit einer Körperlänge von 80 bis 90 cm und einer Schulterhöhe von 40 cm deutlich größer und kräftiger. Die Farbe des Fells schwankt zwischen gelbgrau und dunkelbraun. Charakteristisch sind das weiße Kinn und der weiße Kehlfleck, der sich niemals zum Bauch hin fortsetzt. Der buschige Schwanz ist schwarz geringelt und endet in einer ebenfalls schwarzen und stumpfen Spitze. Wildkatzen können 12 bis 18 Jahre alt werden und benötigen große unzerschnittene Laub- oder Mischwälder als Lebensraum. Dort jagen die extrem scheuen und einzelgängerischen Tiere hauptsächlich Mäuse, erbeuten aber auch Hasen, Eichhörnchen und Vögel. In Deutschland galt die Wildkatze bis auf wenige Exemplare in der Eifel und im Harz bereits als ausgestorben. Inzwischen konnte sie aber dank strenger Schutzmaßnahmen vielerorts wieder nachgewiesen werden. Auch in der Egge wurde das Wildkatzenvorkommen durch Forschungsergebnisse und Totfunde an Straßen bestätigt. ■

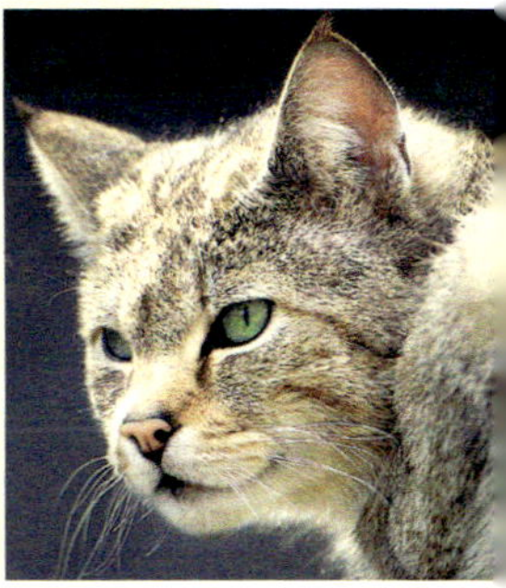

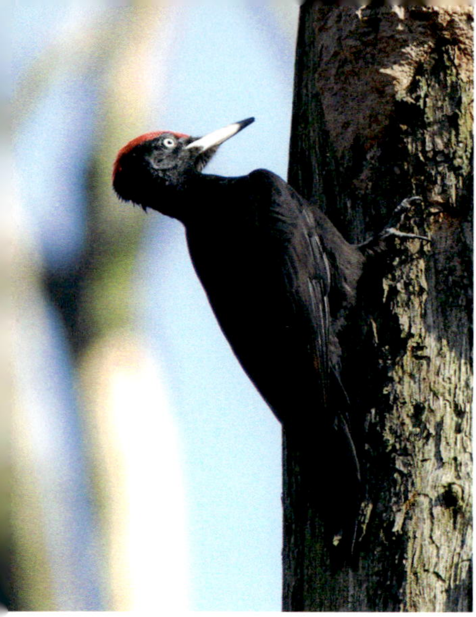

Baumeister des Waldes: der Schwarzspecht

nicht zurückerobern. Im Kreis Höxter brütet er zwar wieder an drei Stellen, davon befinden sich aber zwei an Autobahnbrücken.

Der in etwa bussardgroße ***Kolkrabe*** wurde Anfang der 1990er wieder in der Egge heimisch. Neben seinem klangvollen, glockenähnlichen Ruf (»klong klong«) ist sein keilförmiger Schwanz im Flug ein gutes Bestimmungsmerkmal. Den sehr aufmerksamen und intelligenten Rabenvogel kann man überall in der Egge entdecken, meistens ist es jedoch eher umgekehrt. Die in Dauerehe lebenden Kolkraben können das ganze Jahr über in ihrem Revier angetroffen werden (Standvogel).

Ein Vogel, der an seinem Brutplatz absolute Ruhe benötigt, ist der ***Schwarzstorch***. Als Waldbewohner bevorzugt er alte, reich strukturierte Laub- und Laubmischwälder mit Fließgewässern, Teichen und Lichtungen. So verwundert es nicht, dass einer der Brutplätze im Altenautal bei Blankenrode liegt. Ab Ende März treffen die Zugvögel aus Afrika ein, im Mai legt das Weibchen dann die Eier ab. Da häufig große Abstände zwischen Brutrevier und Nahrungsbiotop liegen, nutzt der Schwarzstorch an sonnigen Tagen gerne den Aufwind, um sich, nur noch als Punkt erkennbar, im Segelflug zu seinem Nahrungsbiotop hinabgleiten zu lassen.

Weitere seltene Vogelarten der Eggewälder sind die ***Waldschnepfe***, die in feuchten, moorigen Waldgebieten vorkommt, sowie das ***Haselhuhn***. Obwohl in den 1990er Jahren etliche Bruten dieser standorttreuen Hühnerart nachgewiesen wurden, hat sie aufgrund ihrer heimlichen Lebensweise bisher kaum jemand zu Gesicht bekommen.

Ein weiterer seltener Bewohner der Egge ist der nachtaktive ***Raufußkauz***, der hier wegen der Höhenlage und der von ihm bevorzugten Nadelwälder einen optimalen Lebensraum vorfindet. Allerdings steht er auf der Speisekarte von Uhu und Waldkauz.

Der seltene, etwa starengroße ***Sperlingskauz*** ist vorwiegend in der Dämmerung aktiv und jagt hauptsächlich Mäuse. Der bevorzugt in älteren Nadelwäldern der höheren Mittelgebirge vorkommende sehr lebhafte Kauz ist wenig scheu und sitzt bevorzugt auf den Wipfeltrieben von Fichten. Der kleine Kauz besitzt ein sehr umfangreiches Stimmrepertoire.

Von den sechs in der Egge vorkommenden Spechtarten (Schwarz-, Grau-, Grün-, Bunt-, Mittel- und Kleinspecht) sind besonders der Schwarz- und der Mittelspecht hervorzuheben. Der größte der Spechte, der ***Schwarzspecht***, bevorzugt hohe Bäume in Laubwäldern. Seine nach Nordwesten ausgerichtete Höhle legt er meist

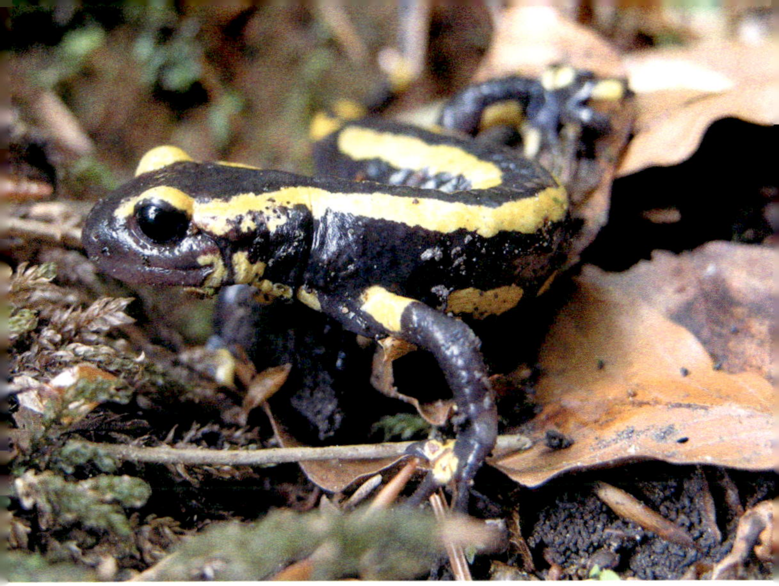

Markanter Quellenbewohner: der Feuersalamander

etwas unterhalb des ersten oberen Astes an und vermeidet so, dass ***Baummarder*** an die Höhle gelangen können. Er wird auch als »Baumeister des Waldes« bezeichnet: Verlassene Schwarzspechthöhlen werden später gern von anderen Höhlenbrütern wie der ***Hohltaube*** oder ***Fledermäusen*** angenommen. Seinen Flugruf »kürrkürrkürr« kann man das ganze Jahr hindurch hören. Der ***Mittelspecht*** ist deutlich seltener und gilt als »Weiserart« für strukturreiche alte Eichen - und Buchenwälder. Er ist der einzige europäische Buntspecht, der nicht trommelt. Dafür singt er, was allerdings eher wie Quäken klingt.

Zahlreich sind auch die Amphibienvorkommen wie das der ***Erdkröte*** oder des ***Feuersalamanders***, den man mit etwas Glück an einer der vielen Quellen unterhalb des Eggekamms aufspüren kann.

Der unter Naturschutz stehende ***Hirschkäfer*** lebt bevorzugt in den Stubben alter Eichenbestände und ist in der Egge relativ verbreitet. Er ist mit bis 7 cm der größte Käfer Mitteleuropas. Das Männchen besitzt hirschgeweihähnliche Kiefer, mit denen oft bis zur Ermattung gekämpft wird. Die Eier werden am Fuß von Eichen abgelegt; ihre Entwicklungsdauer beträgt fünf bis sieben Jahre.

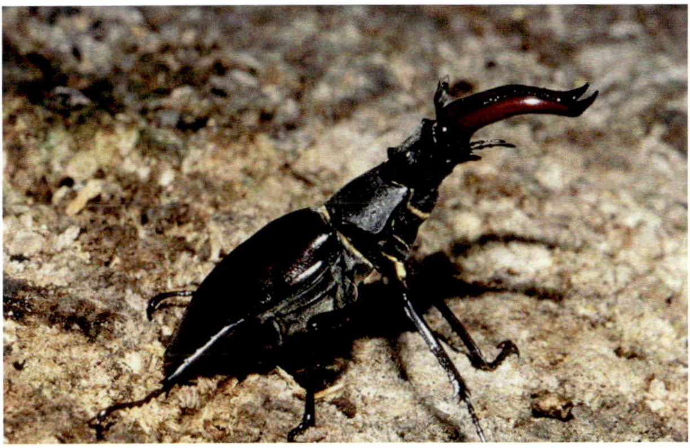

Der Hirschkäfer macht seinem Namen alle Ehre

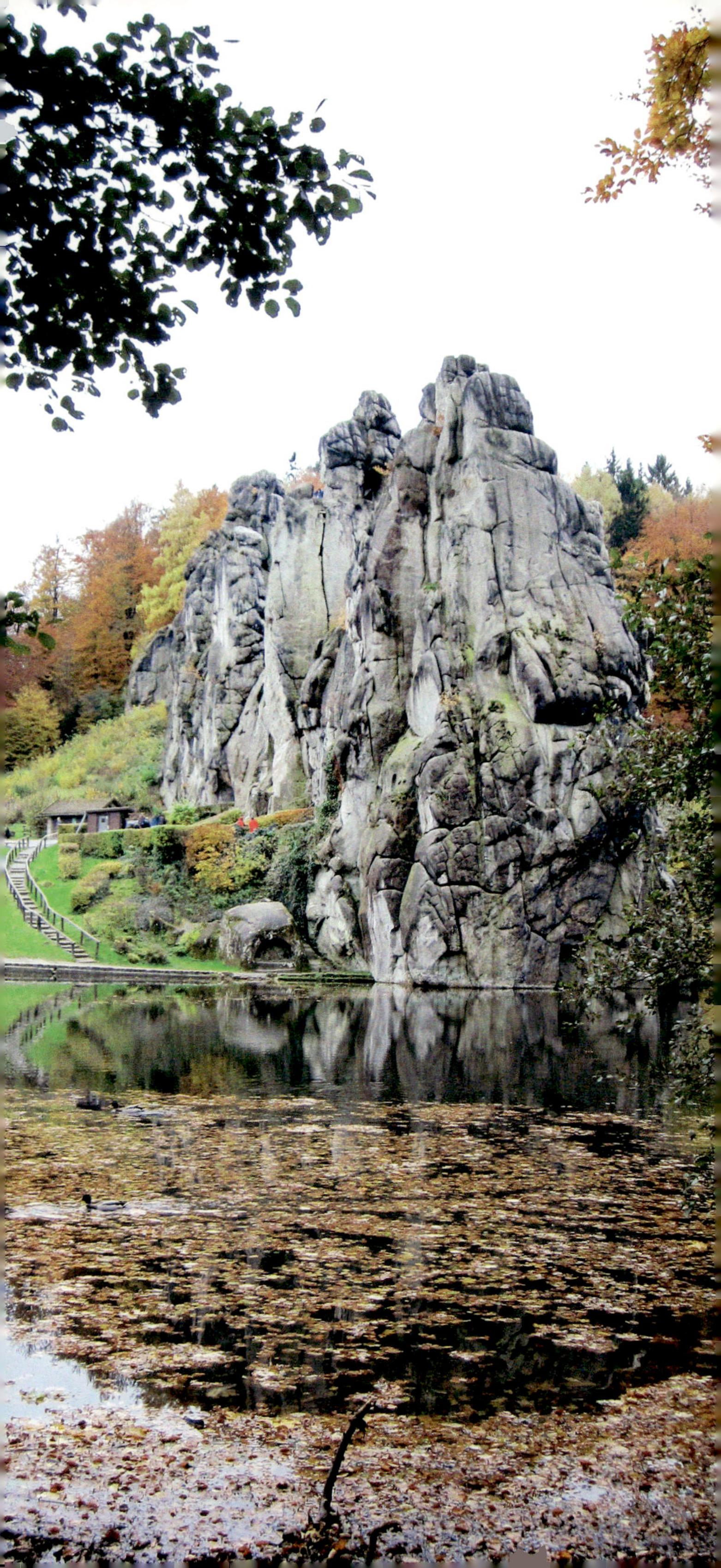

Externsteine – Velmerstot

Allgemeine Hinweise: Im Mittelpunkt steht gleich zu Beginn die größte Attraktion der Region: die Externsteine. Nach einer zunächst relativ ebenen Wegstrecke bis zur Silbermühle erwandern wir danach »über Stock und Stein« zwei weitere Glanzlichter des Eggewegs: das Silberbachtal und den Velmerstot. Abseits großer Straßen kann man hier die Natur genießen, obgleich diese Etappe (besonders an den Wochenenden) recht stark von Wanderern frequentiert ist. Während das Silberbachtal das wohl romantischste Bachtal der Egge darstellt, bietet der Velmerstot mit seinen Sandsteinfelsen die höchsten und an Aussichten reichsten Gipfel des Eggegebirges.

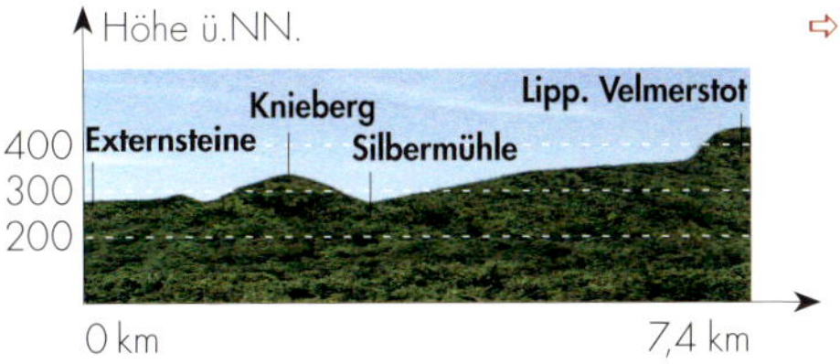

⇨ Karte S. 114–115

Charakteristik: *Länge:* 7,4 km; *Steigungen* über 10 %: 0,7 km; über 20 %: 0,3 km; *Auf-/Abstiege* in Höhenmetern: +270/-90; *Höhenlage:* 260 m bis 440 m ü.NN; *Wegebelag:* rund 95 % naturbelassen, rund 5 % Asphalt oder Verbundstein; *Gesamtbeurteilung:* schwer.

Der Eggeweg beginnt an den berühmten ⇨ **Externsteinen** (1) im Teutoburger Wald. Die gewaltigen, aus der Landschaft heraus ragenden Sandsteinfelsen sind ohne Zweifel das spektakulärste erdgeschichtliche Monument der Region.

Man sollte sich daher vor Beginn der Wanderung Zeit nehmen, dieses Naturdenkmal von allen Seiten zu betrachten. Auf dem **Kapellenfelsen**, der dem Teich am nächsten liegt, befindet sich ganzjährig begehbar eine **Aussichtsplattform**, von der aus man einen guten Rundblick über das Lipper Bergland bis hin zum höchsten Berg Lippes, dem Köterberg (496 m ü. NN) hat.

Der Aufstieg zum benachbarten **Turmfelsen** mit der Höhenkammer erfolgt über den dritten Felsen, den Treppenfelsen, von dem aus eine

Exkurs
Externsteine
(1)

Aus geologischer Sicht sind die Externsteine Bestandteil der mittleren Gebirgskette des Teutoburger Waldes und bestehen aus **Osning-Sandstein**. Die bis zu 38 Meter hoch aufragenden Felsen sind das verfestigte Produkt einer ursprünglich sandigen Küstenablagerung aus der Kreidezeit. Die horizontal lagernden Schichten wurden vor etwa 80–65 Millionen Jahren aufgefaltet und senkrecht gestellt. Starke Niederschläge und tropische Temperaturen bewirkten in der Folgezeit die Verwitterung und Auswaschung der Gesteine, wobei die härteren Sandsteine zu Felsrippen skelettierten. An den Externsteinen stehen insgesamt 13 solcher Felspfeiler, von denen die drei äußersten besonders markant hervortreten.

Die alte Bezeichnung **»Egesterenstein«** kann man als »Stein an der Egge« deuten. Dafür spricht, dass zwei Berghöhen in der Nähe

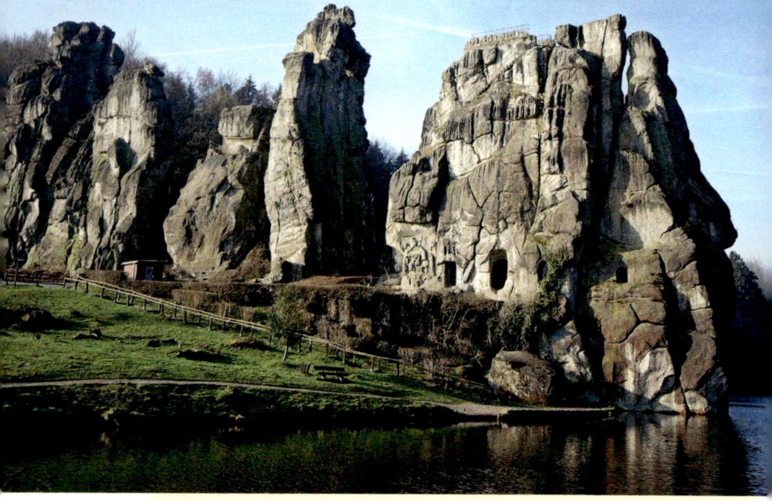

Exkurs
Externsteine (Forts.)

»Große« und »Kleine Egge« heißen. Feuersteingeräte, Klingen und Steinschlagplätze aus der **späteren Altsteinzeit** bezeugen, dass sich bereits um 10.000 vor unserer Zeitrechnung Rentierjäger an den Externsteinen aufgehalten haben. Entgegen früheren Vermutungen geht man heute jedoch davon aus, dass die Externsteine weder in der vorrömischen Eisenzeit noch im Leben und Kult der **Germanen** eine herausgehobene Rolle gespielt haben.

Vieles weist darauf hin, dass die Externsteine um 1100 zum Besitz des **Benediktinerklosters Werden** (bei Essen) gehört haben. Das gegen Ende des 8. Jahrhunderts durch den Heiligen Liudger gegründete Kloster an der Ruhr und sein um 850 gegründetes Tochterkloster in Helmstedt unterstanden fast ein Jahrtausend lang einem gemeinsamen Abt. Dieser musste sich Jahr für Jahr auf eine knapp 300 km lange Reise begeben, die ihn regelmäßig über den ⇨ **Pass an der Großen Egge** (2) und damit zu den Externsteinen führte. Das Kloster Werden besaß einen Haupthof in Holzhausen und zwei Vorwerke in Horn. Der Abt und sein Gefolge waren zweimal jährlich zu bewirten. Auch von der Pflege von »Gebäuden und anderen Anlagen« ist in einem zeitgenössischen Meierbrief die Rede.

Diese Aktivitäten an den Externsteinen dürften im 10. Jahrhundert eingesetzt haben. Da die Grundherrschaft der Werdener Äbte um 1160 noch bezeugt ist, darf man das berühmte **Kreuzabnahmerelief**

Das berühmte Kreuzabnahmerelief von 1150

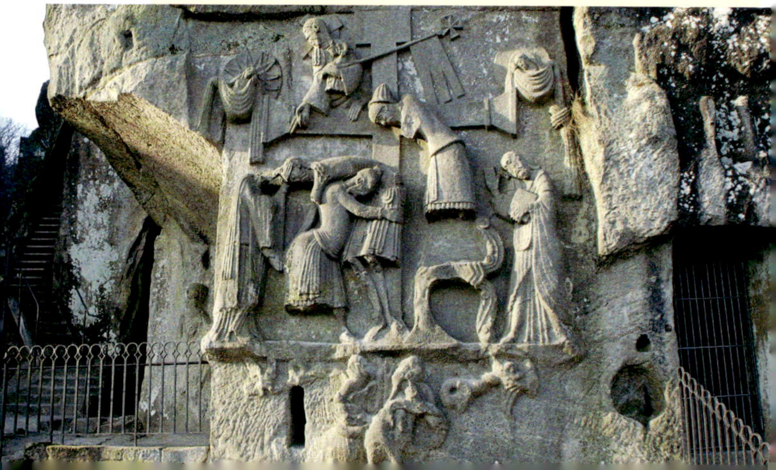

als ihr Vermächtnis ansehen. Das Relief (vermutlich als Kernstück der Nachbildungen der Heiliggrab-Anlagen in Jerusalem zu sehen) dürfte um 1150 entstanden sein. Es steht damit am Anfang der christlichen **Monumentalplastik** und stellt eines der bedeutendsten und eindrucksvollsten Werke in Nordwesteuropa dar. In seiner Art an einer Naturfelswand, in seiner Größe (5 m hoch, 3,75 m breit) und in seiner Qualität ist es einmalig.

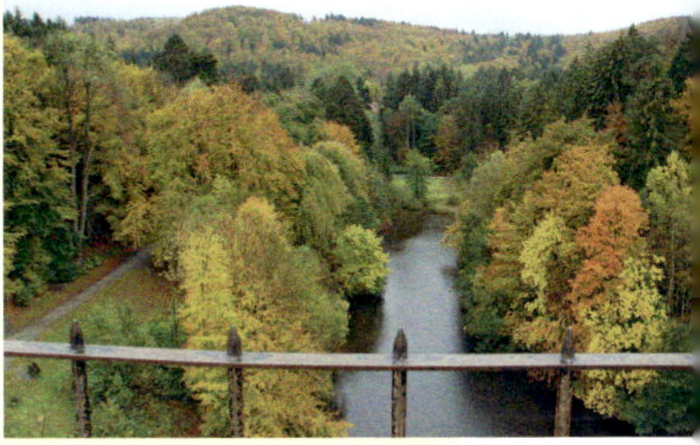

Ausblick vom Kapellenfelsen

Bald nach 1160 müssen die Äbte ihren Güterkomplex aufgegeben haben; denn seitdem waren die **Edelherren zur Lippe** an den Felsen »Hausherren«. Mit Beginn der Reformation verloren die Externsteine an religiöser Bedeutung und wurden 1659 zu einem festungsartigen Jagdschloss ausgebaut, das jedoch keine fünfzig Jahre später verfiel. Bis heute erhalten geblieben ist die damals auf dem Kapellenfelsen geschaffene **Aussichtsplattform**. Während der Regierungszeit der Fürstin Pauline (1802–1820) wurde der naturnahe Zustand um die Felsen wieder hergestellt. 1836 wurde die Wiembecke – ganz im Geist der Romantik – mit dem Ziel der Verschönerung der Anlage zum Teich aufgestaut. 1919 gingen die Eigentumsrechte an den Freistaat Lippe über, 1949 schließlich an den Landesverband Lippe.

Auf dem **Turmfelsen**, dem höchsten Felsen der Externsteine, befindet sich die Höhenkammer, auch als obere Kapelle oder **Sazellum** (»kleines Heiligtum«) bezeichnet. Sie ist über 94 Stufen samt Brücke zu erreichen und war ursprünglich wohl ein ganz von Fels umgebener dunkler Raum. Dort befindet sich das **Sonnenloch**, ein nach Osten hin gerichtetes Rundfenster. Wenn am 21. Juni, dem längsten Tag des Jahres, die Sonne aufgeht, fällt das Licht recht exakt durch dieses Loch auf die gegenüberliegende Wand. Manche interpretieren dies als eine »vorchristliche Kalenderanlage«.

Übersteig in luftiger Höhe vom Treppenauf den Turmfelsen

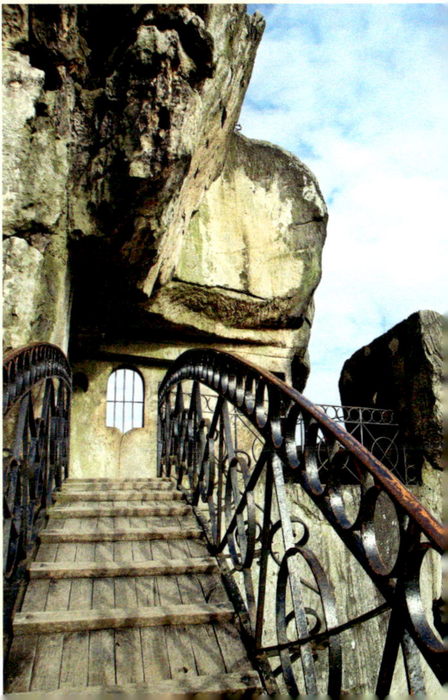

Info: Die Externsteine sind zum Teil begehbar und können vom 1. April bis 1. November gegen ein geringes Entgelt (Erwachsene 1,50 Euro) bestiegen werden. Im Jahr erklimmen über 100.000 zahlende Besucher die Felsen.

Tipp: Besuch des Infozentrums mit einem Film über das Kreuzabnahmerelief.

Infozentrum Externsteine: Externsteinestraße 35, 32805 Horn-Bad Meinberg, (05234) 2029796; April bis Okt. 10–18 Uhr, Nov. bis März 10–16 Uhr, **www.externsteine.de**

Exkurs

Naturschutzgebiet (NSG) Externsteine

■ Als eines der ersten Gebiete in Deutschland wurden die Externsteine und die sie umgebende Landschaft bereits 1926 in die **Naturdenkmalliste** aufgenommen. Grundlage war eine Denkschrift des Lippischen Landeskonservators Karl Vollpracht, welche die Bedrohung der Felsen und ihrer Umgebung durch Bebauung, Straßenverkehr (Straßenbahn), Rummelbetrieb und Abholzung aufzeigte. In den folgenden Jahren erstellte er Pläne, durch deren Umsetzung ein »ursprünglicher« Zustand wiederhergestellt werden sollte. Vordringlich waren danach der Abbruch der störenden Bauten an den Steinen und die Verlegung der Straße. Auf seinen Vorschlag hin wurde auch der 1836 angelegte Stauteich beseitigt.

Heute sind die Externsteine Teil des rund 127 ha großen gleichnamigen **Naturschutzgebietes**. Auf den Vorsprüngen der Felsen wachsen Tüpfelfarn, Brauner Streifenfarn, Mauerraute, Besenheide, Gemeine Goldrute und Rundblättrige Glockenblume. In einem entlegenen Teil des Schutzgebiets brütet gut versteckt seit 2006 wieder der **Uhu**; diese Art war seit rund 200 Jahren aus dem Gebiet verschwunden. Unmittelbar neben den Hauptwanderwegen befinden sich mehrere Feuchtwiesen mit wertvollen Vegetationsbeständen.

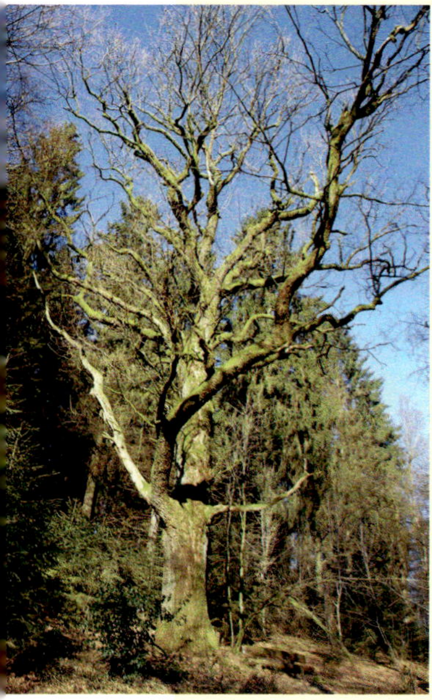

Frühere Hudebuche am Wegesrand

Wer dem H-Weg an den Externsteinen in Richtung Südosten folgt, gelangt auf den Kamm des **Knickenhagen**. Nach Süden erstreckt sich hier eine Bergheide mit großen Beständen von Heidelbeere, Besenheide und Pfeifengras sowie Restbeständen vom Wacholder. Im Sommer leuchten die Bestände des Wiesen-Wachtelweizens auffällig gelb. Der Boden ist hier flachgründig, nährstoffarm und sauer. Jahrhundertelang ist der unbewaldete Bergkamm mit Schafen, Ziegen, Rindern und Pferden aus den umliegenden Siedlungen beweidet worden. Heute übernimmt dies die **Schafherde** der Biologischen Station Lippe.

Auf den unteren Hangabschnitten der Nordseite des Kickenhagen wächst ein ehemaliger **Hudewald** (Hütewald) mit alten Eichen und Buchen, die schon wenig über Kopfhöhe stark verästelt sind und damit auf eine frühere Schneitelung hinweisen. Typisch sind auch die **Stechpalmen** (Ilex), die ebenfalls auf die Waldweidenutzung zurückzuführen sind: Der Ilex wurde vom Vieh gemieden und konnte sich so vermehren.

Die Bedeutung des Gebiets für den Naturschutz wird am Vorkommen von **fünf Spechtarten** (Mittel-, Klein-, Bunt-, Schwarz- und Grauspecht) deutlich. Verlassene Höhlen dienen diversen Fledermausarten sowie dem Siebenschläfer als Quartier. Als weitere Besonderheit ist das Vorkommen der seltenen **Kreuzkröte** in den ehemaligen Steinbrüchen am Bärenstein zu werten. Die alten Hudewälder sind auch für Moos- und Pilzkundler lohnende Ziele. So findet man hier zahlreiche, teils seltene holzbesiedelnde Großpilzarten. ■

Brücke zur Höhenkammer hinüberführt.

Doch jetzt aber los, auf uns wartet der **Eggeweg**! Der führt von den Externsteinen auf zunächst relativ ebener Strecke an der Nordseite des »Knickenhagen« entlang nach Osten. Südlich des Wegs ragen weitere aus dem Bergmassiv herausgewaschene Steine hervor. Auf den unteren Hangabschnitten erkennt man an freistehenden alten Eichen und Buchen die Reste eines ehemaligen Hudewaldes.

Tipp: Wer statt auf der Nordseite lieber über den felsigen Bergkamm des **Knickenhagen** (3) nach Osten wandern will, geht durch das Felsentor der Externsteine und folgt dem **H** (H-Weg) nach rund 30 m steil auf den Kamm hinauf. Oben kann man Reste der früher verbreiteten **Bergheide** entdecken. Nach dem Abstieg vom Berg trifft man wieder auf den Eggeweg.

Rund 150 m vor der Bundesstraße B 1 liegt etwas oberhalb des Eggewegs der **Lönsstein**. In Erinnerung an die Tiergeschichten des Heimatdichters Hermann Löns (1866–1914) hat der heimische

Exkurs
Stadt Horn-Bad Meinberg

■ Seit 1970 existiert Horn-Bad Meinberg als Doppelstadt mit zwei ganz unterschiedlichen Zentren: In **Horn** lohnt ein Rundgang durch den **historischen Stadtkern**. Die »Villa Hornan« wurde bereits 1031 in einer Urkunde als Siedlung an der Kölnischen Landstraße genannt. Der Ortsname (»vor dem Horne« = vor dem Walde) umschreibt ihre günstige Lage am Rand des waldreichen Gebirges und am Ostausgang des mehrgliedrigen **Passsystems** (⇨ Exkurs S. 26).

Seit 1248 durch den Edelherren Bernhard III. zur Lippe mit Stadtrechten ausgestattet, ist Horn nach Lemgo die zweitälteste Stadt in Lippe. Äußere Zeichen der wohlhabenden Stadt waren **Stadtmauer** und **Stadtburg**, welche den lippischen Grafen im 14. Jahrhundert als Residenz diente. Die 1348 fertiggestellte Burg, heute Heimatmuseum, ist Bestandteil des z.T. erhaltenen Befestigungsringes. Sehenswert ist auch der frühere **Kotzenbergsche Hof**, ein Weserrenaissancebau aus dem Jahr 1616. Weiter sind die Kirche **St. Johannes Baptist** (Turm aus dem 12. Jahrhundert) und vor ihr der **»Pfeifenkump«** zu nennen, der einzige erhaltene alte Stadtbrunnen in Lippe.

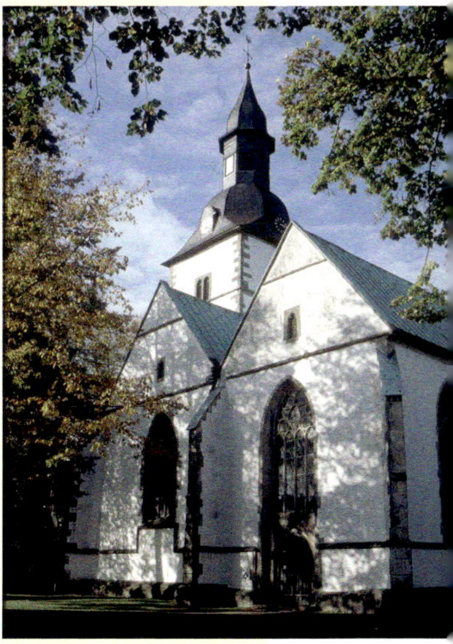
St. Johannes Baptist in Horn

Eine ganz andere Entwicklung hat die Stadt durch die Entdeckung und Nutzung der Kohlensäure- und Mineralquellen vor rund 300 Jahren genommen: **Bad Meinberg** weist 15 staatlich anerkannte Heilquellen auf und darf sich **seit 1767 als Kurort** bezeichnen. Schon im Jahre 1779 wurde ein quadratischer **Kurpark** angelegt, der bis heute zentraler Bestandteil der Kureinrichtungen ist. Bad Meinberg ist eines der ältesten **Moorbäder** Deutschlands. ■

Touristinfo am Kurpark in Bad Meinberg, Allee 9, 32805 Horn-Bad Meinberg, (05234) 98 903, **www.hornbadmeinberg.de**

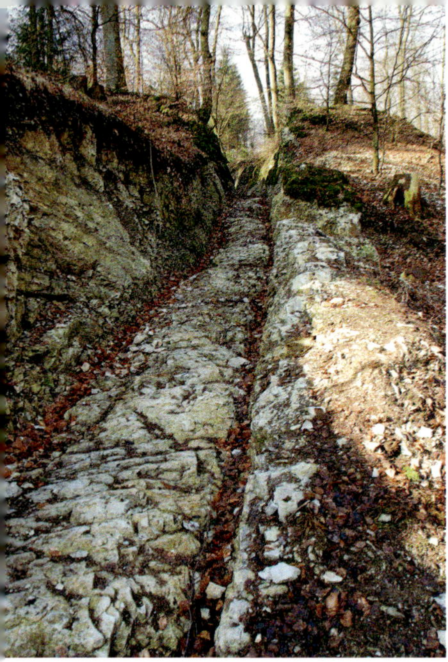

Einprägend: uralte Spurrillen im Fels der Großen Egge

Bildhauer R. Henkel verschiedene Tiere in den Sandstein gemeißelt. Löns, dessen Landschaftsideal die »wilde« Heide war, wurde schon zu Lebzeiten als Jäger, Heimatdichter und Naturforscher zum Mythos.

Ab hier verlaufen der Eggeweg, der Europawanderweg **E1** und der Hermannsweg **H** bis zum Velmerstot auf gleicher Strecke. Seit 1929 ist der Eggeweg ein attraktives Teilstück des **E1**. Zusammen mit den Wanderwegen quert hier auch der Radwanderweg **R1** die Bundesstraße. Der R 1 verbindet die französische Hafenstadt Boulogne-sur-Mer über 3.500 km mit der russischen Stadt St. Petersburg.

Wir folgen dem **X** (Eggeweg), wandern unter der breiten Straßenunterführung hindurch und queren gleich noch die Landstraße 828. Auf der Südseite des **Kniebergs** steigt der am Talrand verlaufende Weg nun langsam bergan. Die Waldflächen werden von mittelalten Fichten dominiert, aber auch Eichen und Lärchen kommen vor. Nur dort, wo etwas mehr Licht auf den Waldboden fällt, können sich Blaubeeren und Brombeeren in der ansonsten spärlichen Krautschicht entwickeln.

Westlich des Weges befinden sich Wassergewinnungsanlagen der Stadt Horn-Bad Meinberg. Dies ist ein erster Hinweis auf die Bedeutung von Egge und Teutoburger Wald als Grundwasserspeicher.

Exkurs
Pass an der Großen Egge

■ Etwa 1,3 km südwestlich der Externsteine liegt die »Große Egge«, über die ein alter und bedeutender **Passweg** (2) führt. Bronzezeitliche Grabhügel, Steinbeil- und römische Münzfunde im Umfeld bezeugen das hohe Alter dieses Gebirgsübergangs. Hier sind noch die Reste eines breitgefächerten **Hohlwegesystems**, teils mit Karrenspuren, zu entdecken. Einer dieser als Bodendenkmal ausgewiesenen Hohlwege konnte 2008 mit Genehmigung des LWL-Amtes für Archäologie auf einer Länge von 100 m freigelegt werden. Der bis zu sechs Meter in den anstehenden Cenoman-Kalkstein eingetiefte Hohlweg ist das vielleicht **älteste Ingenieurbauwerk** in NRW. Die gleisartige Spurbreite beträgt durchgängig 1,40 m.

Mit dem Bau der unmittelbar daneben erstellten Chaussee, auch **»Cöllnsche Landstraße«** genannt, durch Fürstin Pauline zur Lippe wurde der alte Weg 1813 funktionslos und die Straße ins »Felsentor« zwischen die Felsen III (Treppenfelsen) und IV (Wackelsteinfelsen) verlegt. 1934/35 erhielt die damalige Reichsstraße 1 (Aachen - Paderborn - Hameln - Königsberg) ihren heutigen Verlauf abseits der Externsteine. Von 1912 bis 1953 führte aber noch die **Straßenbahnlinie** (!) von Paderborn nach Horn durch die Felsengruppe hindurch. ■

Anders als die Kammbereiche besteht der Boden am nördlichen Fuß des Kniebergs aus sogenannter »Fließerde«. Das ist ein Gemenge aus den an den Hängen vorkommenden Gesteinen; diese sind unter Einfluss von Hitze und Frost zunächst verwittert und dann von den Hängen abgeflossen. Aufgrund ihrer Struktur und Zusammensetzung ist Fließerde relativ nährstoffreich.

Bald verstummen die Verkehrsgeräusche und man kann sich seinen Eindrücken hingeben. Hinter einer kleinen Kuppe geht es dann bergab zur **Silbermühle** mit forellenbesetztem Mühlenteich und Café-Restaurant.

Tipp: Unweit der Silbermühle steht im Wald noch eine alte **Schleifmühle** (4) (⇨ Wassermühlen). Man gelangt zu ihr, wenn man auf dem X10 rund 500 m in Richtung Leopoldstal wandert (oder auf der Rückwanderroute).

Ab Silbermühle wandern wir durch das zunächst noch relativ breite ⇨ **Silberbachtal** bachaufwärts. Auf einer am Weg stehenden Infotafel werden die geologischen Verhältnisse anschaulich erläutert. Bald verengt sich das Tal zu einer fast **wildromantischen Schlucht** (5). Wie es sich für einen richtigen Bergbach gehört, gurgelt, gluckst, plätschert oder rauscht der Silberbach »nach Lust und Laune« über die Felsen dahin. Während am Bach vorwiegend Erlen,

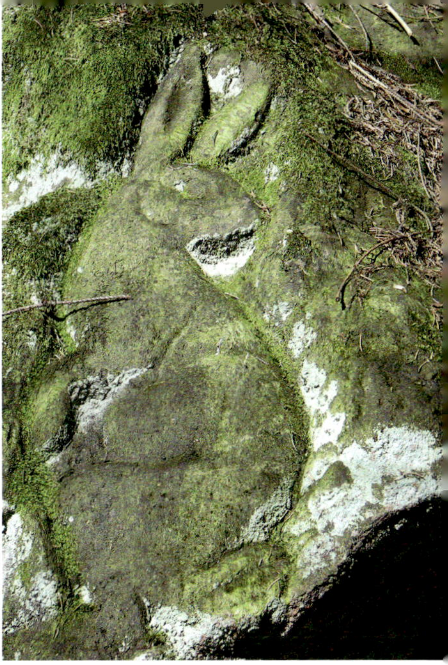

Hasen-Relief auf dem Lönsstein

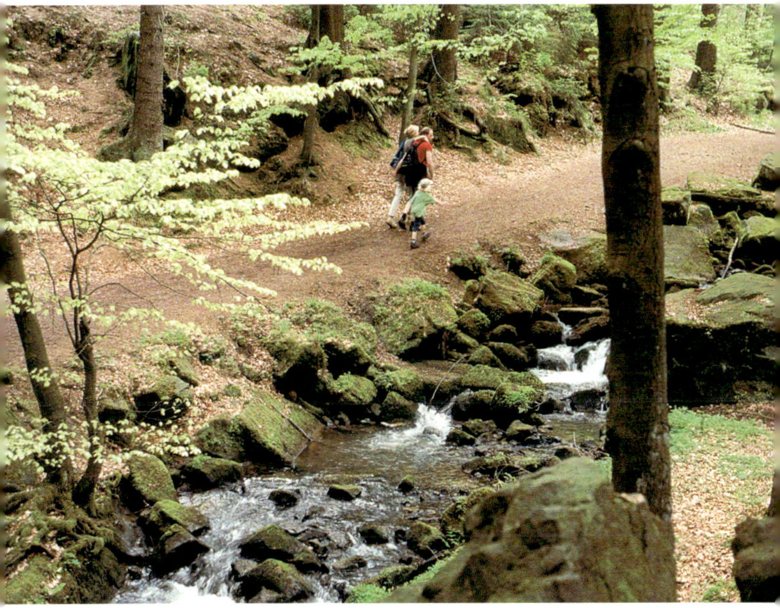

Eggeweg im Silberbachtal

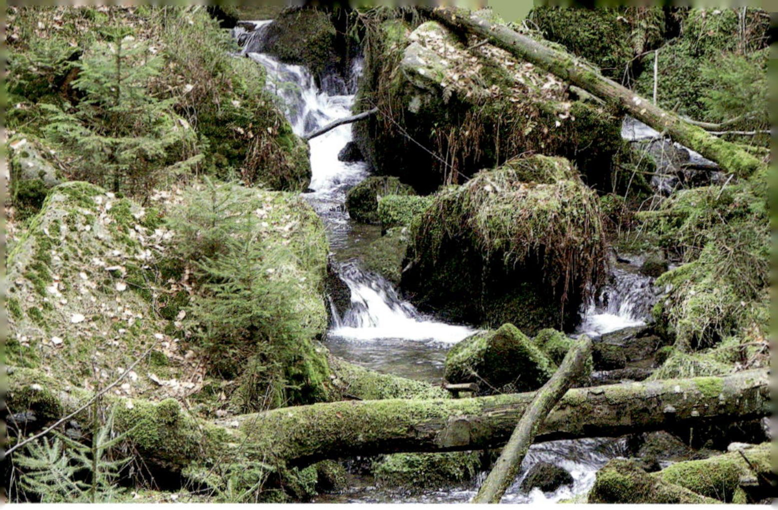

Vom Wasser haben wir's gelernt: über Stock und Stein am Silberbach

Eichen und Buchen wachsen, stehen auf den Talhängen meist Fichten, teils mit imposanten Ausmaßen.

Nach einiger Zeit gelangen wir zu einer deutlich erkennbaren **Furt**, einer flachen Stelle im Bach, durch welche früher die Fuhrwerke zur anderen Bachseite wechselten. Der Weg führt hier nun knapp 250 m recht rustikal am Rand des Tales entlang und wechselt dann über einen Steg zur Ostseite. Je nach Wasserführung plätschert oder schießt das Wasser über die im Bachbett liegenden Felsen oder toten Baumstämme hinweg.

Das Tal zeigt nun seine wilde landschaftliche Schönheit. Auf mehreren hundert Metern sind die Berghänge bis in den Bach hinein mit **Sandsteinblöcken** übersät. Es handelt sich dabei teils um natürliches Trümmergestein, das unter Wärme und Frost vom Berghang abgesprengt wurde (sog. »Blocksteinfelder« oder »Blockmeere«). Teils ist es aber auch ins Tal abgekippter Steinbruchabraum, denn Osning-Sandstein wurde hier in verschiedenen **Steinbrüchen** seit dem 16. Jahrhundert abgebaut. Vor einem ehemaligen Sandsteinbruch stapeln sich teils behauene, aber liegengelassene Sandsteinquader. Die üppige Waldvegetation überdeckt jedoch mittlerweile einen Großteil dieser Spuren.

Der **Wasserreichtum** der Egge wird auch an den vielen Quellen deutlich, die manch-

Exkurs Silberbachtal

■ Das Tal zwischen der **Silbermühle** und der **Kattenmühle** gilt als das schönste im ganzen Eggegebirge. Auf einer Länge von zwei Kilometern hat sich der Silberbach hier von West nach Ost tief in den Osning-Sandstein eingeschnitten. Damit stellt der Silberbach eine hydrologische Besonderheit dar: Er ist einer der wenigen Bäche, die zwar auf der Westseite der Egge entspringen, aber nicht dem Rhein, sondern der Weser zufließen. Dass hier eine solch tiefe **Talbildung** stattfinden konnte, ist einer Trennfuge im Gebirge zu verdanken, die vom heutigen Silberbachtal lediglich nachgezeichnet wird. Die östlichen Schichten sind um ca. 20 m gegenüber der Westseite abgesunken. Wegen der hohen Niederschläge westlich der Egge führt der Silberbach stets reichlich Wasser, welches in früheren Jahrhunderten diverse ⇨ **Wassermühlen** speiste. Der Silberbach bildet die optische Grenze zwischen Teutoburger Wald und Eggegebirge. ■

Exkurs
Wassermühlen am Silberbach

■ In den Jahren 1710/11 wurde im ⇨ **Silberbachtal** tatsächlich nach Silber gesucht, die Ausbeute war jedoch enttäuschend. Seit dieser Zeit wurde der vormalige Möllenbach (= Mühlenbach) nun Silberbach genannt. Sein wahrer Reichtum lag aber – wie es sein alter Name andeutet – nach wie vor in der Kraft des Wassers. Die Silbermühle stellt eine **oberschlächtige Mühle** dar, d.h. das Wasser wird von oben auf das mit Wasserkästen bestückte Rad geleitet, um die Kombination aus Fallenergie und Wassergewicht zu nutzen. Um ausreichende und konstante Wassermengen zur Verfügung zu haben, war der Mühle ein Mühlenteich als Wasserspeicher vorgelagert.

Obwohl seit der Römerzeit bekannt, setzten sich Wassermühlen bei uns erst im Mittelalter durch. Durch sie erzeugte Energie wurde in **Kornmühlen** genutzt oder in **Ölmühlen**, um aus Raps, Lein oder Bucheckern Speise- und Lampenöl zu gewinnen. Verbreitet waren auch **Säge-**, **Schleif-** oder **Lohmühlen** (Herstellung von Gerberlohe). Um 1762 existierten am Oberlauf des Silberbachs drei Mahl-, vier Schleif- und zwei **Walkmühlen**. In den Walkmühlen wurde Wolle »gewalkt« (d.h. zusammengestaucht), um Filz oder veredelte Tuche herzustellen. Die Schleifmühlen wurden von den Schmieden der Stadt Horn zum Schärfen von Werkzeugen und Waffen genutzt.

Das Recht, eine Mühle zu betreiben, gehörte zu den **»Regalien«**, über die allein der Landesherr entschied. Jede Mühle hatte ihren Bannbezirk, innerhalb dessen alle Bauern verpflichtet waren, ihr Korn nur in dieser Mühle mahlen zu lassen (**»Mahlzwang«**). Die Abschaffung des Mahlzwangs durch Napoleon (1811) leitete zunächst einen Aufschwung des Mühlengewerbes ein. Schon bald entstanden aber moderne, dampfmaschinengetriebene Mühlen, die viele kleine Wassermühlen unrentabel machten. Die letzte der beiden ehemals städtischen Mühlen am Silberbach wurde 1955 geschlossen.

An einem kleinen Nebenbach des Silberbachs gelegen, sind heute noch die Überreste von **Hövelmanns Schleifmühle** (4) zu besichtigen. Im Jahr 1612 hatte Graf Simon VI. zur Lippe dem Schmied die Konzession zum Betreiben der Schleifmühle mit einer scheinbar ungewöhnlichen Auflage erteilt; er hatte jährlich eine »wohlgeschmiedete Axt« am Hofe abzuliefern. ■

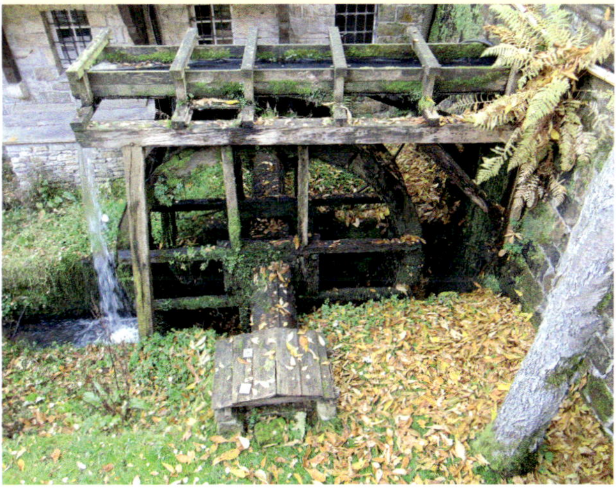

Oberschächtiges Mühlenrad der Silbermühle

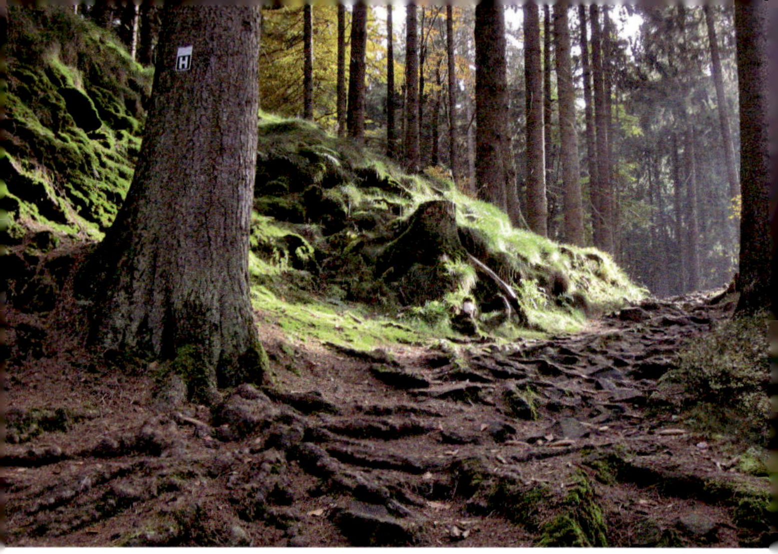

Idyllisches Wegstück im Silberbachtal

mal – unmittelbar neben dem Weg – am Bergfuß entspringen und den Silberbach zusätzlich mit Wasser versorgen. Das Wasser ist sauber, aber aufgrund der hohen Niederschläge und der damit verbundenen Bodenversauerung auch sehr sauer. Der pH-Wert des Bodens hat in der Vergangenheit schon mal bei Werten unter 4,5 gelegen, was dazu führte, dass im Boden enthaltenes Aluminium mobilisiert wurde.

Achtung: Nach einiger Zeit führt ein Steg auf die Westseite des Silberbachs. Hier bleibt man aber auf der Ostseite und klettert parallel zum Bach leicht bergan, bis man einen Waldweg erreicht. Unterhalb des Eggewegs liegt die ehemalige **Kattenmühle**, seit 1992 eine Einrichtung der Lebenshilfe Detmold, die hier rund 30 Menschen mit vorrangig geistiger Behinderung ein Zuhause bietet.

Schließlich wendet sich der Eggeweg im spitzen Winkel zurück nach Norden und verläuft nun über die »Schnat«. Dieser Abzweig des **Hellwegs** (⇨ Exkurs S. 65) führte früher von Paderborn nach Hildesheim. Schnat bedeutet so viel wie Grenze (⇨ **Grenzsteine & Schnat**).

Wanderte man über den **I**-Weg nach Osten weiter, würde man bald zu den Ortschaften Veldrom und Feldrom gelangen. Getrennt durch den Silberbach, gehörte Veldrom seit alters her zum Fürstentum Lippe, Feldrom hingegen zu Preußen. Mit der Gebietsreform im Jahr 1970 fand ein Flächentausch statt, so dass nun beide Orte im Kreis Lippe liegen.

Der Eggeweg führt nun oberhalb eines an der »Schnat« stehenden Hauses und am **Naturfreundehaus** vorbei auf die Nordseite des Lippischen Velmerstot. Durch einen lichten, mittelalten Fichtenwald, in dem am Wegesrand Rote Waldameisen ihre Hügel errichtet haben, erreicht man schließlich den »Nordanstieg«, wo der Eggeweg kurz vor einem ehemaligen Sandsteinbruch unvermittelt vom Forstweg nach Süden abzweigt.

Tipp: Den ehemaligen **Sandsteinbruch** (6) am Lippischen Velmerstot – nur wenige Meter weiter östlich – kann man mit etwas Geschick von unten her erreichen: Hinter

Exkurs
Grenzsteine & Schnat

■ Spätestens seit der Sesshaftwerdung des Menschen in Europa um 5000 vor unserer Zeitrechnung erlangten **Grenzen** eine besondere Bedeutung. Das Markieren einer bestimmten Fläche durch Steine oder Hecken, das »Landmarken-Setzen« und »Grenzen-Ziehen« zeigte Besitz an und signalisierte Sicherheit. Aber erst viel später, nach oft jahrhundertelangen Streitigkeiten, verfestigten sich ab dem 16. Jahrhundert die Grenzen zwischen den vielen deutschen Kleinstaaten und man begann damit, diese dauerhaft zu kennzeichnen. Die ältesten **Grenzsteine** im Bereich des Eggewegs stammen noch von der im Jahre 1658/59 vorgenommenen Grenzsteinsetzung zwischen der Grafschaft Lippe und dem Fürstbistum Paderborn. Die Grenzsteine am Lippischen Velmerstot wurden praktischerweise am Velmerstot gebrochen und bearbeitet. Da sie immer mal wieder erneuert werden mussten oder sich die Grenzverläufe änderten, existieren Grenzsteine aus verschiedenen Jahrhunderten.

Grenzstein Nr. 62 B mit lippischer Rose

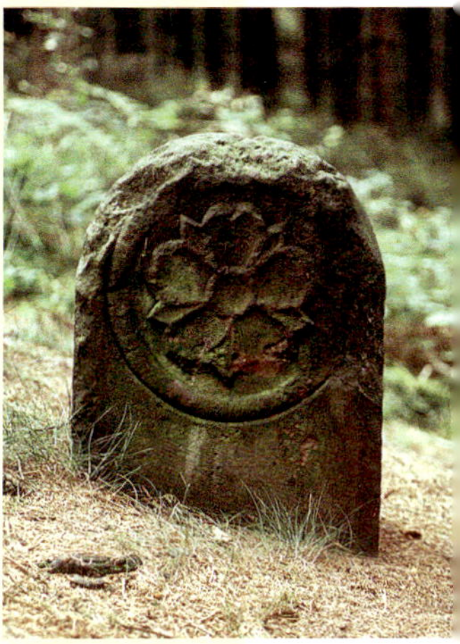

In den **Grenzstein Nr. 63** (8) (großer Sandsteinblock) ist auf der einen Seite ein Kreuz als Symbol für das Fürstbistum Paderborn, auf der anderen Seite die Lippische Rose für die damalige Grafschaft Lippe eingemeißelt. – Der **Grenzstein 62 B** (hangabwärts 55 m vom Eggeweg entfernt) zeigt auf der einen Seite ebenfalls die Lippische Rose, auf der anderen Seite den Adler des Königreiches Preußen eingraviert. Mit der Säkularisation 1802/03 war Preußen Rechtsnachfolger des Fürstbistums Paderborn geworden. Die alten Grenzsteine (wie die Nr. 63) haben nur eine Nummernfolge. Erst ab 1860 wurden Grenzsteine mit zusätzlichen Buchstaben aufgestellt, die auf gerader Linie zwischen zwei älteren Grenzsteinen stehen. Das Relief der **Landessymbole** erscheint jeweils auf der dem Territorium zugewandten Seite. Neben den Landesherrn markierten auch einige große Grundeigentümer wie Klöster und Adelsfamilien (z.B. von Spiegel, von Plettenberg) ihre Waldflächen mit Grenzsteinen.

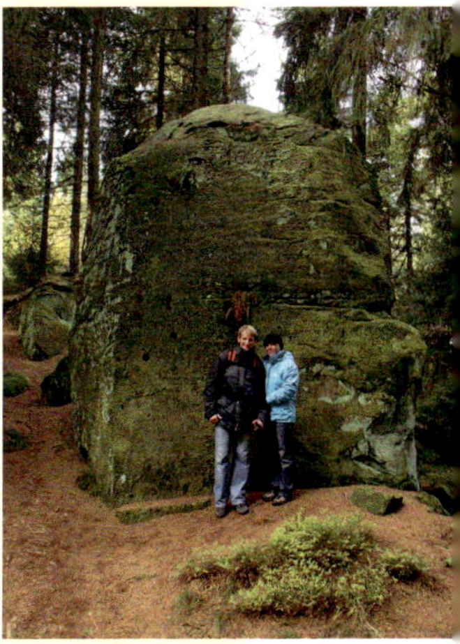

Grenzstein Nr. 63 mit menschlichem Maßstab

Da es immer wieder zu Streitigkeiten über den Verlauf von Grenzen kam, war es üblich, die Gemarkungsgrenzen regelmäßig mittels eines **»Schnat-«** oder **»Schnadeganges«** zu kontrollieren. Das niederdeutsche Wort »Snat« oder »Schnaot« ist verwandt mit dem Wort »Schneise« und bedeutet Grenze. Der Grenzverlauf wurde beim Schnatgang auch durch Beschneiden der Vegetation (Ziehen einer »Schneise«) begehbar gehalten.

Die Grenzsteine stehen heute im **Eigentum des Landes NRW**. Die für die Erhaltung und Pflege zuständige Bezirksregierung Detmold plant, alle Grenzsteine entlang der ehemaligen Grenzen des Fürstbistums Paderborn und des ehemaligen Fürstentums Lippe unter Denkmalschutz zu stellen. ■

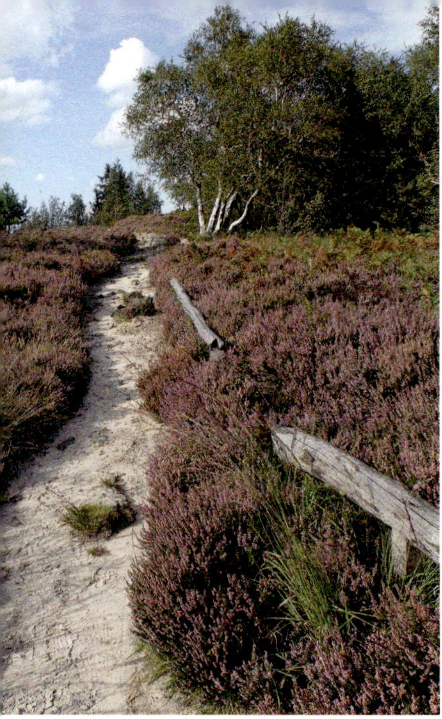

Oben: Sandweg durch die Bergheide am Lippischen Velmerstot

Unten: Steinlabyrinth und Sandsteinblöcke im ehemaligen Steinbruch nördlich des Velmerstot

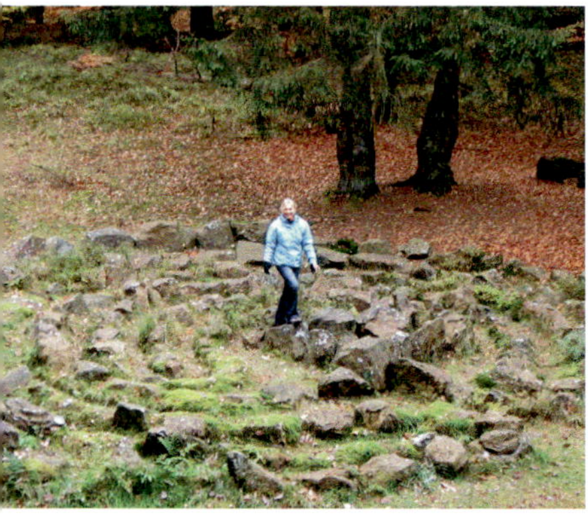

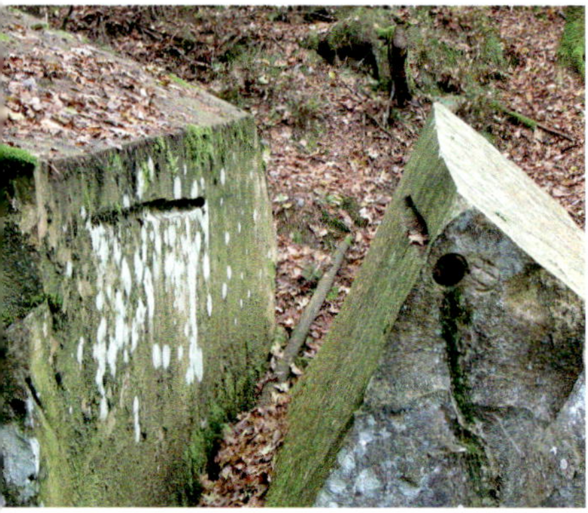

einem kleinen Erdwall verbergen sich die ehemalige Steinbruchsohle und die Steinbruchwand, in der man sehr schön diverse senkrechte Klüfte erkennen kann.

Am Rand des Steinbruchs liegt ein riesiger zerteilter Sandsteinblock, in dem noch die Bohrlöcher für die Sprengung erkennbar sind. Auf der Sohle befindet sich ein kunstvoll gelegtes **Steinlabyrinth**, das leider kein Zeugnis unserer heidnischen Vorfahren ist, sondern hier von Christen im Jahr 1993 angelegt wurde. Das Labyrinth kennt, anders als ein Irrgarten, nur einen Zugang, der über lange Windungen zur Mitte führt.

An der Kante des auch von oben einsehbaren ehemaligen Steinbruchs entlang geht es nun über Baumwurzeln und offenen Fels steil bergauf zum Lippischen Velmerstot. Oben erreichen wir die mit ⇨ **Bergheide** bestandene Kuppe. Auf dem Weg zum Gipfel befinden sich nördlich des Wegs, unterhalb eines kleinen Abhangs, der **Mehring-Stein** und Sitzgelegenheiten. Der Stein erinnert an Konstantin Mehring, der 32 Jahre lang Vorsitzender des Teutoburger-Wald-Vereins war.

Ein Stück weiter gelangen wir über den sich durch die Bergheide schlängelnden Sandweg (verwitterter Sandstein!) zum Gipfel des ⇨ **Lippischen Velmerstot** (7). Krüppelige, windzersauste Birken und Eichen geben einen Eindruck von den hier oben herrschenden Klimabedingungen. Zusammen mit den **Felsklippen** auf der Bergkuppe geben sie ein herb-romantisches Landschaftsbild ab. Die Steine stellen einen schönen und beliebten Rastplatz für den Wanderer dar.

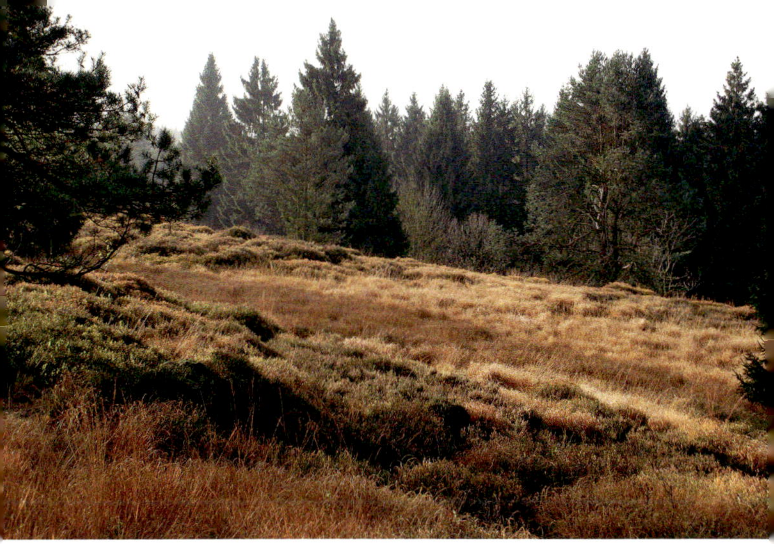

In die Felsen eingeritzte **Richtungsweiser** benennen mehr oder weniger sichtbare Ziele, so das Hermannsdenkmal oder die Stadt Hamburg. An klaren Tagen kann man den höchsten Berg Lippes, den Köterberg, den Höhenzug des Sollings, den Basaltkegel des Desenbergs oder sogar den Brocken im Harz am Horizont entdecken. Ein besonders schönes Erlebnis ist es, wenn unten im Tal noch der Nebel hängt, während hier oben auf dem Velmerstot bereits die Sonne wärmt.

Durch die Einsattelung zwischen den beiden Kuppen folgen wir dem Eggeweg in Richtung »Preußischer Velmerstot« und wechseln so zur zweiten Etappe hinüber.

Tipp: Wer sich den riesigen, etwa 3 m hohen Sandsteinblock ansehen will, der seit 1659 als **Grenzstein Nr. 63** (8) (⇨ Grenzsteine) die ehemalige Grenze zwischen dem Fürstentum Lippe und dem Fürstbistum Paderborn markiert, sollte zunächst dem H-Weg folgen. Wo dieser nach Norden abknickt, wandert

Die Bergheide wird heute mit Schafen und Ziegen offen gehalten

Exkurs
Bergheide

■ Auf den **Bergheideflächen** des Teutoburger Waldes und der Egge wächst als prägender Bestandteil die Besenheide (Calluna vulgaris), auch Heidekraut genannt, die noch bis in die 1960er Jahre zur Herstellung von Besen verwendet wurde. Weitere prägende Pflanzen sind die Blaubeere (Heidelbeere) und das Pfeifengras, das wegen seiner dünnen Halme und feinen Ähren früher zum Pfeifenreinigen (Name!) genutzt wurde. – Die Bergheide ist das Ergebnis einer jahrhundertelangen **Beweidung** mit Schafen und Ziegen. Ohne die in den letzten Jahren von einer Schaf- und Ziegenherde der **Biologischen Station Lippe** durchgeführte Beweidung wären die noch verbliebenen Bergheideflächen längst unter Adlerfarn und Gehölzaufwuchs verschwunden. So aber kann dieser selten gewordene Lebensraum für die Zukunft erhalten werden. ■

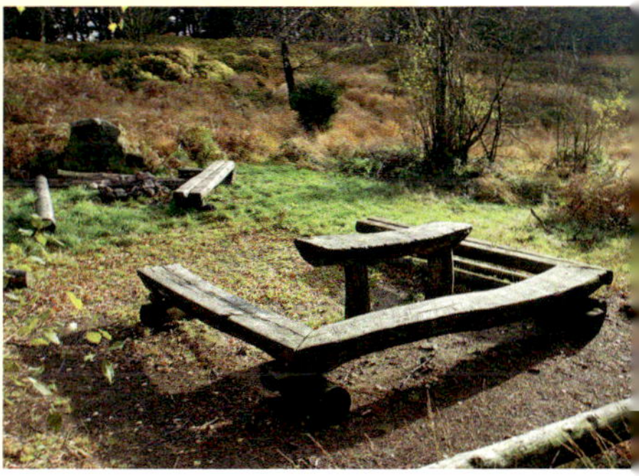

Rastplatz am Mehring-Stein

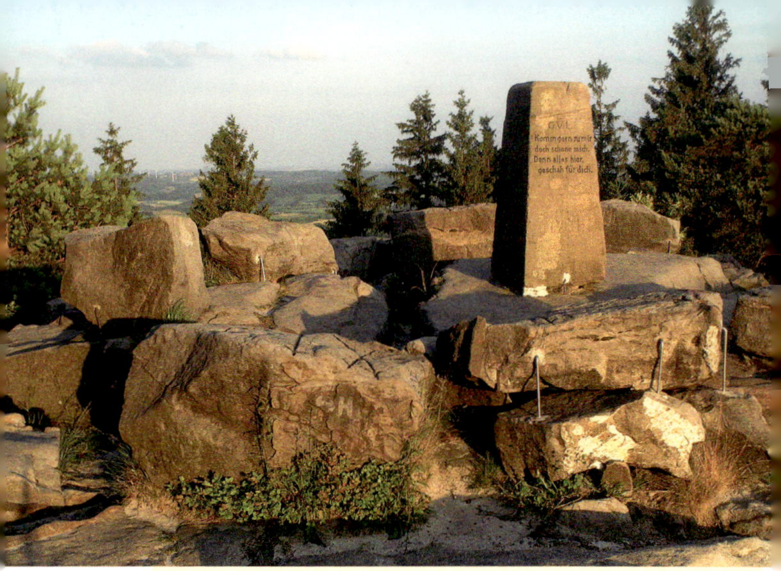

Exkurs

Velmerstot & Silberort

Felsiger Gipfelpunkt des Lippischen Velmerstot

■ Die Doppelkuppe des **Velmerstot** – »Lippischer Velmerstot« (441 m) (7) und »Preußischer Velmerstot« (468 m) (10) – ist der höchste und an Aussichten reichste Berg von Teutoburger Wald und Egge. Zwischen den beiden Gipfeln hindurch verlief einst die **Preußisch-Lippische Grenze** (⇨ Grenzsteine & Schnat, S. 31). Der Velmerstot gehört mit den umliegenden Wäldern zum Naturschutzgebiet »Eggeosthang mit Lippischem Velmerstot«.

Im westlichen Längstal unterhalb des Eggegebirges gab es im 11. Jahrhundert eine Ansiedlung Druheim (Droheim), die zum **Kloster Hardehausen** (⇨ S. 95) gehörte. Felder zu »Drohme«, »Veld to Drome« werden mehrfach in Urkunden bezeugt. Der Name ging auf die Siedlungen Feldrom (mit »F«, zum Fürstbistum Paderborn gehörig) und Veldrom (mit »V«, zur Grafschaft Lippe gehörig) als Ortsbezeichnung über. Der Name **»Velmerstot«**, der nichts mit dem Wort »Tod« zu tun hat, lässt sich aus den Begriffen »Velmer« und »Stot« ableiten. »Velmer« stammt vom obigen Siedlungsnamen, »Stot« steht für Steilhang. Velmerstot bedeutet also »Steilhang bei Veldrom«.

Die vom Menschen beeinflusste Geschichte des Velmerstot begann um 1530, als Johann Böger von Graf Simon zur Lippe angewiesen wurde, im heutigen Veldrom Siedlungsplätze urbar zu machen. Das **»Veld zum Drome«** diente der Landesherrschaft ursprünglich als Viehweide. Die Hofstelle wurde 1564 zu einer Meierei vergrößert, in deren Folge sich Neusiedler sowohl auf lippischer als auch auf Paderborner Seite ansiedelten. Im Jahre 1609 wurde in Veldrom eine erste Mühle erbaut; 1751 kam die Kattenmühle hinzu.

Unterhalb des Velmerstot stößt man sowohl auf Abraummaterial aus der **Zeit der Steinbrüche**, als auch auf **Blockhalden** (Blockmeere). Letztere bestehen aus natürlichem Trümmergestein, das unter Einfluss von Niederschlag, Wärme und Frost vom Berghang abgesprengt wurde. Am nordöstlichen Abhang des preußischen Velmerstot befindet sich der ehemalige Sandsteinbruch **»Silberort«** (9). Vor dem Betrachter erheben sich rund 30 Meter hohe Felsen, deren Schichten flach nach Westen einfallen. Der weißgraue bis gelblichbraune Osning-Sandstein ist stark klüftig und wird von zentimeterdicken, rostbraunen Eisenanreicherungszonen durchzogen. Es dominieren senk-

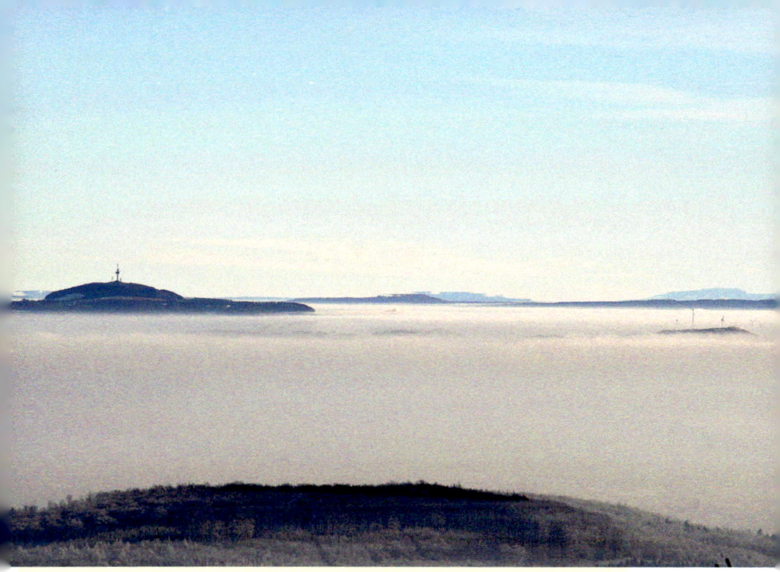

rechte Klüfte (Gesteinsfugen), durch die der Fels in kantige Quader zerlegt wird. Seit 1949 steht der Steinbruch unter **Naturschutz**.

Exkurs
Velmerstot & Silberort

Die festen Sandsteine des Velmerstot waren schon im 16. Jahrhundert als wertvolle **Naturbausteine** sowohl regional als auch überregional geschätzt. In der Region fanden sie an den Barockkirchen in Paderborn, dem Landgericht in Detmold, der Lambertikirche in Münster, den alten Straßenbrücken an der Autobahn A2 oder dem großen Eisenbahnviadukt in Altenbeken (erbaut 1853) Verwendung. Überregional waren sie Baumaterial für den Reichstag in Berlin und den Kölner Dom. Maßgerecht behauene Blöcke wurden im Sockelbereich und im Mauerwerk eingesetzt. Tür- und Fenstergewände, Türschwellen und auch Futtertröge wurden aus besonders großen Blöcken hergestellt. Zudem wurde Osning-Sandstein als Pflasterstein verwendet.

Sehr gute Aussichten: vorne links der Köterberg, ganz hinten rechts der Brocken (Harz)

Allein aus dem Steinbruch »Silberort« am Osthang des Velmerstot brachen im Jahr 1888 rund **100 Steinhauer** Quader für Quader aus den Klippen. Ab 1853 konnten die Steinquader mit Ochsen- oder Pferdefuhrwerken zum Weitertransport mit der neu errichteten Eisenbahn nach Altenbeken geschafft werden. Erst 1895 wurde am nördlichen Bergfuß der Bahnhof Leopoldstal eröffnet. Die Geschichte des Steinbruchs auf dem Velmerstot endet mit dem 2. Weltkrieg. ■

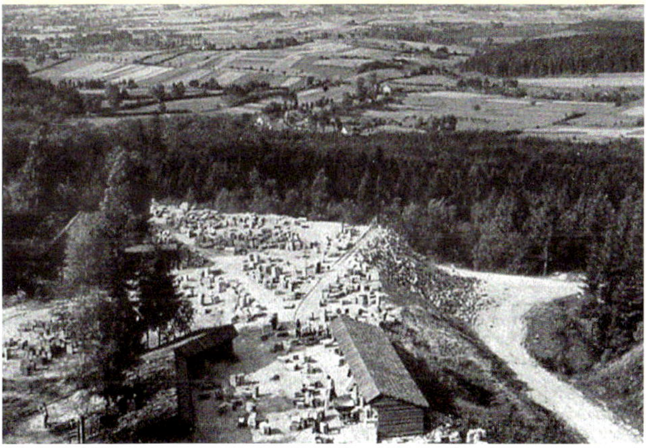

Eggesandsteinbruch am Velmerstot (1939)

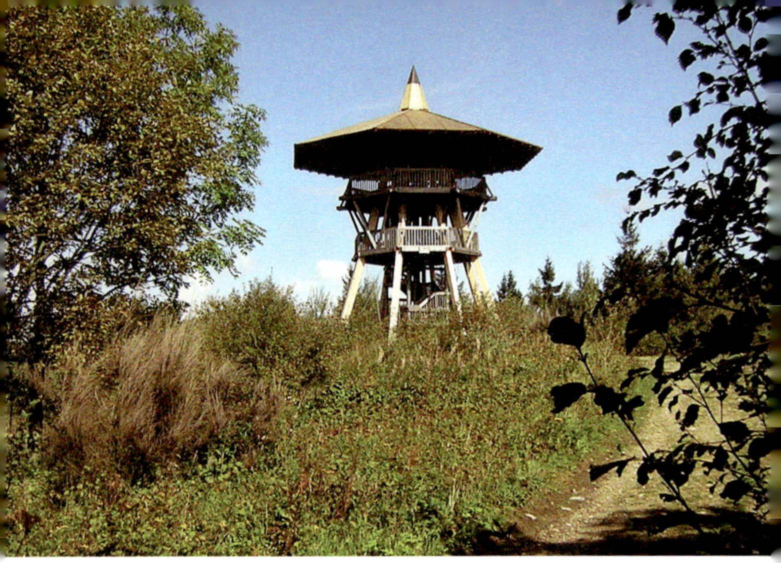

Der Eggeturm 2010 nach dem Umbau

man nach Süden und gelangt so nach rund 100 m zum Grenzstein. Weitere 300 m südlich liegt der sehenswerte ehemalige Sandsteinbruch ⇨ **Silberort** (9). Zum Eggeweg zurück gelangt, wer wenige Meter südlich des Grenzsteins dem Weg nach Westen folgt.

Bis zu 30 m hohe Felswände im Steinbruch »Silberort«

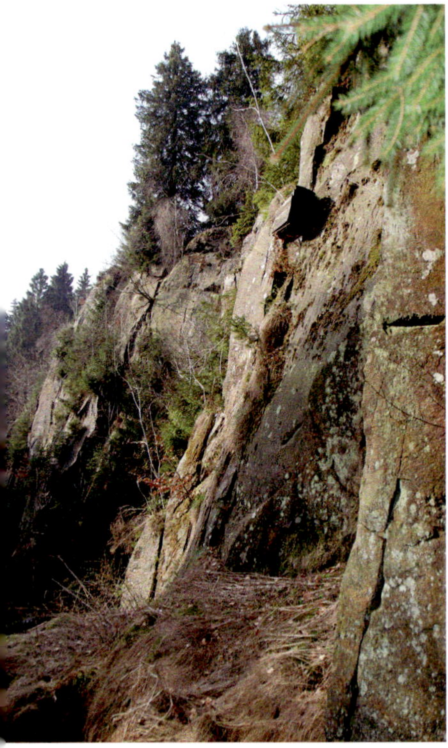

Rückwanderroute

Vom Lippischen Velmerstot folgt man zunächst dem H bzw. > in Richtung Leopoldstal. Weiter über den X10, vorbei an der Schleifmühle (4), zurück zur Silbermühle.

Ab hier zu den Externsteinen empfiehlt sich der Weg über den R1 auf der Nordseite des Kniebergs bis zur Bundesstraße B 1. Man durchwandert hier das Südholz, einen geschützten Waldkomplex mit z.T. über 250 Jahre alten Hudeeichen und -buchen. Diese markanten Zeugen ehemaliger Hudewaldwirtschaft kann man besonders nördlich des Wegs bewundern. Westlich der B 1 geht es dann auf dem H-Weg über den Kamm des Knickenhagen zurück zu den Externsteinen. (Gesamtlänge: 7,6 km)

Hinweis: Wer den Weg von Süden nach Norden gewandert ist, hat an den Externsteinen das Ende des Eggewegs erreicht. Zum rund 4 km entfernten Bahnhof in Horn geht es zunächst über den Zugangsweg (>). Am Bahnhof Horn bestehen Zugverbindungen in Richtung Herford/Bielefeld sowie Altenbeken/Paderborn/Kassel.

Velmerstot – Rehberg

Allgemeine Hinweise: Nun wird es auf dem Eggeweg merklich ruhiger. Auch schon in vergangenen Zeitem war man hier oben häufig auf sich allein gestellt: Verschiedene Wegekreuze und -male erinnern an mehr oder weniger glücklich verlaufene Erlebnisse. Daneben waren in diesem Abschnitt des Eggegebirges große technische Herausforderungen zu bewältigen, deren Spuren bis heute zu sehen sind – wie der Optische Telegraf oder der Eisenbahntunnel unter dem Rehberg. Aber auch die Natur hat Besonderes zu bieten; so verläuft die gesamte Etappe durch das kreisübergreifende Naturschutzgebiet Egge-Nord.

➪ Karte S. 116–119

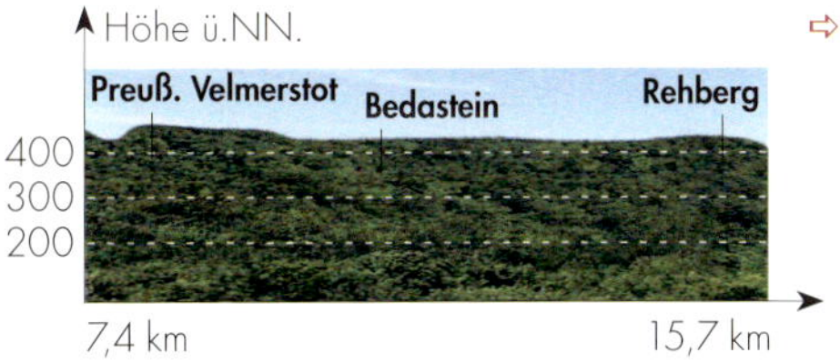

Charakteristik: *Länge:* 8,3 km; *Steigungen* über 10 %: 0,6 km; über 20 %: 0,0 km; *Auf-/Abstiege* in Höhenmetern: +60/-120; *Höhenlage:* 380 m bis 460 m ü.NN; *Wegebelag:* 100 % naturbelassen; *Gesamtbeurteilung:* mittel.

Am Velmerstot sind wir nun richtig im **Eggegebirge** angekommen und können den Alltagsstress vergessen. Die Witterungsbedingungen auf der schattigen Nordseite der Egge sind allerdings so extrem, dass hier oft noch im April längere Zeit Schnee liegt.

Zwischen den beiden Kuppen des Velmerstot passiert man die leicht zu übersehenden Reste einer Wegsperre, die früher die **Landesgrenze** zwischen dem Fürstentum Lippe und der preußischen Provinz Westfalen darstellte. Etliche Meter hangabwärts steht der Grenzstein Nr. 62 B (➪ Grenzsteine, S. 31) .

Schließlich erreichen wir den hölzernen Eggeturm auf dem **Preußischen Velmerstot** (10), dem mit 468 m ü. NN etwas höheren Berg der Zwillingskuppe. Der **Eggeturm** konnte hier erst 2003 errichtet werden, nachdem eine vorherige militärische Nutzung aufgegeben worden war. Im Gegensatz zu seinem lippischen Bruder ermöglicht die Kuppe mit ihrem Turm einen echten Rundumblick, der besonders bei klarem Wetter **imposante Ausblicke** bietet. Auch hier wird der Wanderer (mittels Holzplättchen auf der Brüstung) auf die umgebenden Ziele und ihre Entfernung vom Turm hingewiesen.

Südlich des Eggeturms verläuft der Eggeweg nun bis zum Feldromer Berg und darüber hinaus parallel zu einer heute überdimensioniert erscheinenden Asphaltstraße, die bis 1994 zur **Radarstation** und Raketenstellung der NATO hinauf führte.

Die Etappe vom Preußischen Velmerstot (im Bereich der ➪ **Stadt Steinheim**) bis zur Rehberghütte verläuft zu 100 Prozent durch das ➪ **NSG »Egge-Nord«**, dessen wesent-

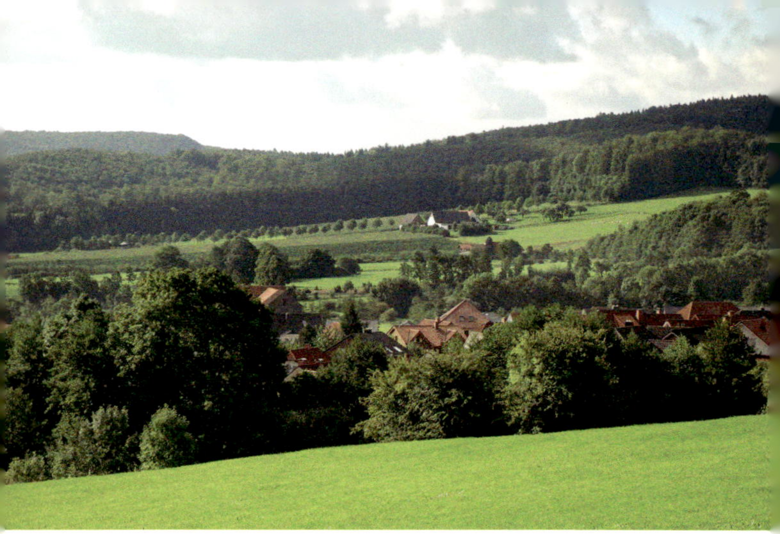

Blick auf die Egge von Osten

liches Ziel der Schutz naturnaher Buchenwälder ist. Auf dem **Eggekamm**, den wir entlangwandern, dominieren aber weiterhin die Fichten. Häufig treten sie aber vom Weg zurück, so dass man die Sonne und weite Ausblicke genießen kann. Weitab von größeren Verkehrsstraßen herrscht hier oben eine wohltuende, meist nur vom Vogelgezwitscher unterbrochene Ruhe.

Auf der Westseite des Wegs liegen die beiden Siedlungen Feldrom und Veldrom, hinter denen am Rand der **Paderborner Hochfläche** (⇨ S. 15) der Hohlstein und der Bielstein aufragen. Im klüftigen Felsgrund dieser Karstlandschaft finden sich mit der ⇨ **Hohlsteinhöhle**, dem Lukenloch und der Bielsteinhöhle die größten Höhlen der Region. Leider sind sie rund 2 bis 3 km

Exkurs
Stadt Steinheim

■ Die **Stadt Steinheim** liegt im Nordwesten des Kreises Höxter inmitten der fruchtbaren Hügellandschaft der **Steinheimer Börde**. Der höchste Punkt des Stadtgebiets ist der Preußische Velmerstot ganz im Südwesten. Steinheim wurde erstmals um 970 in einer Urkunde des Klosters Corvey erwähnt. Seine Stadtrechte bekam es bereits 1275. Die Entwicklung wurde aber immer wieder zurückgeworfen, so durch große Stadtbrände und die Pest in den Jahren 1349, 1541, 1618 und 1636/37, sowie durch diverse Kriege. Im 19. und 20. Jahrhundert entwickelte sich Steinheim zu einem wichtigen Standort der Möbelindustrie. Die Stadtmitte wird dominiert von der mächtigen Pfarrkirche **St. Marien** und dem spätbarocken **Rathaus**. Besonders prägnant ist der 1855 errichtete **»Kump«** am Marktplatz, der als Vorratsbecken für Löschwasser diente und die Umgebung mit Trinkwasser versorgte. Sein Zufluss erfolgt mit natürlichem Gefälle von einer Quelle. – Der am östlichen Hangfuß der Egge gelegene Ortsteil **Sandebeck** hat an seinem Dorfplatz die katholische Pfarrkirche St. Dionysius zum Mittelpunkt. ■

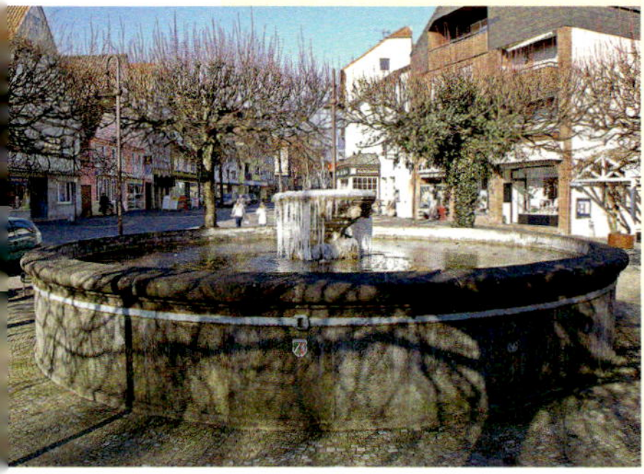

Winterlicher »Kump« am Marktplatz

Exkurs
NSG Egge-Nord

■ Das kreisübergreifende **NSG »Egge Nord«** (Höxter, Lippe, Paderborn) ist Bestandteil des europäischen Schutzgebietsnetzes und hat den Schutz landschaftstypischer und weitgehend **naturnaher Buchenwaldbestände** zum Ziel. Diese Waldgesellschaften werden auf der Grundlage besonderer Pflegepläne unter vorrangigen Gesichtspunkten des Naturschutzes bewirtschaftet. Ausgedehnte **Blocksteinfelder** kennzeichnen den Ostabhang der Egge, zudem liegt der sehenswerte, ehemals größte Steinbruch am Velmerstot, der »Silberort«, innerhalb des Schutzgebiets. Besondere Merkmale sind auch zahlreiche **Sickerquellzonen** mit anschließenden Kerbtälern und Rinnen mit bachbegleitenden Streifen aus Erlen-Eschenwäldern. Der Ostseite der Egge entspringt eine Vielzahl von Quellen, in dessen Flora der Schlamm-Schachtelhalm mit seinen scheinbar ineinander geschachtelten Pflanzenteilen auffällt. Die **Quellbereiche** und die hier verbreiteten Wasserbehälter machen deutlich, welch große Bedeutung Teutoburger Wald und Egge für die Trinkwasserversorgung der umliegenden Kommunen haben. ■

Luftlinie entfernt und wegen des Auf und Ab für einen »kleinen Abstecher« wohl zu weit entfernt.

Auf dem Weg neben der ehemaligen »NATO-Straße« muss man im schattigen **Fichtenwald** permanent darauf achten, nicht über die knapp über der Erdoberfläche liegenden Wurzeln zu stolpern; Fichten sind »Flachwurzler«. Wem das zu anstrengend ist und wen Asphalt nicht stört, kann auch die Straße benutzen und dabei Licht und Luft genießen.

Nach einiger Zeit erreicht man am Feldromer Berg ein **Steinmal** (11). Es trägt einen schwach aus dem Stein herausgearbeiteten und nur noch in Umrissen erkennbaren verwitterten Christuskörper am Kreuze. Der Sockel zeigt eine heute kaum noch lesbare Inschrift, die von Pater Beda (⇨ **Bedastein**) entziffert wurde als: *»O, du geduldiger Herr Jesu Christ, der du am Kreuz gestorben bist, erbarme dich unser. – Joh. Fromme und Franz Hase, Joh. Meyer und Joh. Berg. A.D. 1826«*

Anlass der Kreuzaufstellung war der Umbau des Paderborner Abdinghofes zu einer Kavalleriekaserne. Die vier in der Inschrift genannten Männer sollen dieses Kreuz aus Dankbarkeit für den Auftrag zur Lieferung von Steinkrippen für die Pferde gestiftet haben. Es wurde 1964 hierher versetzt; ein ganz ähnliches Steinmal steht am westlichen Fuß der Egge gegenüber der St.-Josefs-Kapelle in Feldrom.

Kurz danach trifft der Eggeweg auf die insgesamt ca. 250 m lange Abbruchkante

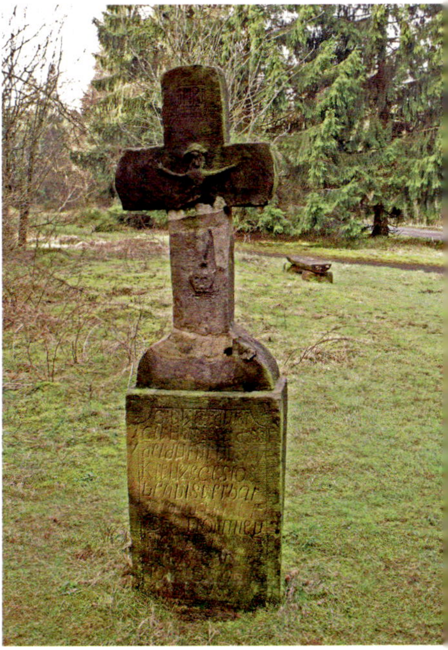

Steinmal am Feldromer Berg

Exkurs Hohlsteinhöhle

■ Die **Hohlsteinhöhle**, ein rund 3 km westlich des Preußischen Velmerstot am Rande der Paderborner Hochfläche gelegene Karsthöhle, ist mit einer Gesamtlänge von über 360 m und einer maximalen Höhe von 50 m die größte Höhle des Lipperlandes. Dennoch ist die schräg in die Tiefe führende **Klufthöhle** mit ihren spaltenförmigen Gängen in weiten Teilen für Menschen nicht zugänglich. Die für den Tourismus gesperrte Höhle ist ein bedeutendes Überwinterungsquartier für Fledermäuse und beherbergt zudem eine endemische, also weltweit nur hier vorkommende Tierart, den **Höhlenkäfer**.

Die erste Beschreibung der Höhle stammt von 1779, aber schon vorher wurde sie von **Fledermäusen** als sicherer Überwinterungsplatz genutzt. Gefundene Knochenreste deuten auf eine mehrere tausend Jahre andauernde Besiedlung hin. Ab 1955 setzte ein Rückgang der Überwinterungszahlen ein, der in der Folgezeit durch Umweltgifte, modernen Hausbau und Höhlentourismus dramatisch zunahm. Der Tiefpunkt wurde 1970 mit weniger als zehn hier überwinternden Tieren erreicht. Erst nach der Sicherung des Höhleneingangs durch ein massives Eisengitter 1989 konnten sich die Bestände wieder erholen. Mit über 200 überwinternden Großen Mausohren stellt die Hohlsteinhöhle heute das bedeutendste **Überwinterungsquartier** dieser Art in der Region dar. Deutlich geringere Zahlen sind bei der Teichfledermaus und den fünf weiteren hier überwinternden Fledermausarten zu verzeichnen. ■

des ehemals sehr imposanten **Steinbruchs** am Feldromer Berg. Der Blick hinunter auf die Steinbruchsohle wird durch den Baumbestand jedoch fast vollständig verhindert.

Rund 400 m weiter südlich zweigt der Eggeweg endgültig von der asphaltierten Straße ab. Kurze darauf fällt am Weg ein quadratischer Stein auf, dessen Bedeutung unbekannt ist.

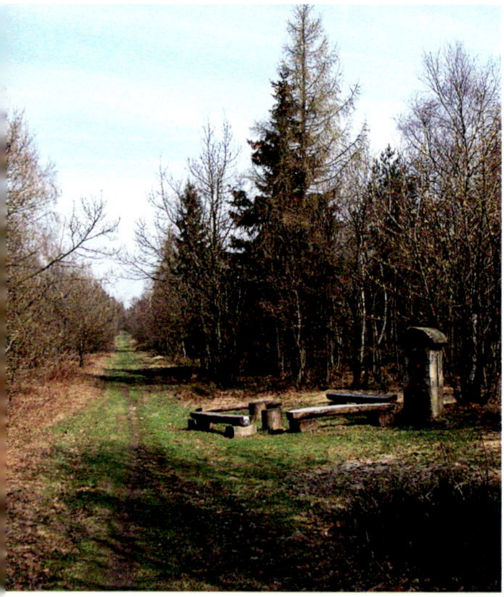

Rastplatz am Bedastein

Der Fichtenwald wird hier von einem jungen Laubwald mit Eichen und Birken abgelöst. Schließlich kann man zwei Hügelgräber entdecken: zunächst rund 400 m nördlich vom ⇨ **Bedastein** (12) auf der Westseite des Eggewegs, dann etwa 50 m nördlich des Bedasteins auf der Ostseite.

Über den bald wieder mit Fichten bestandenen, weitgehend naturbelassenen, z.T. aber auch geschotterten Eggeweg gelangen wir nach einiger Zeit, kurz vor der querenden Hochspannungsleitung, zu einer größeren Windwurffläche östlich des Wegs, die für einige Jahre einen **weiten Blick** nach Norden zum Eggeturm und nach Osten ins Lippische Bergland hinein ermöglicht.

Der Kamm der Egge bleibt weiterhin schmal, d.h. der Weg ist meist nur etwa 50 m vom östlichen Steilabfall entfernt. Der Kamm stellte früher die westliche Grenze der fürstlich lippischen **Exklave Greven-**

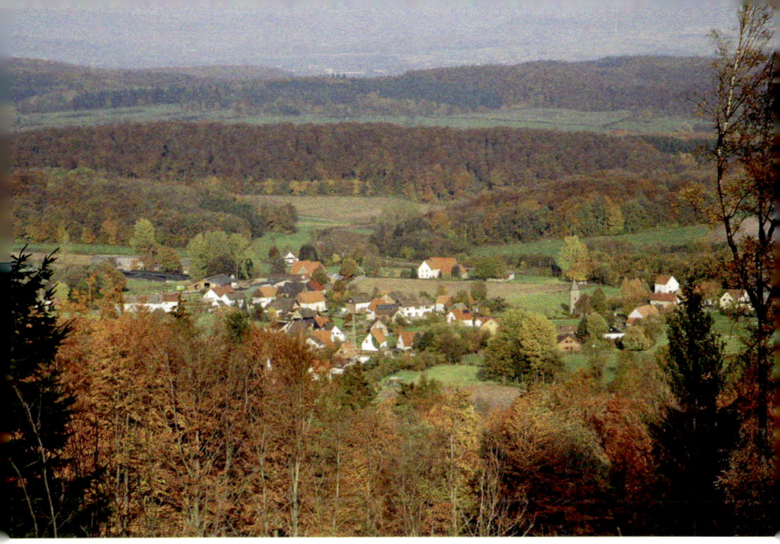

»Fensterblick« auf Grevenhagen

hagen dar (⇨ Schwarzes Kreuz). Am Rand des Kammwegs belegen dies bis heute die alten **Grenzsteine** (⇨ S. 31) mit Nummern 14 bis 16. Sie markierten die Grenze zwischen lippischen (lippische Rose) und preußischen Besitzungen (preußischer Adler).

Früher wurde der Wanderer hier von knorrigen Hudeeichen begleitet und der Weg zum Rehberg daher **Eykweg** (= Eichenweg) genannt. Anstelle

Exkurs
Bedastein
12

■ Bis zum Jahr 1906, als die katholischen Gläubigen Feldroms ihre St.-Josefs-Kapelle einweihten, fanden alle Taufen, Trauungen und Beerdigungen jenseits der Egge in Sandebeck statt. Bevor 1880 der Feldromer Friedhof eingerichtet wurde, mussten auch die Toten eigens mit Pferdefuhrwerken auf dem »Totenweg« dorthin gekarrt werden – im Winter per Schlitten.

Pater Dr. Beda Kleinschmidt (*1867, † 1932), zuvor Leiter einer Ordensprovinz und anerkannter Wissenschaftler, hatte sich nach dem Ersten Weltkrieg in das Paderborner Franziskanerkloster zurückgezogen. Von hier aus versah er den Seelsorgedienst für die Dörfer Kempen und Feldrom. Meistens kam er zu Fuß vom Altenbekener Bahnhof über den Eggeweg nach Feldrom. Im Hochstift wurde er liebevoll **Eggepater** genannt. Auf einer seiner Touren fand er die zertrümmerten Reste eines barocken Bildstocks, der ursprünglich am Kirchweg über die Egge nach Sandebeck gestanden hatte.

Der heute als **»Bedastein«** bekannte **Bildstock** wurde 1936 in Erinnerung an den Eggepater vom EGV aufgestellt. Er besteht aus 3 Teilen: dem Sockel, dem Mittelstück mit Nische (ursprünglich für eine Hubertusstatue) und dem runden Oberteil mit Widmung. Die Inschrift im Sockel könnte heißen: »Gelobt sei Jesus Christus. Preist und helft ihn loben in Ewigkeit. Anno 1772«. Das **Bronzerelief** in der Nische zeigt Pater Beda. ■

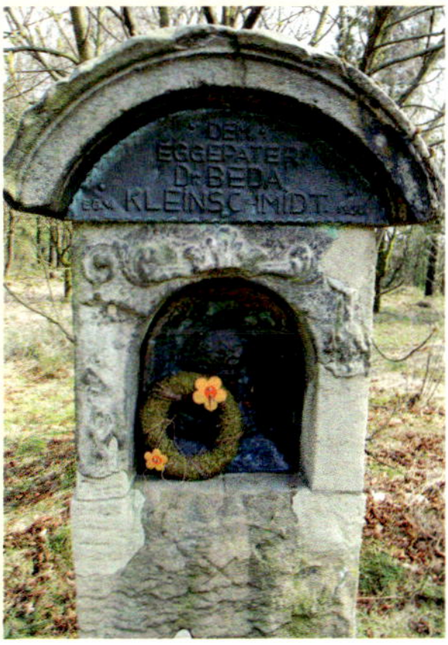

Bedastein: dem »Eggepater« gewidmeter Bildstock

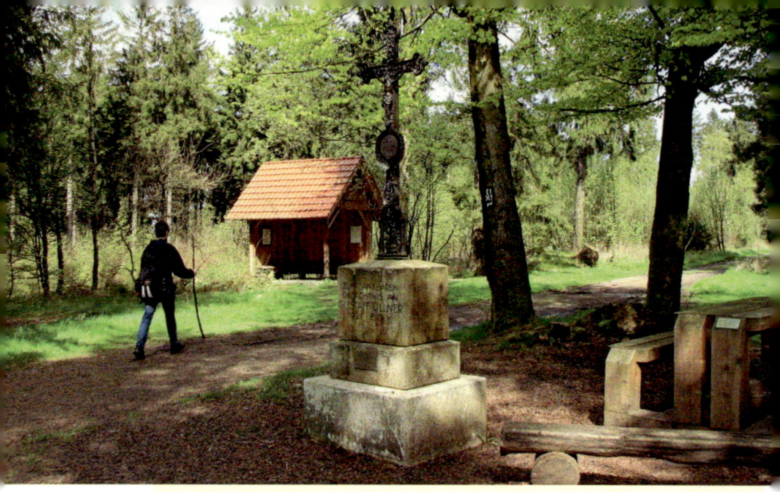

Exkurs
Schwarzes Kreuz

Möglichkeit zur Rast am heutigen »Ullner-Kreuz«

■ Das Schwarze Kreuz und der Grenzstein Nr. 16 markieren den südlichsten Zipfel der ehemaligen **Exklave Grevenhagen** des Fürstentums Lippe. Den Namen Grevenhagen könnte man frei mit »Wald des Grafen« übersetzen. Erst 1970 ging Grevenhagen zum Kreis Höxter über, während der Kreis Detmold als Ausgleich die Ortschaften Kempen und Feldrom erhielt. Mit diesem Datum endete die 500-jährige Sonderstellung dieser Orte, die nicht nur politischer, sondern auch konfessioneller Art war und zu mancherlei Disput Anlass gegeben hatte.

Zur Geschichte des **Schwarzen Kreuzes** gibt es mehrere Versionen: Einer Sage nach soll hier ein Köhler im Dreißigjährigen Krieg von plündernden Soldaten überfallen, auf Holzscheite in Kreuzform aufgespießt in einen rauchenden Meiler gestellt worden sein. Am Folgetag sollen seine Überreste als »Schwarzes Kreuz« verkohlt gefunden worden sein. Seitdem hat dieses Waldrevier seinen Namen.

Etwas weniger gruselig ist eine andere Geschichte, wonach sich ein fürstbischöflicher Gesandter nachts auf der Kammhöhe verirrt und als Dank für seine glückliche Heimkehr dort ein Holzkreuz errichtet haben soll, das mit zunehmendem Alter morsch und schwarz wurde. Anstelle des verfallenen Holzkreuzes setzte der EGV 1922 mit Unterstützung der Firma Ullner das jetzige gusseiserne Kreuz, das seitdem auch **»Ullner-Kreuz«** genannt wird. ■

der Eichen weist der Kammweg heute beiderseits des Weges breite Saumstreifen auf. Am Wegrand wachsen Heidelbeersträucher und die Drahtschmiele mit ihren dünnen Halmen.

Am ⇨ **Schwarzen Kreuz** (13) laden eine Schutzhütte und eine Sitzgruppe zu einer Rast ein. Am Schwarzen Kreuz schneidet auch der historische Verbindungsweg zwischen Grevenhagen und Altenbeken den Kamm, der sogenannte **Hildesheimer Weg**. Noch im 19. Jahrhundert wallfahrte alljährlich vor dem Fest Mariä Heimsuchung am 2. Juli eine Pilgergruppe aus Hildesheim über diesen Weg ins rund 180 km entfernte Werl. Acht Tage später erfolgte auf dem gleichen Weg die Rückwanderung. Das Fest war 1263 vom Franziskanerorden eingeführt und unter Papst Pius V. in den allgemeinen römischen Kirchenkalender aufgenommen worden. Als drittgrößter deutscher

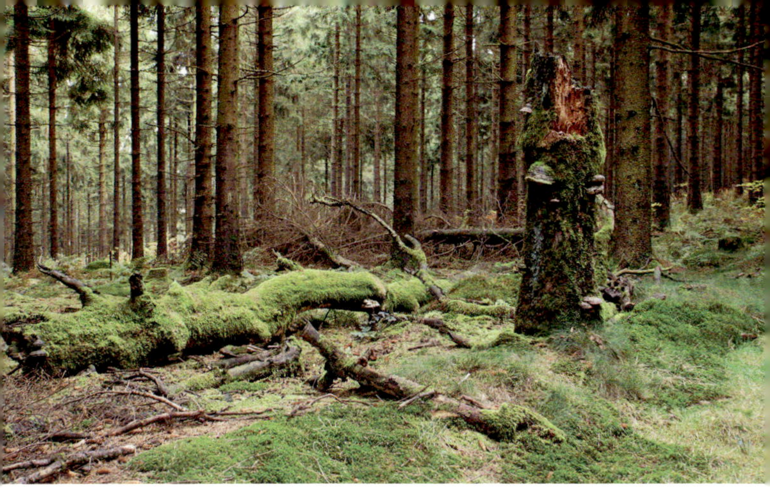

Wallfahrtsort wird Werl an diesem Tag auch heute noch von mehreren tausend Pilgern aufgesucht – darunter auch nach wie vor von Wallfahrern aus Hildesheim.

Feuchte Egge: hohe Niederschlagsraten lassen das Totholz vermoosen. Warme Wegepfützen nutzen Grasfrösche für ihre Laichballen. Und in den klaren Quelllöchern ist auch der Feuersalamander beheimatet.

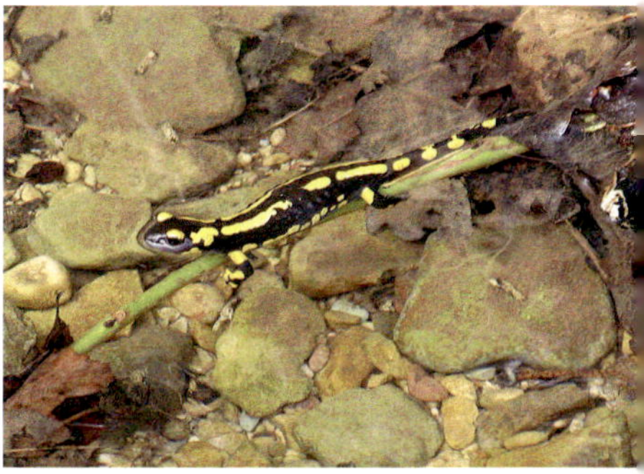

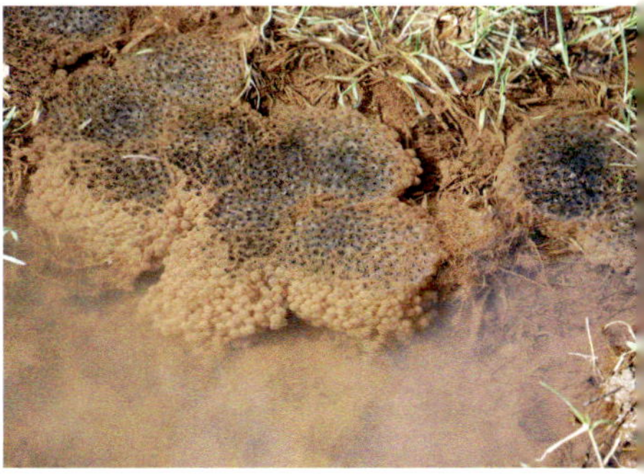

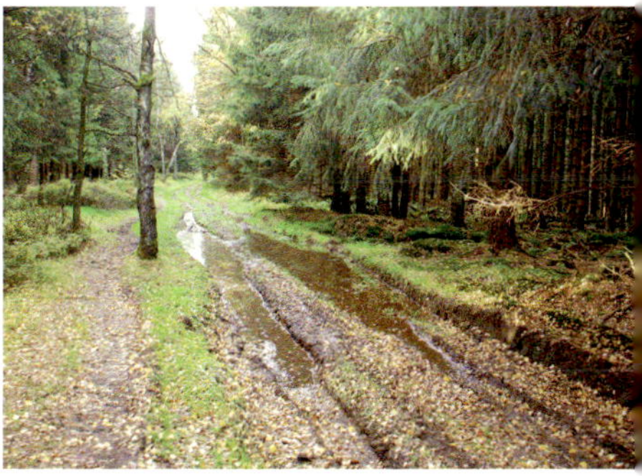

Folgten wir dem Hildesheimer Weg nordostwärts, gelangten wir zum Naturdenkmal **Schwarzer Pfuhl**, der etwas romantisch verklärt auch »dunkles Auge des Eggegebirges« genannt wird. Es ist ein großer, fast kreisrunder Teich, der in jedem Frühjahr durch eine Unmenge von Kaulquappen bzw. Fröschen und Kröten besiedelt wird.

Wir bleiben aber auf dem Eggeweg und umgehen das eine oder andere Mal größere Wasserpfützen auf dem Weg. Bei genauerem Hinsehen erkennt man schnell, dass auch diese einen wichtigen **Wasserlebensraum** für Frösche und Molche sowie Wasserinsekten darstellen können. Ein Anzeichen hoher Niederschlagsraten in der Egge ist auch das über und über bemooste **Totholz** links und rechts des Wegs.

Unter den Altfichten keimen häufig Jungbuchen, die damit anzeigen, dass auf diesen Standorten ohne Einfluss des Menschen ein bodensaurer Buchenwald wachsen würde. Durch einen noch befahrbaren

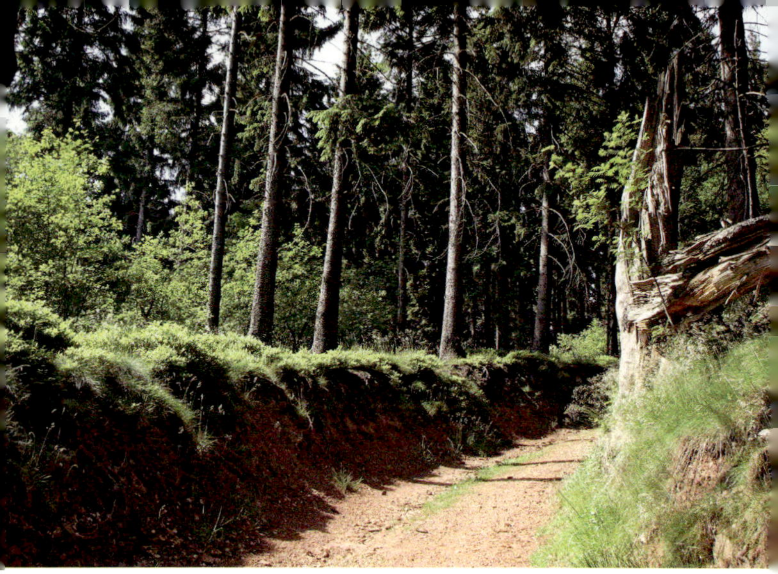

Tief eingeschnittener Hohlweg am Rehberg

alten **Hohlweg** schlängelt sich der Eggeweg nun langsam hinab zum Rehbergpass. Am Ostabhang des **Rehbergs** entspringen zahlreiche Quellen, darunter auch in 1,3 km Entfernung vom Kamm die der Emmer, einer der größten Nebenflüsse der Weser im Weserbergland.

Unterhalb der Kuppe des Rehbergs stand im 19. Jahrhundert die Station Nr. 33 der ⇨ **Königl.-Preuß. Telegrafenlinie** **(14)**. Ihr Standort lag rund 60 m östlich der Wegetafel des Naturparks. Er ist mit einem Gedenkstein und einer Infotafel markiert. Die heutige Waldschneise nach Osten verläuft in etwa in Richtung der einst nächsten Station »Nr. 32 Oeynhausen«.

Wir erreichen hier auch das Etappenziel, die **Rehberghütte** mit Wanderparkplatz am Rehbergpass. Direkt unter der Schutzhütte kreuzt, für den Wanderer unbemerkt, eine wichtige Eisenbahnverbindung mittels des ⇨ **Rehbergtunnels** die Egge. Der Tunnel ermöglichte 1864 den Anschluss Altenbekens an den norddeutschen Raum mit Hannover und Göttingen.

An der Passstraße Langeland-Altenbeken steht an der Böschung das **Antoniuskreuz**. Der aus Altenbeken stammende Tischler J. Thöne hatte es einst hier errichtet, nachdem er seine verwirrte Ehefrau, die an einer Antoniuswallfahrt nach Himmighausen teilgenommen hatte, an dieser Stelle wiederfand. Das alte Kreuz wurde 1896 und zuletzt 1952 von der Stifterfamilie mit der überlieferten Inschrift erneuert.

Das Trockental der Durbeke

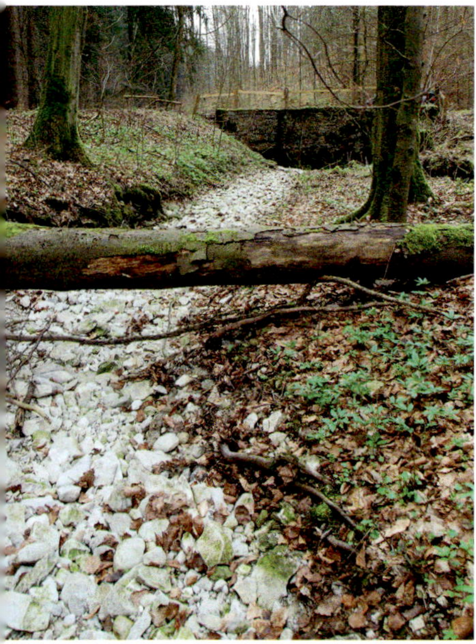

Exkurs
Königlich-Preußische Telegrafenlinie (14)

■ Der Wiener Kongress hatte dem Königreich Preußen 1815 die Rheinprovinzen und Westfalen zugesprochen. Dies veränderte die außenpolitische und militärische Situation derart, dass man eine schnelle und sichere Nachrichtenverbindung vom preußischen Kernland in die exterritorialen Landesteile benötigte. Daher wurde ab 1832 zwischen Berlin und Koblenz eine **optisch-mechanische Nachrichtenverbindung** errichtet, die auf der Gesamtstrecke von 1833 bis 1849 in Betrieb war. Auf einer Strecke von rund 600 Kilometern wurden auf 62 Stationen **Signalanlagen** mit je drei beweglichen Flügelpaaren errichtet. Man nutzte dafür vorhandene Bauwerke wie Kirch- oder Schlosstürme oder man errichtete eigens entwickelte Funktionsbauten wie auf dem Rehberg. Die Station auf der Kuppe des Rehbergs trug die Nummer 33.

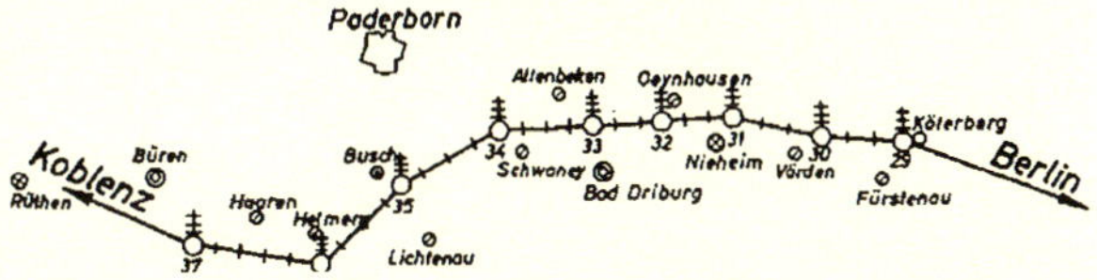

Die Grafik zeigt den Streckenverlauf im Bereich der Egge. So wie unten könnte die Telegrafenstation ausgesehen haben

Die preußische Telegrafenlinie war eine militärische Einrichtung. Die Nachrichtenübertragung von Station zu Station basierte auf einem dekadischen Zahlensystem. Definierte Stellungen der Telegrafenflügel stellten Zahlen oder Zahlenkombinationen dar, denen Wortbedeutungen zugeordnet waren. **Depeschen** wurden mit dem System auch verschlüsselt. Bei guten Bedingungen gelang es, innerhalb von **1,5 Stunden** eine Nachricht von Berlin nach Koblenz zu senden. Meldungen per reitenden Boten benötigten für diese Strecke drei bis vier Tage. In der Station lebten der **Obertelegrafist** und der Untertelegrafist jeweils mit ihren Familien; Alleinstehende bekamen eine Köchin gestellt, da sie die Station während ihres Dienstes nicht verlassen durften. ■

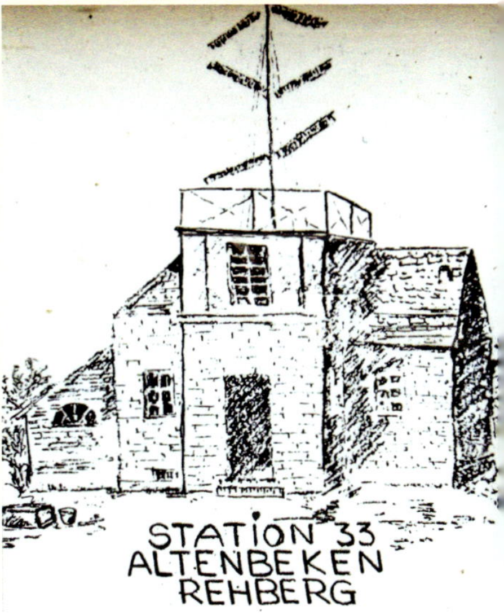

■ **Rückwanderroute**

Ab Rehberghütte über den X8 bis Bahnhof Altenbeken, dann dem ◆-Weg nach Norden bis zum ▲-Weg (Durbeke-Weg) durch das malerische **Durbeketal (15)** folgen. Die Durbeke durchfließt hier den Karstbereich der **Paderborner Hochfläche** (⇨ S. 15) und fällt daher die überwiegende Zeit des Jahres trocken bzw. sie verschwindet vorübergehend in »Schwalglöchern« in der Erde. Nur knapp 1 km nördlich der unscheinbaren Durbekequelle entspringt der Silberbach, der im Gegensatz zur Durbeke der Weser zufließt. Wir durchwandern also eine **Wasserscheide** »ersten Ranges« – und das im Tal! – In Feldrom führt der Weg weiter nordwärts zum ▮-Weg, der oberhalb der Kattenmühle in den Eggeweg mündet. (Gesamtlänge 13,5 km)

Das Tunnelportal beim Bau 1862

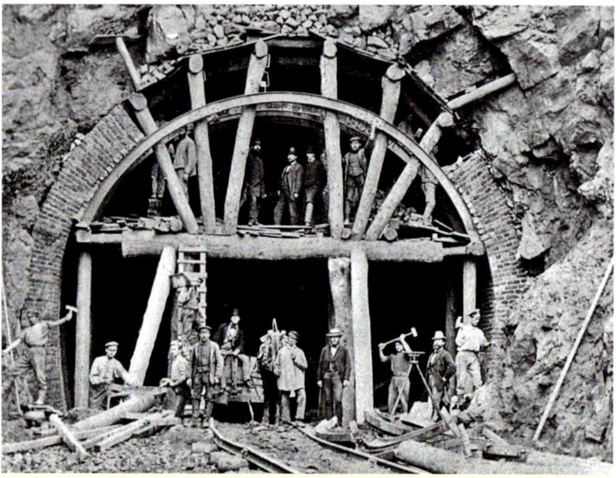

Exkurs Rehbergtunnel

■ Der **Rehbergtunnel** ist 1.640 m lang und liegt rund 100 m unter dem Gebirgssattel auf einer Höhe von etwa 305 m ü. NN. Mit dem Bau wurde 1861 begonnen. Der Gesteinsaushub wurde nicht nur von beiden Tunnelportalen aus betrieben, sondern es wurden zusätzlich vier Schächte abgeteuft, von denen einer ein ehemaliger Bergwerksstollen war. Der Aushub wurde zunächst mit Muskelkraft und Pferdefuhrwerken, später mit ausrangierten Dampfloks abtransportiert. Eindringendes Wasser (bis zu 500 l pro Std.) wurde in eine Höhle, auf die man bei den Bauarbeiten gestoßen war, abgeleitet. Nach dem Durchstich wurden die Tunnelwände und -decken ausgemauert. Wegen unerwarteter Gebirgs- und Wassereinbrüche stiegen die Gesamtkosten auf das fast Dreifache der ursprünglich veranschlagten Kosten, nämlich auf 788.872 Taler. Am 1. Oktober 1864 wurde der Tunnel offiziell in Dienst gestellt.

Nach der zuvor schon erfolgten Inbetriebnahme des Altenbekener Viadukts (⇨ **Altenbeken**) bzw. der Strecke Paderborn-Warburg im Jahr 1853 wurde Altenbeken damit zu einem der bedeutendsten Eisenbahnknotenpunkte Deutschlands. Neben der Ost-West-Verbindung Hamm-Warburg-Kassel bestand ab 1865 eine Verbindung nach Höxter bzw. Holzminden, ab 1872 nach Hannover. Durch den Tunnel waren auch die Voraussetzungen für den 1880 folgenden Anschluss von Lippe an das Bahnnetz geschaffen worden (Strecke Herford-Himmighausen). In den Jahren 1976–77 sowie 1984–87 wurden umfangreiche Sanierungen erforderlich, weil dem gemauerten Tunnel in mehreren Abschnitten Wasser und drückendes Gebirge stark zugesetzt hatten. Die Tunnelschale wurde dabei auf 160 m durch Beton ersetzt und Hohlräume mit Beton verfüllt. ■

Exkurs Viadukt-Wanderweg

■ Für Eisenbahn- und Wanderfans bietet der vom deutschen Wanderverband im Jahre 2009 als »Qualitätswanderweg« zertifizierte Viadukt-Wanderweg zwei Etappen auf insgesamt 29 km mit Start- und Zielpunkt in Altenbeken. Daneben gibt es noch den 13 km langen Panoramaweg. Die beiden rund um Altenbeken führenden Wanderwege sind eine gelungene Kombination aus Eisenbahn- und Naturerlebnis. Dazu gehört der im Verhältnis zum Ort riesige Bahnhof und die schöne Sicht auf das Portal des ⇨ **Rehbergtunnels**. Bei der Wanderung ergeben sich auch immer wieder fantastische Ausblicke auf den mächtigen **Eisenbahnviadukt** (16). ■

Rehberg – Iburg

3

■ **Allgemeine Hinweise:** Auf der Etappe finden sich diverse Zeugnisse historischer Waldnutzungen (Waldhude, Pingen oder Glashütten), die verdeutlichen, dass der Wald in früheren Zeiten multifunktional genutzt wurde. Wechselnde geologische Verhältnisse und schöne Ausblicke in die umgebende Landschaft tragen zu einer interessanten Wanderetappe bei. Da sie keine besonderen Steigungen aufweist, ist diese als »leicht« zu bezeichnen. Am Etappenende, der Schutzhütte »Schöne Aussicht«, bietet sich ein Abstecher zur Iburg auf dem Bergsporn über Bad Driburg an.

⇨ **Karte S. 119–121**

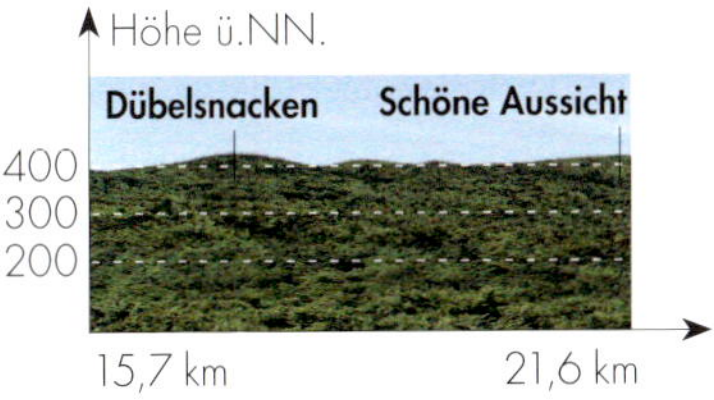

■ **Charakteristik:** *Länge:* 5,9 km; *Steigungen* über 10 %: 0,0 km; über 20 %: 0,0 km; *Auf-/Abstiege* in Höhenmetern: +80/-50; *Höhenlage:* 380 m bis 420 m ü.NN; *Wegebelag:* rund 85 % naturbelassen, rund 15 % Asphalt oder Verbundstein; *Gesamtbeurteilung:* leicht.

Vom Wanderparkplatz an der Rehberghütte starten wir zur abwechslungsreichen Etappe nach Bad Driburg. Schon bald lassen wir die von ⇨ **Altenbeken** nach Langeland führende Passstraße hinter uns. Vor allem Motorradfahrer fühlen sich auf ihr immer wieder verleitet, die kurvenreiche Strecke in möglichst kurzer Zeit zu bewältigen. Durch Geschwindigkeitsbegrenzungen und Bodenwellen auf der Fahrbahn wird versucht, das Schlimmste zu verhindern.

Der Weg steigt langsam aber stetig zum **Trötenberg** bergan. Der Fichtenwald ist mit Moosen überzogen, an den Waldrändern wachsen Blaubeeren und Vogelbeerensämlinge. Beiderseits des Weges fallen kleine Bodenvertiefungen auf, bei denen es sich um **»Pingen«** handelt, die auf frühe bergmännische Schürfarbeiten zurückzuführen sind. An ihren wallartigen Rändern befinden sich abgelagerte Gesteinsreste, die Aufschluss über die abgebauten Gesteine geben können. Den in der Egge auch vorkommenden Einbruchstrichtern im Kalkgestein, den Erdfällen und Dolinen, fehlt ein solcher Randwall.

In den Waldgebieten vom Trötenberg bis Bad Driburg wurde wie auch in anderen Bereichen der Egge in früheren Jahrhunderten **Braun-Eisenstein** aus den Sandsteinschichten abgebaut. Er erreichte Mächtigkeiten von bis zu vier Metern und wurde von der Altenbekener Eisenhütte (⇨ **Eisengewerbe**) verarbeitet.

»Pingen« kann man z.B. rund 100 m nördlich des Wegekreuzes am **Scholandstein** (17) finden. Ein Steintisch und mehrere Eggesandsteinbänke bieten hier Möglichkeit zur Rast in der Waldidylle. Am 1940 vom Eggegebirgsverein

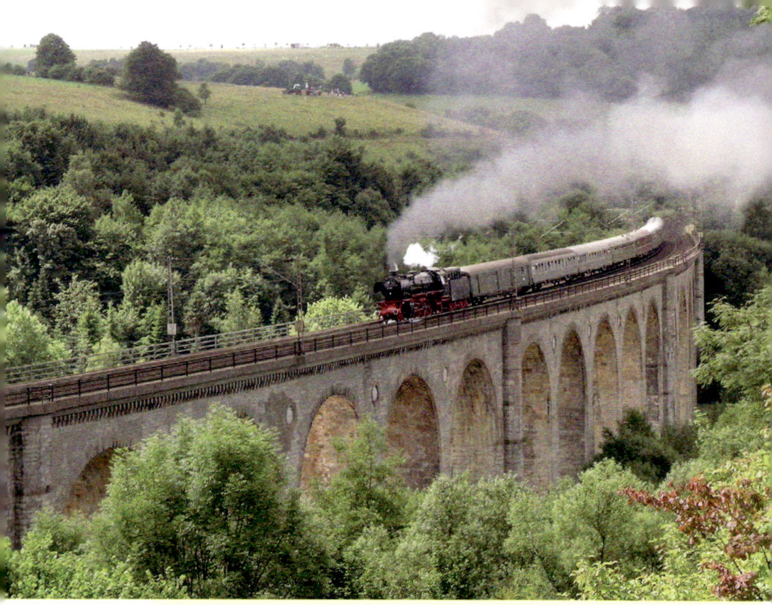

Exkurs
Gemeinde Altenbeken

■ Die Gemeinde Altenbeken liegt am westlichen Hang des Eggegebirges im Nordosten des Kreises Paderborn. Die zuvor selbständigen Orte Buke und Schwaney gehören seit 1975 zur Gemeinde. Der Name »Beken« wurde bereits 1036 urkundlich erwähnt. Seit dem Mittelalter spielte hier die ⇨ **Eisengewinnung** und -verarbeitung eine wichtige Rolle. In der zweiten Hälfte des 19. Jahrhunderts trat die **Eisenbahn** an ihre Stelle.

Der große Eisenbahnviadukt überspannt das Beketal auf einer Länge von 482 m

Der **Bahnhof Altenbeken** war und ist ein wichtiger Umsteigeknoten im norddeutschen Raum. 1853 wurde hier, an der Strecke Paderborn-Warburg, der große **Eisenbahnviadukt** (16) eröffnet, die größte Kalk- und Sandsteinbrücke Europas und sicherlich auch eine der schönsten! Auf einer Länge von 482 m und in einer Höhe von 35 m überspannen 24 schmale Bögen mit leichtem Schwung das Tal der Beke. Von einer **Aussichtsplattform** kann man auf den Viadukt und die darüber fahrenden Züge blicken. Seit 2002 werden die Bögen in der Dunkelheit illuminiert.

Viele Bahnreisende fragen sich, warum es in Altenbeken bis heute ein **Abfahrgleis 34** gibt. Dies lässt sich damit erklären, dass es hier inklusive aller Rangier- und Nebengleise tatsächlich einmal 34 Gleise gab. Nicht entgehen lassen sollte man sich auch einen Besuch der nostalgischen **Bahnhofsgaststätte**, deren Charme der frühen 1960er Jahre unzählige Erwähnungen in Presse und Internet gefunden hat.

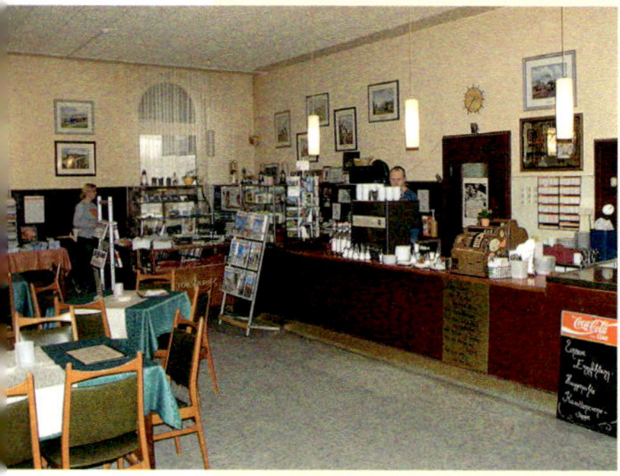

Charmant: die Bahnhofsgaststätte

Das **Egge-Museum** ist heute nicht nur ein Museum mit Altenbekener Öfen und Herdplatten, sondern eine Bühne, auf der renommierte Künstler aus der gesamten Republik auftreten. ■

Tourist-Info: Bahnhofstraße 5a, 33184 Altenbeken, Tel. (05255) 12 00 30, **www.altenbeken.de**

Exkurs
Eisengewerbe in Altenbeken

■ Schon 1392 wurde in Altenbeken nachweislich **Eisenerz** abgebaut. Im 16. Jahrhundert soll es 200 kleine Erzschürfstellen in der Umgebung gegeben haben. Das Eisenerz wurde in einfachen Schmelzöfen an Ort und Stelle verarbeitet. Später baute man im Dorf kleine Hütten an der Beke, um deren Wasserkraft für die Gebläse zu nutzen. Die industrielle Phase und Zeit wirtschaftlichen und technischen Fortschritts begann im Jahre 1607, als die Herren Heistermann und Ludwig vom Fürstbischof zu Paderborn mit dem **Bergwerksrecht** auf dem Rehberg belehnt wurden und dort eine ergiebige Lagerstätte fanden. Zunächst förderten sie nur Eisenerz, errichteten aber 1610 oberhalb des Ortes eine neue Eisenhütte. Unterhalb an der Beke entstand ein **Hammerwerk** zum »Frischen« des Eisens (Verfahren zur Verringerung unerwünschter Anteile im Erz).

Das 18. und 19. Jahrhundert war die Blütezeit des Altenbekener Eisengewerbes: Im Ort existierten zeitweilig sogar zwei Hütten und zwei Hammerwerke. Geschätzt waren die kunstvollen Altenbekener Öfen und Eisenplatten; einige Exemplare können heute noch im **Egge-Museum** bewundert werden. Die Zeit des Erzabbaus endete 1877, als man mit billigen Import-Erzen nicht mehr konkurrieren konnte. Die letzte Eisenhütte schloss 1926 ihre Tore. ■

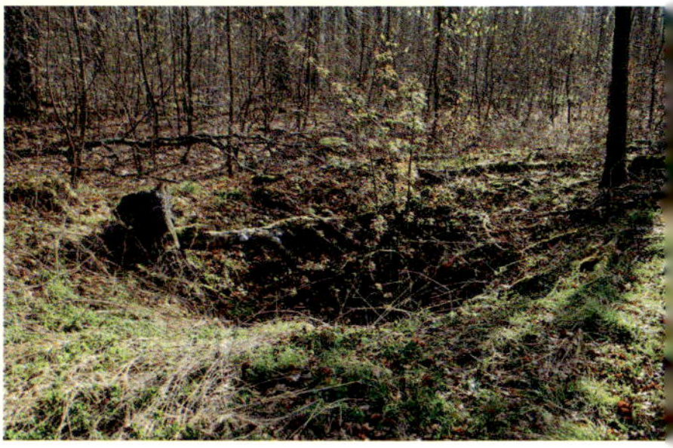
Unscheinbare Doline im Bereich des Dübelsnacken

(EGV) errichteten Scholandstein schneiden sich der alte »Eisensteinweg« (Name!) und der »Heerweg«. Der Stein erinnert an Rektor Franz Scholand, der sich lange Jahre um die Erforschung der bergbaulichen Erzgewinnung in der Region bemüht hat.

Zunächst durch den Fichtenwald leicht bergauf, dann wieder etwas bergab, erreichen wir bald den **Dübelsnacken** (437 m ü. NN). Die wüchsigen Buchen, unter denen Perlgras und Waldmeister wachsen, machen deutlich, dass sich die Untergrundverhältnisse geändert haben: Der Eggeweg verläuft hier ein gutes Stück auf nährstoffreichem, den Mittleren Muschelkalk überdeckenden Hangschutt.

Bei genauerem Hinschauen erkennt man am Wegesrand und im Wald bombentrichter-

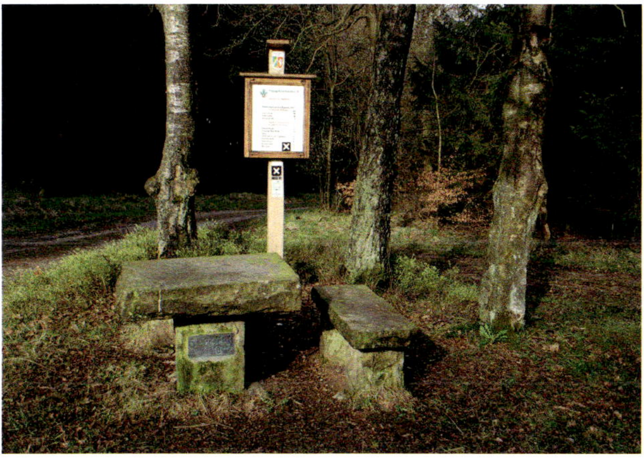
Der Scholandstein lädt zum Verweilen ein

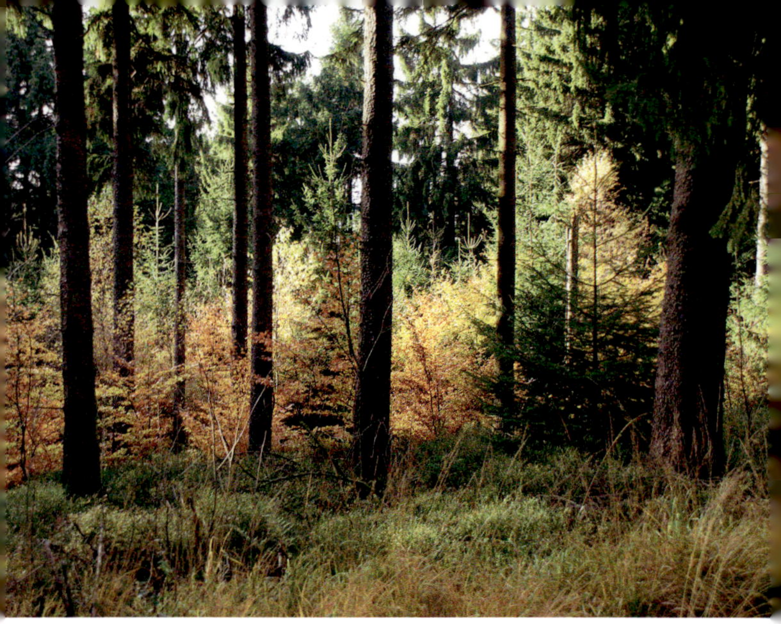

Jungbuchen unter Fichten zeigen einen Buchenwald-Standort an

förmige Bodenvertiefungen, sogenannte Dolinen oder Erdfälle. **Dolinen** entstehen durch Lösungsvorgänge an der Erdoberfläche (»von oben nach unten«). **Erdfälle** hingegen werden durch Lösungsvorgänge im Erdinneren ausgelöst (»von unten nach oben«). Sie können mehr oder weniger plötzlich durch den Einsturz unterirdischer Hohlräume entstehen, verursacht durch Kalk- oder Gipsauslaugung.

Erdfälle und Dolinen sind also typisch für Gebiete, deren Untergrund vom Kalkstein bestimmt wird: Deshalb sind sie auf der **Paderborner Hochfläche** (⇨ S. 15) und auf der Ostseite der Egge weit verbreitet. Während sie in der Feldflur rasch wieder von den Bauern verfüllt werden, entwickeln sie sich in den Wäldern durch Nachrutschungen zu trichterförmigen, häufig in Reihen angeordneten Gebilden. Dabei zeichnen sie den Verlauf unterirdischer Wasserläufe nach.

Bald erreichen wir den sogenannten **Sachsenborn** (18), eine sumpfige Quelle, die 75 m südwestlich des Eggewegs im Wald gelegen den Wildschweinen als Suhle dient. Der Name »Sachsenborn« ist noch relativ jung, er wird erst 1802 urkund-

»Sachsenborn« – eine historisch belegte Quelle knapp unterhalb des Eggekamms

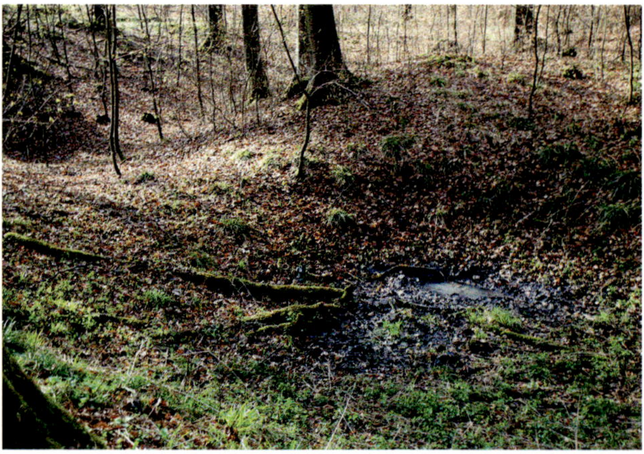

Exkurs
Holzkohle, Teer & Pech

■ Altenbeken stellt im ehemaligen Hochstift Paderborn die Gemeinde mit dem höchsten **Waldanteil** dar und liegt inmitten großer Staatswaldflächen. Seine Einwohner lebten bis zum 19. Jahrhundert in hohem Maße vom Wald und seinen Erzeugnissen. Neben dem privaten Verbrauch wurde Holz vor allem auch als **frühindustrieller Brennstoff** eingesetzt.

Dabei spielte die **Holzkohle** eine besondere Rolle; sie war seit dem Beginn der Metallzeiten vor ca. 4.000 Jahren der Energielieferant für die Verhüttungs-, Gießerei- und Schmiedeprozesse. Altenbeken war hierfür einer der wichtigsten Standorte im ostwestfälischen Raum (⇨ **Eisengewerbe**). Besonders für die frühen Techniken der Eisenverhüttung wurden riesige Mengen an Holzkohle verbraucht. Ein durchschnittlicher Eisenhammer verbrauchte etwa den Jahresholzzuwachs von rund 3.000 ha Wald. Eine Vielzahl von **Kohlenmeilern** fand man seinerzeit im Wald, und fast jedes Dorf hatte seinen eigenen Eisenhammer. In den Bächen legte man Stauwerke und Kanäle zur Zuleitung des Wassers für den Antrieb von Hämmern und Blasebälgen an. Zu den großen holzverbrauchenden Gewerben gehörten auch die **Glashütten** (⇨ Glashütte Dübelsnacken) und Kalköfen.

Meilerplätze sind im Wald als runde Plateaus von 6 bis 12 m Durchmesser erkennbar. Sie wurden oft in der Nähe von Bächen oder Quellmulden angelegt, um dort die glühende Holzkohle ablöschen zu können. Größere Meilerplätze sind von einem niedrigen Randwall als Wind- und Feuerschutz umgeben. Sie wurden meist über längere Zeiträume immer wieder genutzt. Innerhalb der Plätze finden sich heute noch Holzkohlestückchen. Kleinere Verebnungen in der Nähe dienten der Errichtung von zeltartigen **Köhlerhütten** aus Stangen und Reisig, die mit Grassoden oder Rindenstücken überdeckt waren. Der Köhler und sein Gehilfe benötigten je nach Größe des Meilers bis zu drei Wochen, um den Verkohlungsprozess zu steuern. Da man abgetrocknetes Holz benötigte, wurde die Köhlerei nur von Mai bis Oktober betrieben.

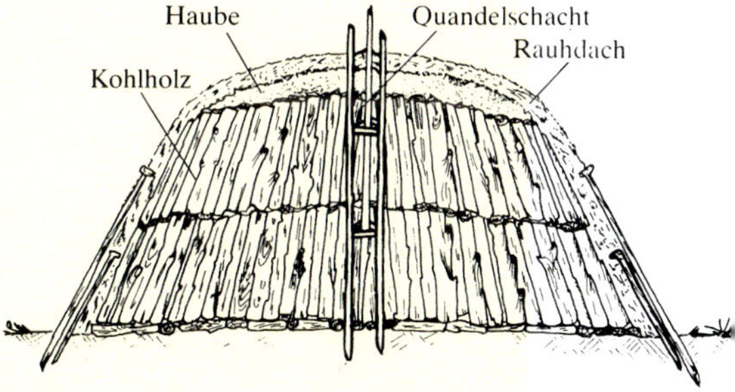

Das energiereiche **Buchenholz** konnte nur in Form gespaltener Holzscheite oder 18- bis 25-jähriger Stangen von den Köhlern genutzt werden. Dafür wurde u.a. der **Niederwaldbetrieb** mit seinen kurzen Umtriebszeiten entwickelt. Im Umfeld der Hütten mit ihrem hohen Holzkohlebedarf kam es häufig zur **Übernutzung der Wälder** und zu Engpässen. Erst durch den Bau der Eisenbahn 1853 erlag die Holzkohle allmählich der Konkurrenz von Stein- und Kokskohle aus dem Ruhrrevier. Am Dübelsnacken wurde die Köhlerei noch bis um 1910 betrieben; Flurnamen wie Kohlgrund, Kohlstätte, Kohlberg erinnern daran. Neben Holzkohle gewann man auch **Teer und Pech**. Diese setzte man z.B. als Klebstoff und Dichtungsmittel, bei der Waffenherstellung, bei der Lederverarbeitung und als Konservierungsmittel ein. ■

Exkurs Glashütte Dübelsnacken (19)

■ In der ehemaligen **Glashütte Dübelsnacken** wurde bereits im **12. Jahrhundert** farbiges Flachglas hergestellt. 2003/04 fanden Archäologen hier Arbeits- und Nebenöfen sowie Produktionsreste der Hütte. Der Schürkanal eines Arbeitsofens mit seitlichen Begrenzungen aus senkrecht gestellten, in Lehm gesetzten Sandsteinplatten wurde konserviert. Die Analyse ergab, dass in den verbackenen Schmelztiegeln Quarzsand und Pottasche aus Buchenholz zur Glasherstellung verwendet wurde. Glasreste zeigten, dass hier bleihaltiges buntes **Flachglas für Kirchenfenster**, z.B. für den Paderborner Dom hergestellt wurde. Für einen großen Kirchenbau mussten die Handwerker mehrere Monate arbeiten, weshalb Glas im Hochmittelalter ein sehr teures Material darstellte.

Überraschend war für die Archäologen, dass bestimmte, nicht im Fundspektrum dieser Hütte vertretene blaue Glasvarietäten unter Zugabe **römischer Tesserae** (Glaspaste, -plättchen) gefärbt worden waren. Charakteristisch für die Hütte waren die durch die Zugabe von Kupferoxid intensiv grün gefärbten Gläser. Für die Glasherstellung waren neben reinem Quarzsand noch Pottasche und **Bleioxid** notwendig. In sog. »Glashäfen« (Töpfen aus Keramik mit jeweils 4 Liter Fassungsvermögen) wurde das Glas bei Temperaturen von 1.100 bis 1.200 Grad Celsius erschmolzen. **Pottasche** ist ein weißes Salz, das durch mehrfaches Aufkochen und Verdunsten aus Holzasche gewonnen wurde. Der Name »Aschenhütte« am östlichen Fuß der Egge bei Bad Driburg weist auf einen solchen Produktionsstandort hin.

Eine damalige Glashütte benötigte allein für die Herstellung von Pottasche bis zu 30 Hektar Buchen- oder Eichenwald jährlich. So führte der **enorme Bedarf** an Holzasche und an Brennholz für die Befeuerung der Öfen im Umfeld der Hütten bereits nach wenigen Jahren zu großen Kahlschlägen und schließlich zur Verlegung des Hüttenstandorts. – Bis heute kann man die **Spuren der Glasverarbeitung** im Wald entdecken, auch an Bachläufen und Berghängen findet man noch Glasscherben und oxydierte Hafenschalen. ■

(Siehe auch ⇨ **Driburger Glas**, S. 59)

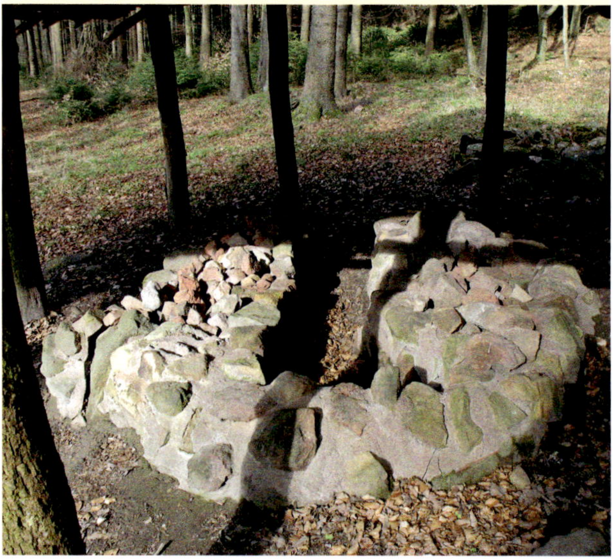

Hier wurde einst Glas für den Paderborner Dom hergestellt

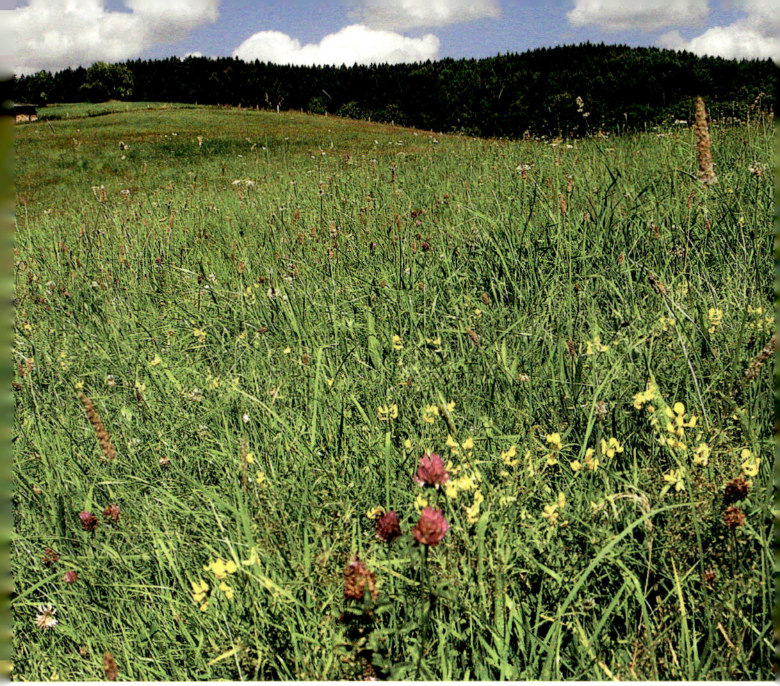

lich genannt. Zahlreiche Funde von Tonscherben und Trinkgefäßen belegen jedoch, dass die Quelle spätestens ab dem Mittelalter als Raststätte und Wasserspender im Wald sehr beliebt gewesen sein muss.

Noch ein Stück weiter südwestlich, etwa 300 m vom Eggeweg entfernt, befinden sich Reste der ehemaligen ⇨ **Glashütte Dübelsnacken** (19), eine der ältesten bekannten Glashütten. Wer sie aufsuchen will, sollte einem der nächsten Wege nach Südwesten folgen. Nördlich des Wegs liegen die »Ziegenstallsgründe«, ein Flurname, der wohl weniger mit »Ställen« zu tun hat, sondern aus dem Wort »Ziegentalsgrund« entstanden ist.

Der **Ziegenhandel** war im Raum Driburg neben dem Glashandel und dem Vertrieb von Mineralwasser ein dritter wichtiger Fernhandelszweig. Die Hauptweidegebiete lagen am »Knüll« und »Ziegenhügel«. 1840 wurden in Driburg 458 Ziegen gehalten; ein Ziegenhändler besaß in der Regel eine Herde von etwa 80 Tieren, die von einem Hütejungen beaufsichtigt wurde. Natürlich rief die **Ziegenhude** im Wald Konflikte hervor: So wurde es den Glasmachern wegen des stetigen Verbisses von Jungholz bereits 1757 verboten, im Wald Ziegen zu halten.

Der Ziegenhandel führte die Viehhändler bis Dänemark und Schlesien. Nach der Fertigstellung der Eisenbahn in Driburg (1864) verfrachteten sie die Herden kurzerhand per Bahn nach Dortmund und trieben sie handelnd durch die Zechensiedlungen des mittleren Ruhrgebiets bis Duisburg. Das Ende der Ziegenzucht in Bad Driburg war erst 1963 besiegelt, als die Bockstation abgerissen wurde.

Bald gibt der Wald dem Eggewanderer den Blick nach Osten auf ⇨ **Gut Knochen** frei. Auf der Weidefläche befindet sich eine Wassergewinnungsanlage bzw. eine Quelle, die das nahe Gut schon seit frühester Zeit mit Wasser versorgt. Von der **Schutzhütte**

Blütenreiche Wiese bei Neuenheerse

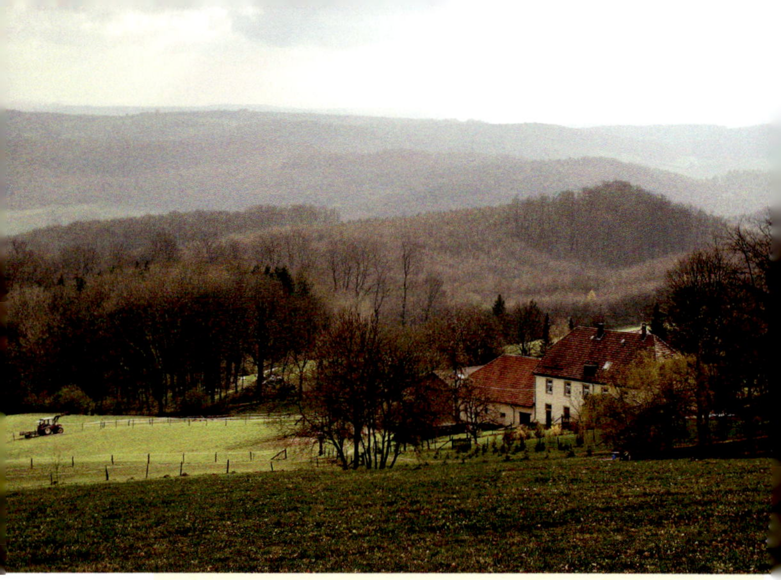

Exkurs
Gut Knochen

Gut Knochen war einst wohl Jagdsitz der Paderborner Bischöfe

■ Das Gebiet um Gut Knochen stellt eine von mehreren **Rodungsinseln** innerhalb des geschlossenen Waldkomplexes der Egge dar. In einem Rechtsstreit über die Unterhaltung der Kirche auf der Iburg wurden im Jahr 1184 fünfzehn Hufen Land erwähnt, die »im Walde Osninc« gelegen waren und die man Gut Knochen zuordnen kann. Teile der im Mittelalter zur landwirtschaftlichen Nutzung gerodeten Flächen wurden in den vergangenen Jahrhunderten wieder aufgeforstet. Die waldfreie Fläche am Gut Knochen (rund 60 ha) in der Driburger Gemarkung wird bis heute landwirtschaftlich genutzt.

Bis zum 16. Jahrhundert soll der Hof zeitweilig **Jagdsitz der Paderborner Fürstbischöfe** gewesen sein, was auch die Größe des Hofes erklärt. Der Name »Knochen« könnte von den weißen Kalksteinen abgeleitet sein, die ein ähnliches Aussehen haben wie gebleichte Gebeine. Der hier anstehende Muschelkalk wurde früher zu Kalk gebrannt. Für das **Kalkbrennen** wurden große Mengen Holz benötigt, zumeist Reisig- und Kronenholz der Buchen. Die Reste alter Kalköfen sind als waldgeschichtliche Spuren in der Nähe von Gut Knochen erhalten geblieben. Der Name könnte aber auch keltischen Ursprungs sein: »cnoc« bedeutet hier »Berg«, »fe-cnoc« meint »Gehege am Berg, Pferch für Vieh«. – Wie in anderen Teilen der Egge fanden sich auch hier neben der Quelle »Schmitteborn« (= Schmiedeborn) Spuren spätmittelalterlicher **Eisenverhüttung**. ■

am Waldrand bietet sich erstmals wieder ein weiter Ausblick ins Weserbergland. Bei guter Sicht ist im Nordosten der Köterberg mit dem Fernmeldeturm zu erkennen. Am östlichen Horizont zeichnet sich in der Ferne der Solling ab.

Neben den erwähnten ehemaligen Kalköfen finden sich im Wald auch alte **Köhlerstellen**, die bis 1912 betrieben wurden (⇨ **Holzkohle**).

Beim Weitergehen wird der sich schon am Dübelsnacken andeutende Wechsel der **geologischen Verhältnisse** (vom Unterkreide-Sandstein auf den Muschelkalk des Trias mit grauem Kalk- und Mergelstein) deutlich. Spätestens jetzt wandern wir eine Zeit lang auf dem hier anstehenden Kalkgestein. Dieser Wechsel ist auch an der **Vegetation** ablesbar: Üppige Buchen-Laubwälder lösen nun die uns schon lange begleitenden eher kargen Fichtenwälder ab.

Südlich von Gut Knochen fallen im Frühjahr flächendeckende Bärlauchbestände ins Auge (und gehen in die Nase). Außerdem findet man Blütenteppiche aus Lerchensporn und Weißem sowie dem eher seltenen Gelben Buschwindröschen. An vereinzelten Stellen wachsen seltenere Arten wie Seidelbast, Märzenbecher, Blauer Eisenhut oder Frauenschuh.

Einige hundert Meter östlich des Eggewegs bzw. von Gut Knochen steht an einer Wegekreuzung die sog. **Kugelbuche**, eine imposante Rotbuche mit ausladender Krone.

An der **Heinrich-Heine-Hütte** schneidet der Eggeweg den Heine-Wanderweg. ***Tipp:*** Wer in Bad Driburg übernachten will, kann ab hier den Weg mit »weißem Punkt« hinunter nach Bad Driburg folgen.

Über den Rücken des westlich liegenden Waldreviers »Bürgerheide« verlief früher die Driburger **Schnatgrenze** (⇨ Exkurs S. 31). Die dortigen Schnatsteine tragen die Jahreszahl 1712. Schon kurz nach der Hütte (etwa 200 m südlich) erkennt man beiderseits des Wegs wieder **Dolinen**.

Langsam wird der Lärm der Bundesstraße 64 unüberhörbar; schließlich queren wir sie. Der »Eggekrug« auf ihrer Südseite hatte als **Poststation** am Alten Postweg eine wichtige Bedeutung: Hier wurden die Pferde gewechselt und die Fahrgäste verpflegt. Die heutige B 64 folgt dieser alten Postkutschenverbindung von Münster über Paderborn nach Kassel. Sie wurde schon 1665 eingeführt und war im 18. Jahrhundert eine der wichtigsten Postverbindungen im westfälischen Raum.

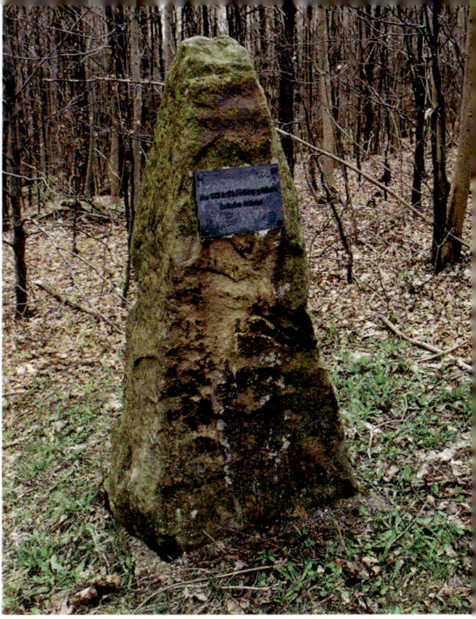

Der Soldatenstein erinnert an die hier Gefallenen

Die hier vorbeiführende Kreisstraße 18, die in Serpentinen nach Bad Driburg hinunterführt, folgt in ihrem Verlauf in etwa der alten, von Altenbeken-Buke kommenden Chaussee. Sie stellt zugleich auch einen Hauptzweig des **Hellwegs** (⇨ Exkurs S. 65) dar. Bis heute ist der Eggekrug eine willkommene Raststation für erschöpfte Wanderer.

Von hier führt der Eggeweg zum **Soldatenstein**, der zum Andenken an die 1945 bei Bad Driburg gefallenen deutschen Soldaten gesetzt wurde. Am Weg wird der Wanderer darauf

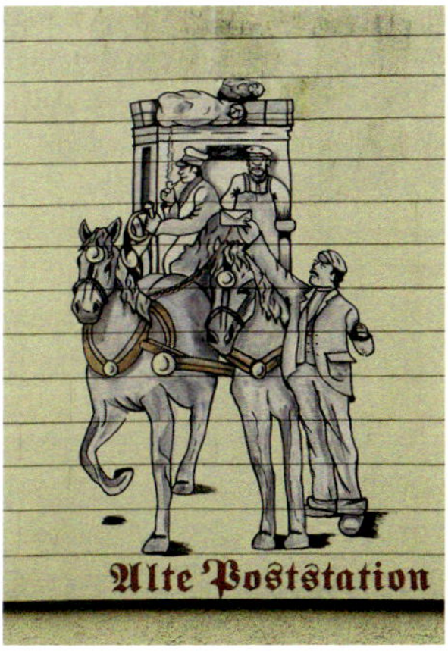

Fassadengemälde am Eggekrug

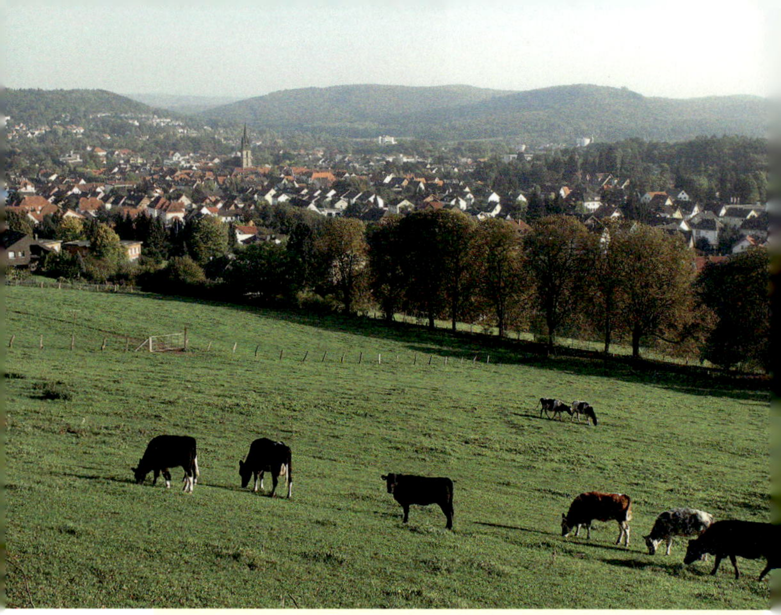

Exkurs
Stadt Bad Driburg

■ Obwohl die **uralte Wallburg** über der Stadt Bad Driburg schon um 753 erwähnt wird (⇨ **Iburg**) wird der Ort Driburg erst auf einer um 1215 geprägten Münze genannt, um 1250 jedoch bereits als »civitas« bezeichnet. Wann genau die Stadtrechte verliehen wurden, ist nicht bekannt. Burg und Stadt sicherten den wichtigen **Hellweg** jedoch spätestens seit dem 13. Jahrhundert gemeinsam. Einen wirtschaftlichen Aufschwung erfuhr die Stadt zu Beginn des 16. Jahrhunderts mit der Ansiedlung der ⇨ **Glasindustrie**. Bekannt ist Driburg aber vor allem durch eine Gruppe eisenhaltiger Quellen, die im 16. Jahrhundert entdeckt wurden (⇨ **Gräflicher Park**). Die Stadt Driburg erhielt 1919 auf Antrag den Namen »Bad Driburg«; seit 1974 darf sie sich als staatlich anerkanntes **Heilbad** bezeichnen.

Von Landschaft umgeben: Blick auf Bad Driburg

Im Ortsteil **Neuenheerse** begründeten Bischof Luithard von Paderborn und seine Schwester Walburga bereits im Jahr 868 das adelige **Damenstift Heerse**. Das Stift war bis zu seiner Auflösung im Jahr 1810 eine bedeutende religiöse Institution. Lohnenswert ist eine Besichtigung der früheren Stiftskirche von 1107, heute **»Egge-Dom«** genannt. Zur Innenausstattung gehören prunkvolle barocke Altäre und ein kostbares gotisches Kreuz aus dem Jahr 1460. Eine Besonderheit stellt der **steinerne Damensattel** an der Kirchhofmauer dar, von dem aus die Äbtissinnen einst ihre Huldigungen entgegennahmen. Das ehemalige Abteigebäude ist ein kleines **Wasserschloss** aus dem späten 16. Jahrhundert. Sehenswert sind auch die **Nethequelle** sowie die Nepomukstatue mitten im Ort. ■

Der steinerne Damensattel

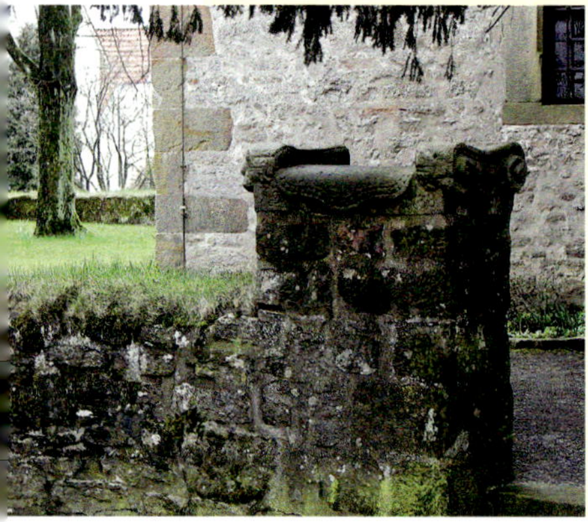

Tourist-Info: Bad Driburger Touristik, Lange Str. 140, 33014 Bad Driburg, (05253) 98940, **www.bad-driburg.com**

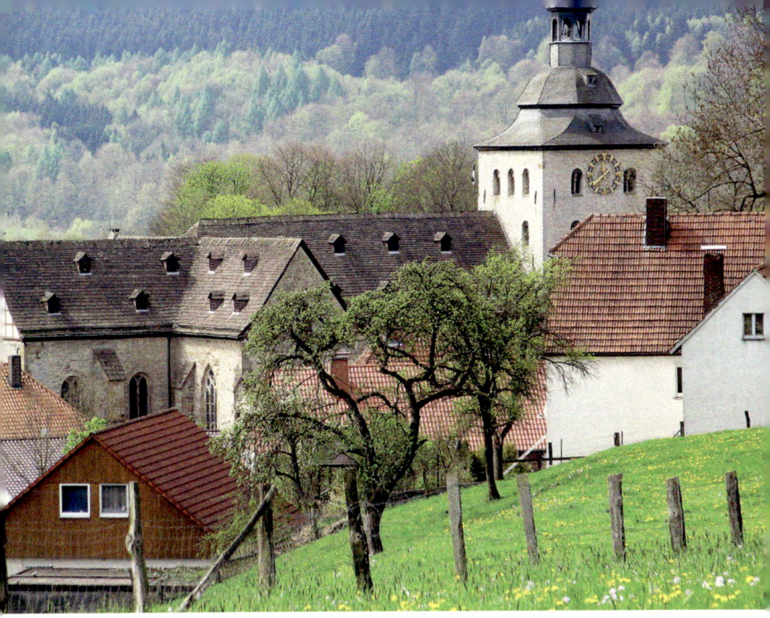

aufmerksam gemacht, dass der Eggekamm die markante **Rhein-Weser-Wasserscheide** bildet.

Nach etwa 500 m erreichen wir das Wanderheim des Eggegebirgsvereins, die **Driburger Hütte** (geöffnet samstags und sonntags ab 15 Uhr). Östlich des Weges begleitet uns nun das Naturschutzgebiet »Iburg-Aschenhütte«. Auf oder neben der asphaltierten Fahrstraße zur Iburg erreichen wir nach rund 600 m am Wanderparkplatz **Schöne Aussicht** (20) unser Etappenziel.

Tipp: Vor dem Weiterwandern empfiehlt sich ein Abstecher zur rund 750 m entfernten, auf einem Bergsporn über der Stadt Bad Driburg gelegenen ⇨ **Iburg** (21) (siehe Etappe 4).

Wer in ⇨ **Bad Driburg** übernachten will, erreicht vom Wanderparkplatz am Eggeweg in rund 20 Minuten die Jugendherberge des DJH. Als edlere Alternative bietet sich eine Übernachtung im Gräflichen »Park Hotel & Spa« an. Doch auch wer dort nicht übernachten will oder kann, sollte den ⇨ **Gräflichen Park** (22) besichtigen, einen der schönsten Landschaftsparks in Deutschland. Lohnenswert ist auch ein Besuch im Driburger Glasmuseum (⇨ **Driburger Glas**).

Rückwanderroute

Die Rückwanderung führt ab dem Wanderparkplatz Schöne Aussicht über den △-Weg zunächst nach Westen an Erdfällen vorbei in Richtung Buke. Ab hier geht's nordwärts nach Altenbeken. Im Ort folgt man dann dem X8 bzw. XW ostwärts zur Rehberghütte. (Gesamtlänge: ca. 9,7 km).

Stiftskirche von Neuenheerse, »Eggedom« genannt

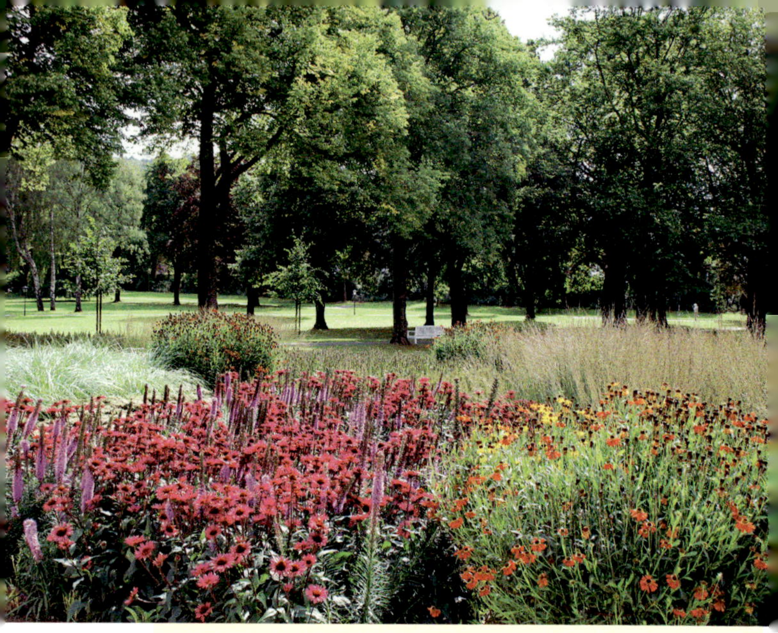

Exkurs
Gräflicher Park in Bad Driburg
22

■ Der **Gräfliche Park** beeindruckt mit gepflegten Blumenrabatten und eindrucksvollem alten Baumbestand. Er gehört zum »Europäischen Gartennetzwerk« (EGHN) und ist Bestandteil der anspruchsvollen Wellness-Hotelanlage »Gräflicher Park Hotel & Spa«, dem größten privaten Kurbad Deutschlands. Seit mehr als 2000 Jahren sprudeln im Park die **natürlichen Quellen**, die wahrscheinlich schon von den Römern genutzt wurden. 1593 wird erstmals von kohlensäurehaltigen Mineralquellen in Driburg berichtet. Bereits im 18. Jahrhundert war der besonders gute Geschmack und die heilende Wirkung der **Caspar-Heinrich-Quelle** so bekannt, dass das Heilwasser in Flaschen abgefüllt sogar bis London, Kopenhagen, Stockholm, Amsterdam und andere Städte exportiert wurde.

Gräfliche Kuranlagen in Bad Driburg

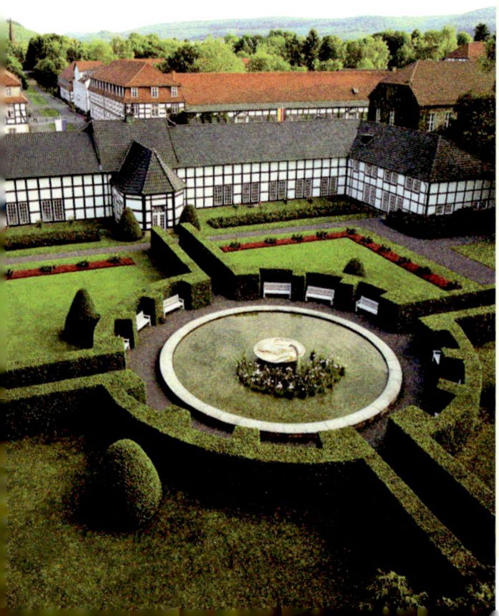

Den Grundstein für das Driburger Bad und den Park hat der Paderborner Fürstbischof Ferdinand von Fürstenberg gelegt, als er 1665 den heute als **Rabe-Quelle** bekannten Sauerbrunnen fassen und 1669 eine doppelreihige Lindenallee anlegen ließ. Diese und eine zweite Allee in südlicher Richtung bestimmen noch heute die Grundstruktur der Anlage. Aber erst durch **Caspar Heinrich von Sierstorpff** (1750–1842) etablierte sich Driburg zum führenden Kurort der gehobenen aufgeklärten Schichten. Nach ihm sollte sein Kurbad zu einem Ort »des ländlichen Vergnügens« werden. Seit über 225 Jahren kümmert sich die Gründerfamilie von Oeynhausen-Sierstorpff erfolgreich um den über Generationen hinweg zu seiner heutigen Schönheit geführten 65 Hektar großen Park.

Westlich des Hauptbrunnens hatte Caspar Heinrich von Sierstorpff ab 1781 einen ersten **Kurpark** anlegen lassen, in dem Gäste spazieren gehen und ruhen konnten, um die heilkräftigende Wirkung des Mineralwassers zu unterstützen. Die Landschaft wurde in den Park einbezogen, indem weite Ausblicke auf das umgebende Eggegebirge die Grenzen zwischen den gärtnerisch gestalteten Anlagen und der Landschaft scheinbar aufhoben. Später erfolgten kontinuierliche Erweiterungen und Veränderungen. Besonders der gegen Ende des 19. Jahrhunderts angelegte Parkteil auf der Südseite beeindruckt mit weit geschwungenen Wegen, großen gepflegten Rasenflächen und eindrucksvollen alten Solitärbäumen. Den Höhepunkt bildet hier der »Hölderlin-Hain« und der Teich mit der **»Diotima«-Insel**.

Die »Bad Driburger Naturparkquellen« engagieren sich seit 2003 durch eine offizielle Partnerschaft für den **Naturpark Teutoburger Wald / Eggegebirge**. Als Ergebnis einer zweimal jährlich stattfindenden Spendenaktion konnten seither mehr als 70.000 Euro in regionale Naturparkprojekte investiert werden. ■

Info: Eintritt 5 Euro, davon 50 % Verzehrgutschein

Exkurs Driburger Glas

■ Anfang des 16. Jahrhunderts riefen die Paderborner Fürstbischöfe **Glasmacher** in ihr Land, um den in reichem Maße vorhandenen Wald gewinnbringend zu nutzen. Die bedeutendsten Hütten dieser Zeit waren die »Feine Hütte« auf der Emder Höhe sowie die Glashütte Siebenstern, deren Markenzeichen sieben eingestochene Tropfen unterhalb der Schale eines jeden Glases war. Vorgänger waren einfache Wanderglashütten, die an stets wechselnden Standorten ihrem Brennstoff Holz nachzogen – wie die bereits für das 12. Jahrhundert nachgewiesene **Glashütte Dübelsnacken** (⇨ Exkurs S. 52).

Mit den ersten Glashütten in der Egge siedelten sich auch **Glashändler** in Driburg an. Sie zogen zunächst mit Kiepen, Ziegen-, Esels- oder Hundekarren, später mit plangedeckten Pferdefuhrwerken umher. Die Handelsreisen dauerten bis zu acht Wochen und gingen bis nach Ostpreußen. Zum Sortiment gehörten sowohl hochwertige Gläser als auch Gebrauchsgläser und Fensterscheiben. Durch den Anschluss an das Eisenbahnnetz (1864) erfuhr die **Glasindustrie** im 19. Jahrhundert einen weiteren Aufschwung. Bis heute zählt Bad Driburg mit so bedeutenden Namen wie »Leonardo«, »Ritzenhoff & Breker« und »Walther Glas« zu den wichtigsten Umschlagplätzen von Glas in Europa.

Das **Driburger Glasmuseum** zeigt die Geschichte der Glasstadt, die Arbeit in den Glashütten, das Leben der Glasmacher und die Entwicklung des Glashandels. Es sind über 400 Gläser ausgestellt, vom einfachen Gebrauchsglas bis zur außergewöhnlichen Glaskunst. Einen weiteren Schwerpunkt bildet die Geschichte Driburgs als **Kur- und Badestadt** seit 1781. ■

Glasmuseum Bad Driburg, Heinz-Koch-Haus, Schulstraße 7, 33014 Bad Driburg, (05253) 97 44 94, Di–So 14–17 Uhr, Eintritt: 2 Euro, Kinder und Jugendliche frei, **www.glasmuseum-bad-driburg.de**

4 Iburg – Herbram-Wald

Allgemeine Hinweise: Viel Interessantes ist an der Geschichte der Iburg und dem an ihr vorbeiführenden alten Hellweg ablesbar, so etwa Spuren des mittelalterlichen Klausnerwesens in der Egge. Aber auch landschaftlich hat diese Etappe einiges zu bieten: Besonders im Frühjahr laden üppig blühende Buchenwälder zu Erkundungstouren in die Muschelkalk-Landschaft ein. Zunächst nur leicht bewegt, führt der Weg vom Klusenberg zum Bodental zügig bergab. Südlich des Tals steigt der Weg bis Herbram-Wald wieder bergan. Karge Fichtenwälder machen den erneuten Wechsel in den Sandsteinbereich deutlich. Auf der gesamten Etappe gibt es keine besonderen Ab- oder Abstiege.

⇨ **Karte S. 121–124**

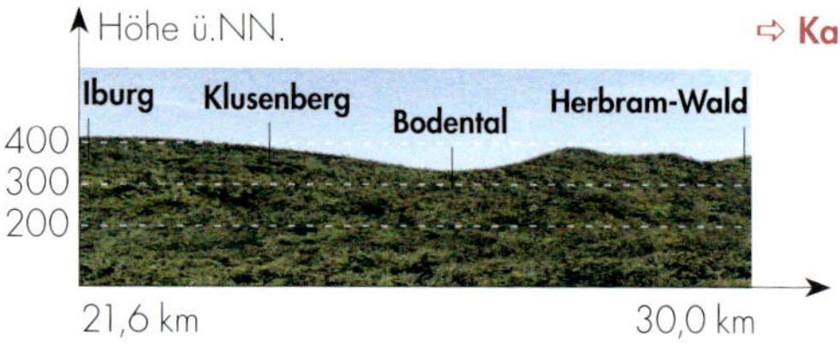

Charakteristik: *Länge:* 8,4 km; *Steigungen* über 10 %: 0,0 km; über 20 %: 0 km; *Auf-/Abstiege* in Höhenmetern: +80/-140; *Höhenlage:* 320 m bis 410 m ü.NN; *Wegebelag:* rund 65 % naturbelassen oder geschottert, rund 35 % Asphalt; *Gesamtbeurteilung:* leicht.

Die ⇨ **Iburg** (21) befindet sich in rund 750 m Entfernung zum Eggeweg auf einem Bergsporn über der Stadt Bad Driburg. Wer dort übernachtet hat oder zur Wanderung aufbricht, gelangt über den im Ort beginnenden Zugangsweg (▶) hinauf zum Eggeweg. Kurz nach Querung der B 64 zweigt ein Weg nach Osten zur Iburg ab.

Vom Eggeweg aus beginnt der lohnenswerte Abstecher zur Iburg am Wanderparkplatz **»Schöne Aussicht«** (20). Auf dem Weg vom Parkplatz zur Burg blühen im zeitigen Frühjahr große Mengen von Zwiebelgewächsen und anderen Frühjahrsblühern, die das Licht für ihre Pflanzenentwicklung nutzen, solange der später im Jahr schattige Buchenwald noch ohne Laub ist. Schon bald erreichen wir am Ende des Bergsporns den

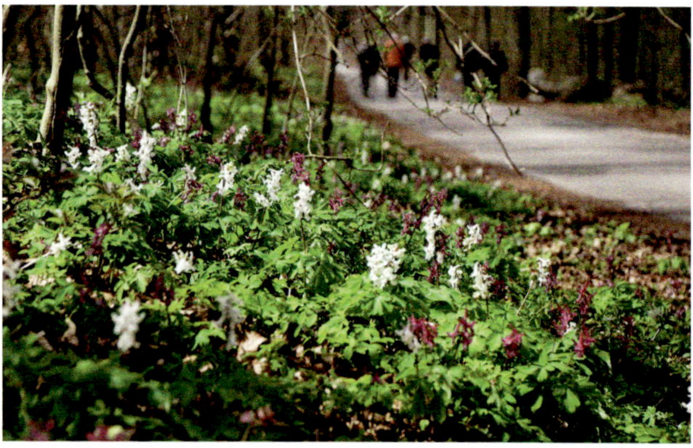

Im zeitigen Frühjahr lockt der Lerchensporn hinaus in die Natur

■ Die **Iburg** befindet sich 170 m über dem Driburger Talkessel auf einem schwer zugänglichen Bergsporn (380 m ü. NN). Der Name der frühmittelalterlichen **sächsischen Wallburg** leitet sich wohl von der ⇨ **Eibe** (Iburg = Eibenburg) ab. Vielleicht war dies der Ort eines sächsischen Stammesheiligtums (⇨ **Sachsen & Franken**, S. 84), in dessen Mittelpunkt die kultisch verehrte Eibe stand – und zu dessen Schutz entsprechende Verteidigungsanlagen errichtet wurden. Manche Forscher vermuten hier auch den Standort der sagenhaften **»Irminsul«**, des höchsten sächsischen Heiligtums.

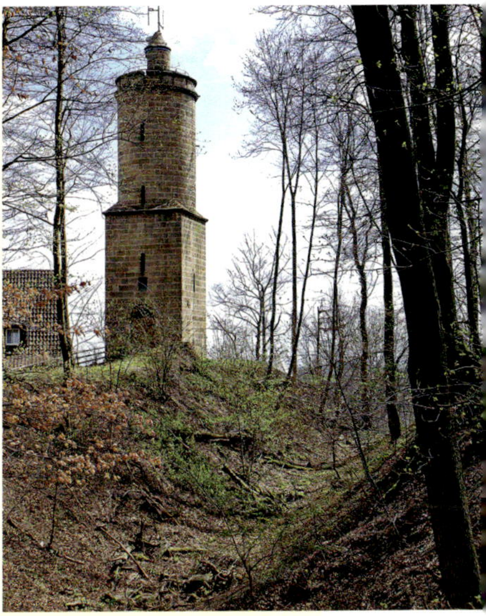

Die rund vier Hektar große **frühmittelalterliche Anlage** war in Ost-West-Richtung rund 300 m lang und in Nord-Süd-Richtung maximal 150 m breit. Die älteste Verteidigungslinie wurde wohl in karolingischer Zeit angelegt. Die fränkischen Reichsannalen berichten von einem Kriegszug Pippins gegen die Sachsen im Jahr 753, in dem auch Kämpfe bei einem **»castrum Iuberg«** stattfanden. Wenn damit die Iburg gemeint war, dürfte dies einer der ältesten Nachweise einer westfälischen Ansiedlung sein.

Kaiser-Karls-Turm, davor der Graben der mittelalterlichen Burg

Innerhalb der Wallburg finden sich die Fundamente einer Saalkirche von 16,70 m Länge und 8,50 m Breite mit halbrunder Apsis und leicht erhöhtem Chorraum an der Ostseite. Das Alter dieser **Peterskirche** ist nicht sicher zu bestimmen, vermutlich ist sie eine Gründung Karls des Großen. Die lange im Besitz des Stiftes Heerse befindliche Iburg nebst Peterskirche und ihr weiteres Umfeld waren im 10. und 11. Jahrhundert nachweislich Standort von **Inklusorien** (⇨ S. 66). Im Jahr 1138 gründete Bischof Bernhard I. westlich von der in Fundamenten erhaltenen Peterskirche ein Benediktinerinnenkloster. Die **Klostergründung** war jedoch an dieser Stelle aus verschiedenen Gründen nicht erfolgreich, so dass die Schwestern bereits im Jahr 1142 nach Gehrden (Stadt Brakel) übersiedelten.

Grundmauern der Peterskirche

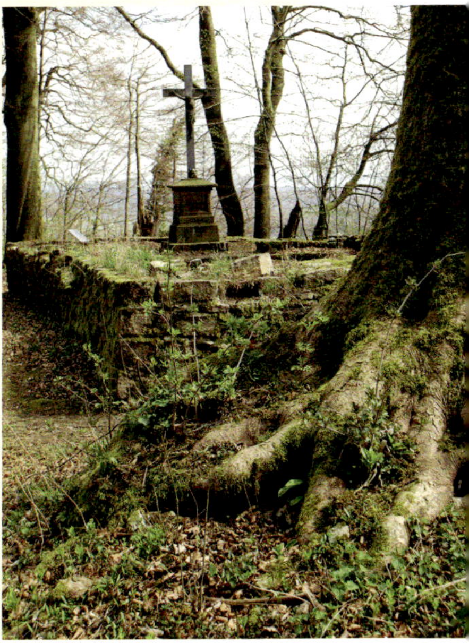

Nach 1189 ließ der Paderborner **Bischof Bernhard II.** von Ibbenbüren innerhalb der frühmittelalterlichen Wallanlage eine **steinerne Burg** errichten. Zahlreiche erhaltene oder restaurierte Grundmauern zeugen von

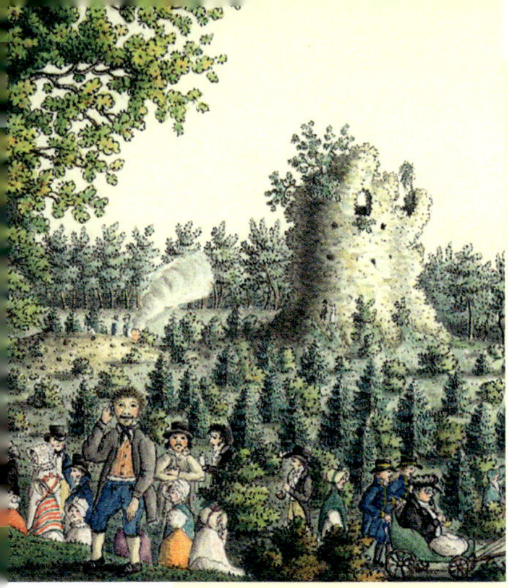

einer dichten Bebauung. Nach ihrer Zerstörung (1444) verlor die Burg jedoch an Bedeutung und verfiel, da die Paderborner Bischöfe die 1318/21 neu gegründete Burg und Stadt Dringenberg zu ihrer Residenz im östlichen Eggeraum erwählt hatten.

Die Wasserversorgung der Burg sicherte ein **Brunnen** mit 2,60 m Durchmesser messenden, exakt gemauerten Brunnenröhren. Um in wasserführende Schichten zu gelangen, war er angeblich 50 bis 60 m tief. Der verschüttete, im oberen Teil renovierte Brunnen befindet sich in der Mitte des Burgterrains.

Exkurs Iburg (Forts.)

Eindrucksvoll ist als Relikt der mittelalterlichen Steinburg auch der **Wehrturm (Bergfried)** mit einem Durchmesser von 13 m und 4 m (!) starken Mauern. Der Eingang in 12 m Höhe konnte nur über eine Leiter erreicht werden. Die ursprüngliche Außenfassade aus behauenen, ebenmäßigen Sandsteinquadern wurde im 18. Jahrhundert beseitigt. Der Heimatverein Bad Driburg e.V. hat an allen wichtigen Stellen der Burg **Erläuterungstafeln** aufgestellt, die zu den einzelnen Elementen der Anlage nähere Informationen geben. ■

Schon um 1800 herrschte reger Ausflugsverkehr auf der Iburg

Bereich der Iburg. Mit dem Aufstieg Driburgs zum Kurort wurde die alte Anlage von den Romantikern verstärkt besucht und nach der Gründung des Driburger Verschönerungsvereins 1898 gezielt als touristische Attraktion ausgebaut. 1904 wurde der **Kaiser-Karls-Turm** errichtet und 1924 das Restaurant **Sachsenklause**.

Sowohl von der Terrasse der Sachsenklause als auch vom Turm hat man einen **schönen Ausblick** auf die umgebenden Höhenzüge und Bad Driburg, in dessen Stadtbild sich die kirchlichen Bauten besonders abheben. Tafeln auf den einzelnen Turmzinnen weisen auf die umliegenden Aussichtsziele jeweils mit Entfernungs-

Ausblick von der Terrasse der »Sachsenklause«

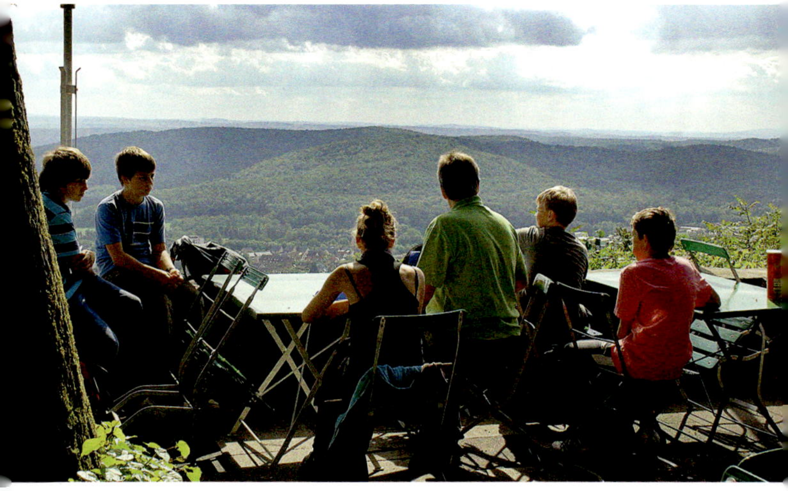

kilometern hin, so z.B. auf den Solling oder auf die Stadt Kassel.

Auf dem Weg zur Iburg stört der von der B 64 heraufschallende Verkehrlärm leider etwas den Genuss. Die Straße ist der Nachfolger des ehemals hier den Eggekamm überwindenden ⇨ **Hellwegs** von Höxter-Corvey zur Bischofsstadt Paderborn, einem der wichtigsten ⇨ **Passwege über die Egge**. Nach der Bewältigung des sich aus dem Driburger Tal in Serpentinen den Hang hochziehenden Handelswegs dürften viele Pilger die Burg aufgesucht haben, um hier einzukehren oder sich mit Wasser und Brot versorgen zu lassen.

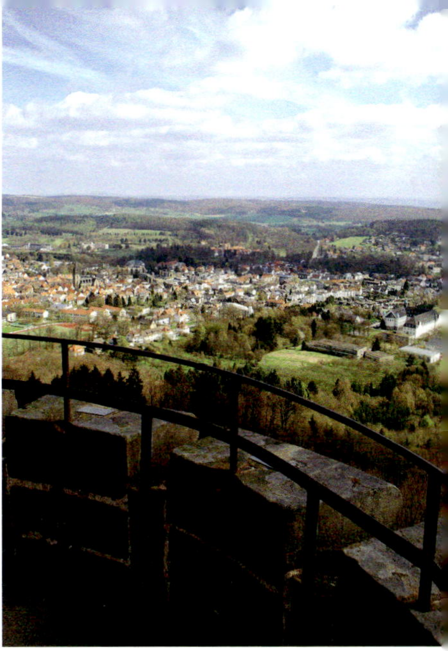

Aussicht auf Bad Driburg vom Kaiser-Karls-Turm

Über einen dieser Pfade führt seit 2010 auch der ausgeschilderte **Jakobsweg** von Höxter-Corvey über Paderborn nach Dortmund. Die Nutzung dieses Wegs durch Pilger, die nach Köln, Aachen, Rom oder Santiago de Compostela ziehen wollten, lässt sich vor allem ab dem 13. Jahrhundert belegen.

Auf der Iburg wurde ein 4,5 cm hohes und 2,5 cm breites **Pilgerzeichen** aus Blei gefunden. Das in das 15. Jahrhundert

Exkurs
Eibe

■ Schon in der Antike galt die **immergrüne Eibe** mit ihren dunklen, giftigen Nadeln als Baum der Trauer und des Todes. Der Weg zur Unterwelt sei mit Eiben gesäumt, meinten die Griechen und Römer. Bei den **Kelten** hingegen war sie heilig; in den von ihnen geprägten Gebieten (Schottland, Irland, Bretagne) werden sie bis heute besonders gepflegt. In England findet man auf Friedhöfen 1000-jährige Exemplare. – Die Eibe gilt als älteste in Europa einheimische Nadelbaumart. Der Name stammt aus dem Althochdeutschen »iwa« und bezeichnet den Baum selbst sowie einen aus **Eibenholz** gefertigten Bogen. Eiben enthalten das **Gift Taxin**, das bei Mensch und Tier Atemlähmung und Herzstillstand hervorrufen kann. Daher wurde seit dem Altertum sowohl ihr Gift als auch ihr hartes Holz zur **Herstellung von Waffen** eingesetzt. Reste alter Eibenbestände sind manchmal im Umfeld von Burgen zu finden: einst eine »lebendige Waffenkammer«.

Spärliche **natürliche Restvorkommen** der Eibe in NRW liegen an den Steilhängen des oberen Wesertals bei Höxter; sie werden mit großem waldbaulichen Einsatz erhalten. ■

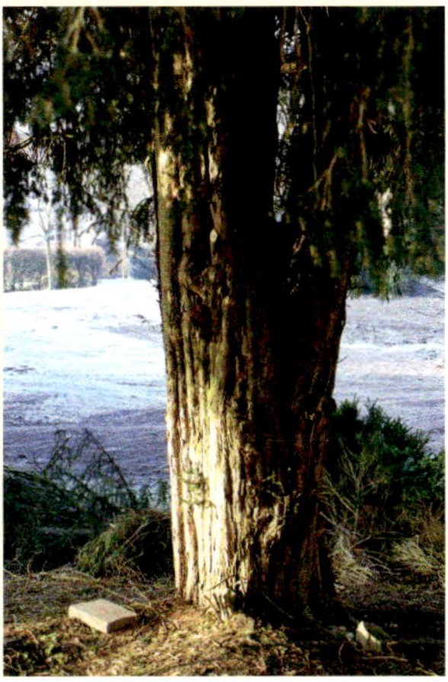

Stamm der denkmalgeschützten alten Eibe in Neuenheerse

Exkurs Hellweg

■ Der **Hellweg** ist Teil einer historischen, von Brügge bis nach Nowgorod reichenden **West-Ost-Handelsverbindung**. Östlich von Paderborn querte er in zwei Strängen das Eggegebirge, um in Magdeburg wieder zusammenzukommen (⇨ Passwege über die Egge, S. 12–13). Die südliche Trasse führte unmittelbar unterhalb der Iburg über den Eggekamm nach Höxter, die nördliche Trasse verlief von Schloss Neuhaus über Schlangen und passierte an den Externsteinen den Teutoburger Wald (⇨ Pass an der Großen Egge, S. 26). Im Mittelalter war der **Begriff »Hellweg«** in Westfalen und angrenzenden Gebieten eine geläufige Bezeichnung für überregionale Landstraßen. Als wahrscheinlichste Deutung des Namens bietet sich das mittelniederdeutsche »hel« an, was »hell« bedeutet und auf einen hellen, lichten Weg schließen lässt.

Erste Hinweise auf den Hellweg stammen aus der Bronze- und Eisenzeit und verstärken sich in der **römischen Kaiserzeit**. Funde aus einheimischen Siedlungen dieser Zeit weisen auf einen engen, friedlichen(!) Kontakt mit den Römern hin, was entsprechende Wegeverbindungen voraussetzt. In den Sachsenkriegen wurde der Hellweg neben dem Frankfurter Weg zu einer der bedeutendsten Militärstraßen der Karolinger. **Karl der Große** legte in der Nähe des Weges, in Paderborn, eine Pfalz an, in der es 799 zu der historischen Begegnung mit Papst Leo III. kam. Mit der Eingliederung der Sachsen in das karolingische Reich wurde die an der **Iburg** vorbeiführende Achse Corvey–Paderborn–Aachen zu einer der wichtigsten Querverbindungen des Reiches, zur **»via regia«**. Im Abstand von rund 50 km (eine Tagesreise zu Pferd) entstanden größere Königshöfe in Corvey und Paderborn; dazwischen befanden sich zwei Etappen mit den Stationen Brakel und Driburg.

Wie fast alle Wege der damaligen Zeit war auch der Hellweg ein **Naturweg**, der nur punktuelle Befestigungen aufwies. Trotzdem gab es für die sogenannten **»Königswege«** bestimmte Regeln. So hatte z.B. nach den Augsburger Statuten von 1276 »des Konings Strate« so breit zu sein, dass ein Berittener »eine Gleven van XVII Voeten« (eine Lanze von ca. 5,10 m Länge) ohne damit anzustoßen

datierte Zeichen stellt einen Bischof mit Stab und eine nicht identifizierbare Person dar, die ein kelchartiges Gefäß hält. Es konnte bisher keinem bestimmten Wallfahrtsort zugeordnet werden. Leider ist es heute verschollen und nur in einer Abbildung von 1905 überliefert.

Nach Besichtigung der Iburg wandern wir zunächst zum Wanderparkplatz, dem Wechselpunkt zwischen den Etappen 3 und 4, zurück und von dort über den Eggeweg zur **»Schönen Aussicht«** (20). Die »Weiße Mauer« genannte Abbruchkante aus Kalkgestein unterhalb der Hütte ist von oben nicht einsehbar. Dafür bietet sich von hier eine weitere schöne Möglichkeit zum Ausblick in die Landschaft.

Auf dem Weg zum Klusenberg verläuft der Eggeweg, wie schon seit der Querung der B 64, am westlichen Rand des **NSG Iburg Aschenhütte**. Die Ausweisung des 217 ha großen Gebietes erfolgte 2003 im Zuge der Umsetzung der FFH-Richtlinie, die ein europaweites Netz von Schutzgebieten zum Ziel hat. Im Norden befindet sich die Iburg, im Süden wird das Gebiet durch die Grün-

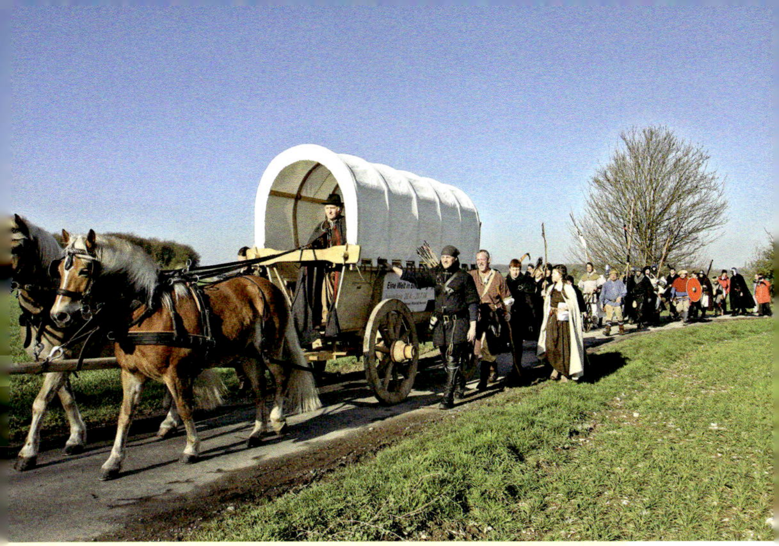

Pilgerzug auf dem Hellweg, nachgestellt vom »Experimentum e.V.«

quer vor sich im Sattel tragen konnte. Dieser Bereich war von Gräben und Zäunen freizuhalten. Auch nach anderen historischen Quellen kann man von einer Breite von rund 5 Metern ausgehen. Da **Frachtwagen** auf überregionalen Wegen damals eine Breite von 1,10 m bis 1,40 m besaßen, konnten sich die Wagen (theoretisch) problemlos begegnen.

Zu Zeiten Kaiser Friedrich Barbarossas lag die Verfügungsgewalt über die überregionalen Wege beim König. Hierzu gehörte das Recht, **Zölle** zu erheben, aber auch die Verpflichtung zu sicherem Geleit und Schutz, wie immer dies in der Realität aussah. Später erlangten die Landesherrschaften stärkere Verfügungsgewalt über die **»Land(es)straßen«** und versahen sie mit einträglichen Zollstellen. Entlang des Weges existierten auch zahlreiche Wirtshäuser, Kapellen und Siechenhäuser. Ende des 18. Jahrhunderts wurde schließlich mit dem Ausbau des Hellwegs zur sog. **Kunststraße** (Chaussee) begonnen, die weitgehend auf der alten Trasse lag bzw. parallel – aber gradliniger – zur ihr verlief. ■

landflächen am Trappistenhof bei Aschenhütte begrenzt.

Das Naturschutzgebiet ist durch seinen strukturreichen, von zahlreichen klaren **Quellbächen** durchzogenen Waldmeister-Buchenwald am Osthang des Eggegebirges gekennzeichnet. Diese Wälder weisen aufgrund ihrer unterschiedlichen Hangneigungen, -richtungen sowie Altersklassen eine besondere Strukturvielfalt auf dem hier anstehenden **Kalkuntergrund** auf.

In schattigen Steilhang- und Felsbereichen kommt kleinflächig Schluchtwaldvegetation vor. Die vielen kalkhaltigen Quellbäche und insbesondere eine **Kalktuffquelle** westlich der Widukindsiedlung mit Vorkommen von Riesen-Schachtelhalm und Herbstzeitlosen stellen Besonderheiten dar. Die hohe naturschutzfachliche Wertigkeit der Quellbäche im Wald setzt sich im angrenzenden Weidegrünland fort.

Der Buchenwald ist hier am Eggeweg im Frühjahr in ein wahres **Blütenmeer** aus Scharbockskraut, Lerchensporn, Weißem und Gelbem Buschwindröschen, Aronstab, Salomonssiegel sowie Bärlauch gehüllt. Begleitet von einem noch recht jungen, wegen des

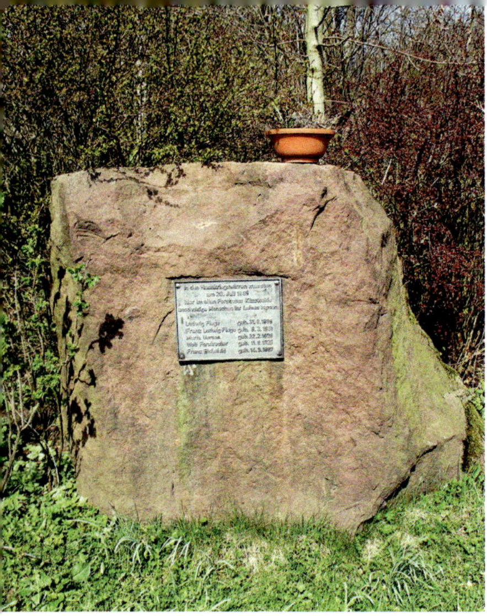

Gedenkstein am ehemaligen Forsthaus Klusweide

kalkhaltigen Untergrunds aber üppigen Buchenwald gedeiht der **Bärlauch** auf einer kleinen, bei Sonne lichtdurchfluteten Kuppe am Frauentalsgrund besonders gut. Die als Küchengewürz wiederentdeckte Pflanze bedeckt weite Flächen beiderseits des Wegs und verströmt über Wochen ihren knoblauchartigen Geruch.

Auch wenn die Bäume belaubt sind, überrascht die Vielfalt der **Sommerflora** mit Waldmeister, Ähriger Teufelskralle, Gelber Taubnessel, Bingelkraut, Gemeiner Akelei, schmalblättriger Miere, Waldplatterbse, Bergflockenblume und dem Großen Wiesenknopf. Unzählige Eschen-, Buchen- und Ahornsämlinge zeigen den hier vorhandenen Nährstoffüberschuss an.

In Höhe des einzelnen am Eggeweg liegenden Gehöftes erreichen wir den **Klusenberg** (401 m ü. NN), der den Osthang der Egge bis nach Neuenheerse einnimmt. Der Name rührt von Klausnern her, die hier im 10. und 11. Jahrhundert lebten und zum Stift Heerse gehörten (⇨ **Inklusen**).

Der Klusenberg unterlag wie die meisten Bergkämme der Region lange Zeit der Hude und wurde vermutlich erst am Ende des 19. Jahrhunderts aufgeforstet. Gleiches gilt für den **Ziegenberg** (im Urkataster von 1838 »Ziegenhals«) westlich des Weges, dessen Name ein Beleg dafür ist, dass er über Jahrhunderte hinweg mit Ziegen beweidet wurde und mehr oder weniger unbewaldet war.

Vor der **Schutzhütte Klusenberg** weist eine Holztafel auf einen sehenswerten, mehr als 10 m tiefen **Erdfall** (23) im Mittleren Muschelkalk hin, der

Exkurs Inklusen

■ Mit einer sehr weitgehenden **Abkehr von der Welt** suchten die »Inklusen« (lateinisch: Eingeschlossene) die unmittelbare Nähe zu Gott. Diese Form gelebten Glaubens war im Mittelalter recht verbreitet und wurde vorwiegend von Frauen gewählt. Die **Inklusen** wurden mit Zustimmung des zuständigen Bischofs oder der Äbtissin im Rahmen eines verbindlichen Einschließungsritus in eine Klause – meist nahe einer Pfarr- oder einer Klosterkirche – eingemauert oder eingeschlossen. Die Klause, eine Zelle oder ein kleines Haus, wurde in der Regel nicht mehr verlassen. Die **Klausnerin** oder der **Klausner** konnte durch ein auf den Altar gerichtetes Fenster der Messe folgen, beichten und kommunizieren. An der Außenseite gab es ein zweites Fenster, durch das Licht und Luft eindrang. Hierdurch erhielt sie/er auch Nahrung, konnte mit der Außenwelt Kontakt aufnehmen oder selbst hergestellte Werkstücke nach außen reichen. Bis ins 13. und 14. Jahrhundert hinein waren die Inklusorien unbeheizt. Häufig waren es außergewöhnlich fromme Frauen, die auch gern **um Rat befragt** wurden. ■

nur 50 m abseits vom Weg im Laubwald liegt.

Etwas später gelangen wir zu einer Wegegabelung. Folgt man dem nach Westen abzweigenden Weg, erreicht man nach knapp 100 m eine *»Dauerbeobachtungsfläche für die intensive Überwachung des Waldzustandes«*. Bis 1975 stand hier das Forsthaus **Klusweide** (24), das nach Aufhebung der Försterei abgerissen wurde. Bis auf wenige Hektar wurde die Klusweide danach fast vollständig aufgeforstet. Der versteckt liegende Teich an der Ostseite wird durch eine Quelle gespeist.

In der Nähe stand einst die namensgebende **Katharinenklus** (⇨ **Inklusen**), deren Weihe 1480 durch den Paderborner Bischof erfolgte. Die Klause hatte aber nachweislich eine Vorgängerin, die im nahen Waldbezirk, im »Klusbusch« stand. Nach dem Zerfall der Kapelle kam das Gnadenbild der Hl. Katharina als Altarbild in die Kirche von Schwaney, wo es 1895 durch einen großen Brand im Dorf zusammen mit der Kirche zerstört wurde.

Südlich des einstigen Forsthausbereichs befindet sich eine unscheinbare **Gedenkstätte**, die an fünf Deutsche erinnert, die im Juli 1945 im damaligen Forsthaus Klusweide von freigelassenen, plündernden russischen Kriegsgefangenen ermordet wurden.

Nur wenige Meter weiter westlich befindet sich ein als Naturdenkmal geschützter »Erdfall mit Bachschwinde«. Kaum dass das Rinnsal der Erde entsprungen ist, versickert es schon nahe des Weges wieder in sogenannten **»Schwalglöchern«** im Untergrund (⇨ Geologie, S. 12).

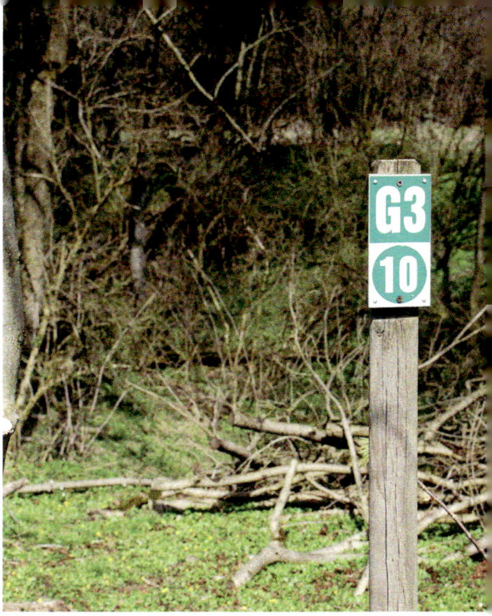

Naturdenkmal »Erdfall mit Bachschwinde«

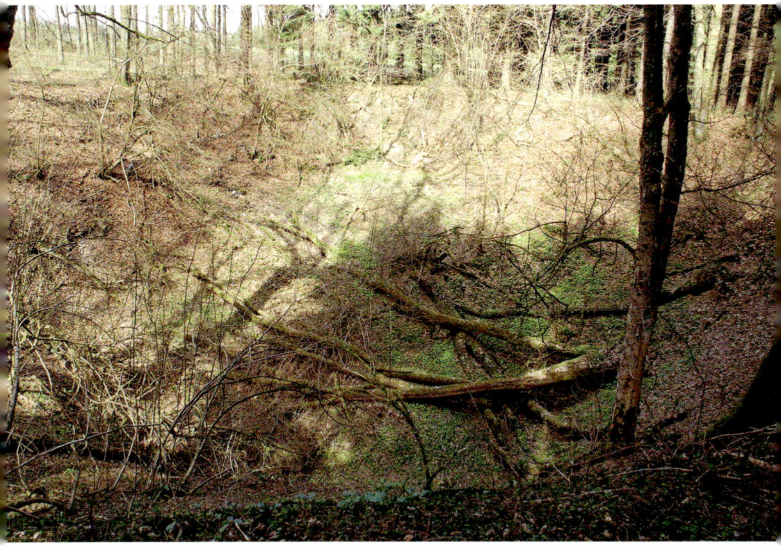

Tiefer Erdfall-Trichter an der Schutzhütte Klusenberg

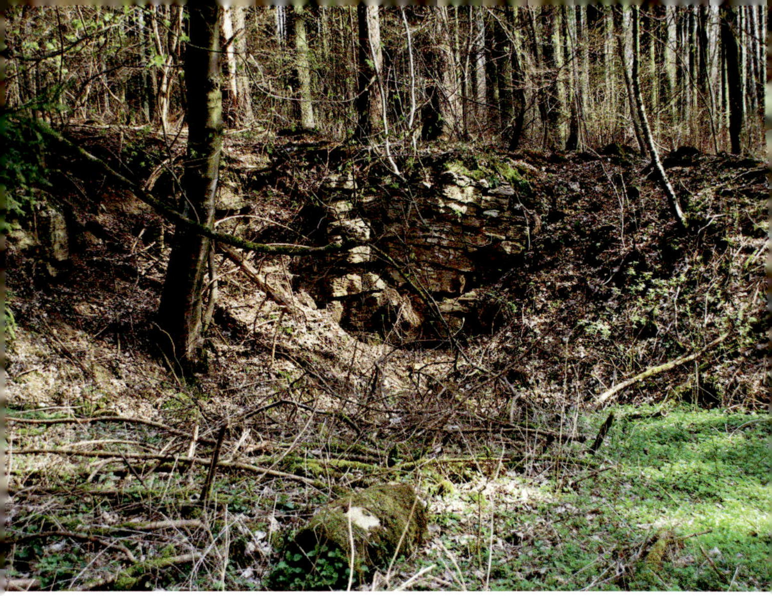

Ehemaliger obertägiger Steinbruch am Eggeweg

Auf dem Weg vom ehemaligen Forsthaus ins Bodental liegt südlich des Wegs ein kleiner alter Steinbruch. Vielleicht wurde hier einst auch **Eisenerz** gefunden; denn um 1607 wurde auf der Höhe danach geschürft. Damals trat das Eisenerz unter einer flachen Abdeckung mit Gesteinen der Unteren Unterkreide »vier Fuß stark« zutage. Noch 1802 wurde dem Altenbekener Hüttenbesitzer Ulrich ein Schürfschein über eine Fläche auf der Klusweide zugewiesen. Das gewonnene Eisen wurde in einem Eisenhammer am Hilgenbach südlich von Bad Driburg verarbeitet.

Auf dem weiteren Weg führt der asphaltierte Forstweg nun auf der Nordseite des **Ochsenberges** ins Bodental Der Eggeweg verläuft teils parallel dazu durch den Wald. In dem unübersichtlichen Talbereich nördlich der langen Kastanienreihe gibt es zwei weitere Erdfälle mit Bachschwinden.

Beidseitig des Wegs stehen zur Abwechslung gemischtaltrige Buchenwaldbestände. Nach rund 1,5 km stetigem Bergab kann man unmittelbar südlich des Forstwegs mehrere fast kreisrunde **Quelltöpfe** (25) entdecken. Sie fallen im Laufe des Jahres längere Zeit trocken und springen erst nach stärkeren Niederschlägen an. Dann sprudeln sie aber so reichlich, dass das darunterliegende bewaldete Bachtal zu neuem, grünem Leben erweckt wird.

Der auf der Südseite des **Bodentals** nach Westen verlaufende **Landdrostenweg** (26) wurde früher von den Landdrosten des Paderborner Bischofs auf dem Weg von ihrem Amtssitz in Dringenberg nach Paderborn benutzt. Er stellt einen Abzweig vom ⇨ **Hellweg** dar und wird in der Urkatasterkarte von 1838 als *»der Helle Weg vor dem Bohnen-Thal«* bezeichnet.

Im Bodental existierte im 18. Jahrhundert ein wohl den Paderborner Bischöfen gehörendes *»feines Glaswerk«*, das 1773 in einem Tumult von Bürgern aus dem nahen Schwaney zerstört wurde. Diese sahen sich durch die **Hüttenanlage** in ihren Rechten und Privilegien bezüglich der Hude, Triften und Tränke behindert. Eine Rodungsfläche nördlich des Wegs heißt bis heute »Hüttenwiese«. Wer hier oder am Landdrostenweg in Richtung ehemaliger Löschteich sucht, findet vielleicht noch oxydierte Glas- oder Tonscherben als Spuren der einstigen Glaserzeugung.

An der Ostseite des Bodentals tritt die Fichte wieder in den Vordergrund und begleitet den nun stetig steigenden Weg bis zur querenden Landstraße. Der Eggeweg meidet auch hier auf einem längeren Abschnitt den Forstweg und verläuft parallel dazu am Waldrand. Wir sind vom Muschelkalk wieder in den eher kargen Egge-Sandsteinbereich gewechselt. Trotzdem sind die breiten Saumstreifen links und rechts des Wegs an Sonnentagen von Schmetterlingen und anderen Insektenarten bevölkert.

Die jungen Waldflächen, Baumstubben und das Totholz weisen auf die Folgen des **Orkans Kyrill** hin, der am 18./19. Januar 2007 das öffentliche Leben in weiten Teilen Europas beeinträchtigte und mit extrem hohen Windgeschwindigkeiten im Wald zu großflächigen Windwurfschäden führte.

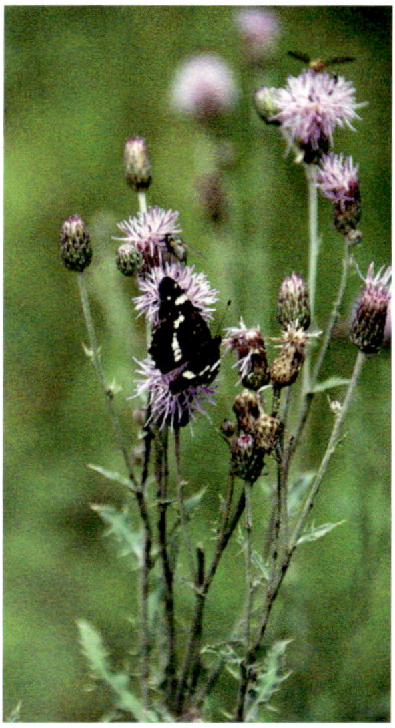

In den Saumstreifen am Weg kann man auch das »Landkärtchen« entdecken

Nach der Querung der Landstraße Schwaney–Neuenheerse (L 828) verläuft der Weg bis Herbram-Wald auf einem Fußweg neben der Straße. Der Eggeweg ist hier mehr ein Trampelpfad. Kurz vor Herbram-Wald passieren wir die ⇨ **ehem. Bahntrasse** **27** der Linie Hamm – Altenbeken – Warburg – Kassel. Seit 2003 wird die Egge durch einen Tunnel weiter südlich (bei Willebadessen) gequert. Die alte Strecke wurde stillgelegt und der Bahnhof Herbram-Wald, der fast 100 Jahre eine große

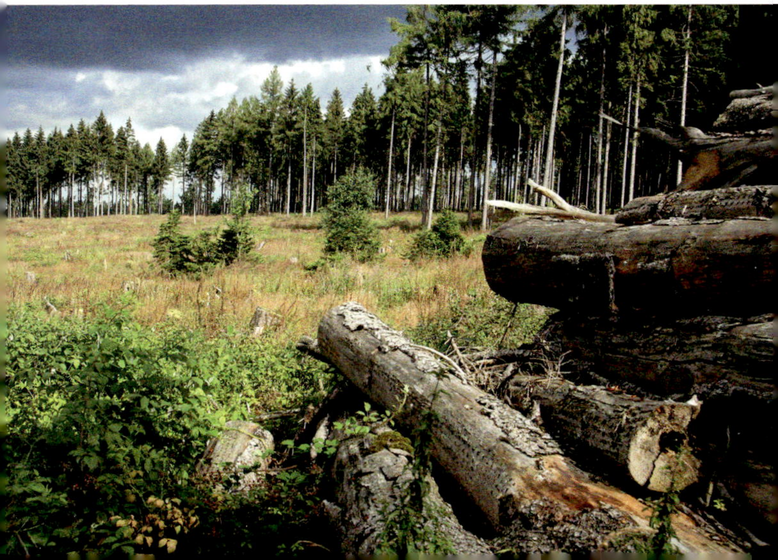

Windwurfflächen ermöglichen vorübergehend ganz neue Perspektiven

wirtschaftliche Bedeutung für den Ort hatte, abgerissen.

Am **Königsplatz** in Herbram-Wald, einem Ortsteil der ⇨ **Stadt Lichtenau**, erreichen wir den Endpunkt der Etappe und können uns in der Schutzhütte etwas erholen. Die Platzbezeichnung geht auf König Friedrich-Wilhelm IV. von Preußen zurück, der ganz in der Nähe am 21. Juli 1853 die damals gerade fertiggestellte, heute stillgelegte Bahnstrecke eingeweiht hat.

Im Zweiten Weltkrieg befand sich im heutigen Ort **Herbram-Wald** ein getarntes militärisches Lager der sog. »Wifo« (Wirtschaftliche Forschungsgesellschaft). Schon ab 1935 wurden in das 43 ha große Waldstück insgesamt zwölf Treibstofftanks mit je 200.000 Litern Fassungsvermögen eingebaut. Am 23. April 1945 setzten 124 Bomber der US-Luftwaffe die Tanks in vier Wellen in Brand.

Nach dem Krieg wurden hier Heimatvertriebene aus den damaligen deutschen Ostgebieten angesiedelt. Im ehemaligen, unmittelbar am Eggeweg gelegenen Verwaltungsgebäude der Wifo richtete man 1952 zunächst eine Volksschule ein. 1967 wurde eine Touristikgemeinschaft gegründet, damals noch Verkehrsverein genannt, der 17 Mitglieder aus Herbram-Wald angehörten. Ein Hotelier übernahm die alte Schule und baute sie zum **Hotel Tannenhof** um, das bis in die 1980er Jahre über die lokalen Grenzen hinaus ein beliebter Ausflugsort war (28).

Weitere Pensionen, ein Hotel und eine Minigolfanlage kamen hinzu. Im Laufe der Zeit verlor der Ort jedoch an Attraktivität. Mittlerweile ist der Tannenhof seit etlichen Jahren geschlossen. Dennoch wurden in Herbram-Wald 2001 noch rund 14.000 Übernachtungen registriert. Heute existieren nur noch zwei Pensionen in Herbram-Wald.

Rückwanderroute

Wer nach Bad Driburg zurückwandern möchte, sollte schon an der Kreisstraße 13 (nördlich der alten Eisenbahntrasse) über den **X2** bzw. **Z**-Weg nach **Neuenheerse** wandern. Dort

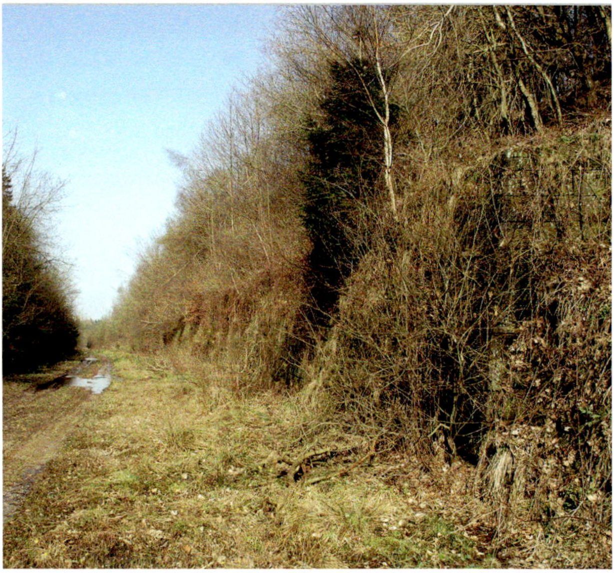

Die 2003 stillgelegte Bahnstrecke entwickelt sich zu einem wertvollen Lebensraum

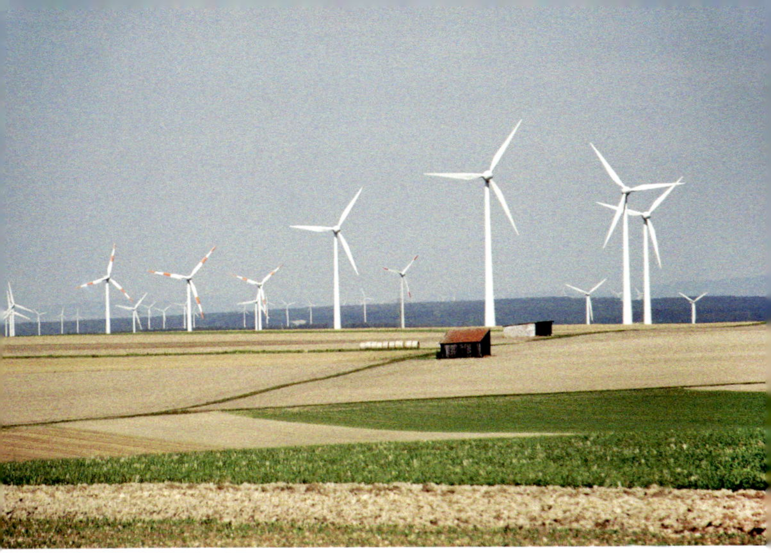

lohnen eine Besichtigung der reich ausgestatteten ehemaligen **Stiftskirche** und ein Besuch der kräftigen **Nethequelle** im Ortskern. Dann den **Z**-Weg weiter nach Norden am nahen **Dreigrenzenstein** vorbei folgen, bis man in Höhe Klusheide wieder den Eggeweg erreicht und diesem bis zum Ausgangspunkt wandert. (Gesamtlänge: ca. 9,7 km)

Windenergieparks überprägen ganze Landstriche

Exkurs
Stadt Lichtenau

■ Aus 15 zuvor selbständigen Gemeinden wurde 1975 die Stadt Lichtenau gebildet. Sie liegt inmitten der ⇨ **Paderborner Hochfläche** auf einem flachen Bergsporn zwischen den Tälern der Sauer und des Odenheimer Baches. Trotz seiner Lage an der alten »Holländischen Straße«, der jetzigen B68, blieb der Ort bis in die Gegenwart agrarisch geprägt. Die Nähe zu Hessen hat hier über Jahrhunderte das Schicksal der Menschen bestimmt: Immer wieder kam es zu kriegerischen Auseinandersetzungen zwischen dem Bistum Paderborn und der Grafschaft Waldeck. Erst 1815, nun unter dauerhafter preußischer Herrschaft, wurde es friedlicher. Von der ehemaligen **Lichtenauer Burg** ist der wohl noch aus dem 14. Jahrhundert stammende Wehrturm erhalten geblieben. Er wurde 1853 zum Wohnturm ausgebaut.

Die Stadt hat auch in ihren Ortsteilen einige Sehenswürdigkeiten aufzuweisen: Steinkammergräber aus der Jungsteinzeit in Atteln, die mittelalterliche ⇨ **Stadtwüstung Blankenrode** oder die barocke ⇨ **Wallfahrtsanlage** in Kleinenberg. Das ehemalige Augustiner-Chorherrenkloster in Dalheim, heute **LWL-Museum für Klosterkultur**, wartet im jährlichen »Dalheimer Sommer« mit exzellenten Konzerten und Theateraufführungen auf. Aufgrund der exponierten Lage befindet sich bei Lichtenau-Asseln an den westlichen Ausläufern der Egge der lange Zeit **größte deutsche Windpark** mit derzeit 62 Anlagen. Er erzeugt jährlich ca. 65 Millionen kWh Strom und deckt damit (rechnerisch) den Strombedarf von 50.000 Bürgern ab (2008). Zwei Drittel der Anlagen befinden sich im Eigentum von Bürgern aus der Region. ■

Tourist-Info: Am Kloster 9, 33165 Lichtenau,
Tel. (05291) 93 19 225, **www.lichtenau.de**

5 Herbram-Wald – Alte Eisenbahn

■ **Allgemeine Hinweise:** Zu Beginn der Etappe geht es zur »Teufelsküche«, eine der Klippenbildungen am Eggeweg. Auf dem weiteren Weg über den Kamm kann man die Ruhe und die Natur genießen. Alte Grenzsteine zeigen Einflussbereiche unterschiedlicher ehemaliger Landesherrschaften an. Weiter geht es vom Paderborner Berg zum höchsten Punkt des Abschnitts am Lichtenauer Kreuz. Von hier fällt der Weg leicht bergab bis zur Schlucht der »Alten Eisenbahn«. Auf dem Höhenweg über die Egge sind keine nennenswerten Auf- oder Abstiege zu bewältigen. Dafür sind längere Abschnitte pfadartig, uneben oder durch Baumwurzeln und hervortretenden Fels schwierig zu begehen und daher nicht für Gehbehinderte zu empfehlen.

⇨ **Karte S. 124–127**

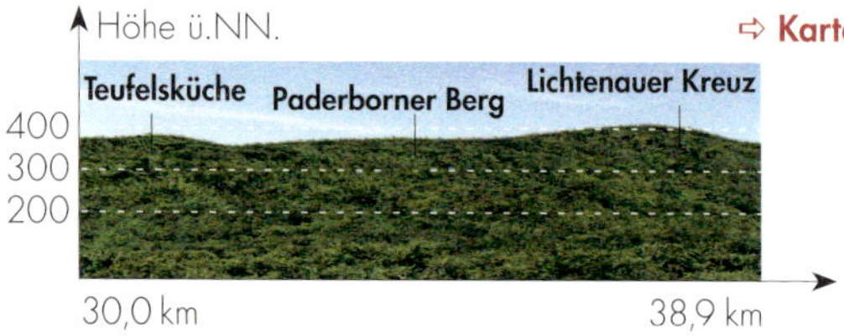

■ **Charakteristik:** *Länge:* 8,9 km; *Steigungen* über 10 %: 0,0 km; über 20 %: 0,0 km; *Auf-/Abstiege* in Höhenmetern: +90/-80; *Höhenlage:* 360 m bis 410 m ü.NN; *Wegebelag:* rund 96 % naturbelassen, rund 4 % Asphalt; *Gesamtbeurteilung:* leicht, teils unwegsam.

Mundloch des Stollens an der Teufelsküche

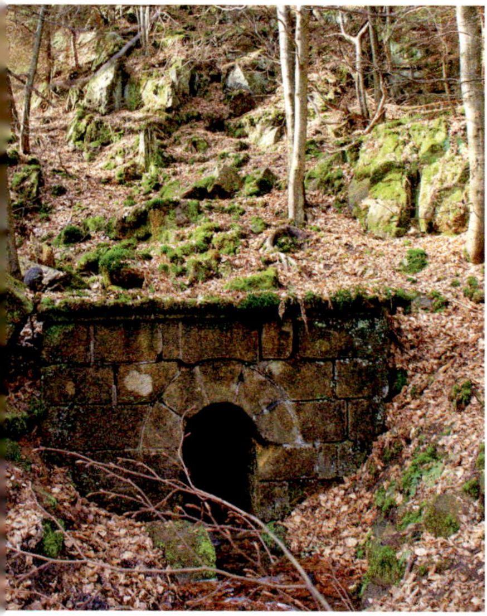

Von der Schutzhütte am Königsplatz in Herbram-Wald machen wir uns zunächst auf zur sog. »Teufelsküche«, die zu den eindrucksvollsten **Klippenbildungen** am Eggeweg gehört. Hierzu queren wir die Landstraße (L817) und wandern über den unbefestigten Forstweg durch den Fichtenwald zum Rand der Klippen. Am Ende des Weges biegt der Eggeweg nach Osten zum Klippenweg bzw. zur **Teufelsküche** (29) ab.

Am Fuß der Teufelsküche verlief noch bis 2003 die **Bahnlinie** Altenbeken–Kassel (⇨ Alte Eisenbahn, S. 79). Ein dort im Jahr 1870 angelegter etwa 200 m langer **Stollen**, der wohl der Wassergewinnung diente, ist heute wie das darüber befindliche Gelände ein geschütztes Winterquartier der Teichfledermaus.

Dort wo der Eggeweg vom Waldweg nach Osten abbiegt, steht in rund 25 m Entfernung der **Grenzstein Nr. 2**. Er ist einer von mehreren 1772 aufgestellten Schnatsteinen, die damals die Grenze zwischen dem Fürstbistum Paderborn (»Kreuz«) und dem adeligen Stift Heerse (»H«) markierten.

Der Eggeweg führt nun ein gutes Stück über Baumwurzeln und Fels südwärts an der Schichtstufe entlang. Auch hier liegt eine Reihe alter Sandsteinbrüche, deren Steine früher ein vorzügliches Baumaterial abgaben. Über einen durch Holzlatten gesicherten **Pfad** (30) kann man zu einem dieser alten Sandsteinbrüche hinabsteigen – dies empfiehlt sich nur für »geländegängige« Wanderer!

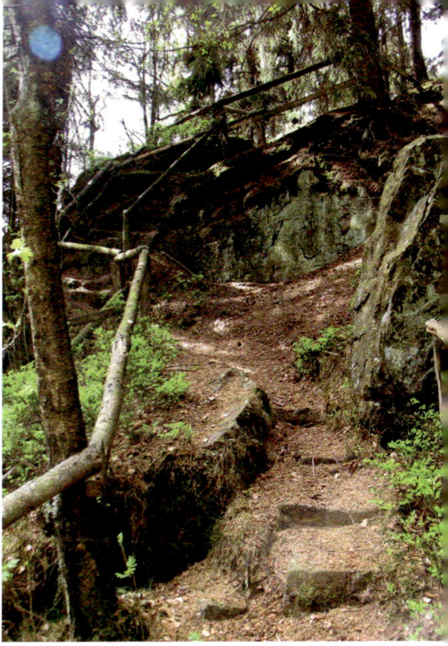

Gut festhalten: Pfad in den ehemaligen Steinbruch an der Teufelsküche

Über den unbefestigten Eggeweg geht es nun ein gutes Stück ganz gemütlich bergab. Besonders im Frühsommer durchströmt den Wald hier der harzige Geruch von Fichtennadeln. Der karge Unterwuchs in den schattigen Fichtenwäldern ist ein deutliches Zeichen dafür, dass wir uns weiter im sauren und nährstoffarmen Sandsteinmilieu bewegen. Trotzdem wird das Wandern nie langweilig, denn der Eggeweg verläuft hier pfadartig über scheinbar kaum noch benutzte Forstwege.

Die **Pfützen** auf dem Weg stellen wertvolle, aber nur zeitweilige Lebensräume dar. Solange sie feucht sind, suhlt sich hier das **Schwarzwild** und hinterlässt seine Trittsiegel im feuchten Schlamm. Ab März nutzen Frösche und Molche die kurze Zeitspanne, in der die Pfützen mit Wasser gefüllt sind, für ihre Fortpflanzung. Wasserläufer flitzen über die lehmig-trübe Wasserfläche, die sich wie eine gespannte, elastische Folie verhält.

Nach einiger Zeit erreichen wir die **Asselner Hütte**, in der wir unsere Gedanken in einer bereitgelegten Kladde niederschreiben können. Im Umfeld der Hütte sind beim Wintersturm Kyrill großflächig Fich-

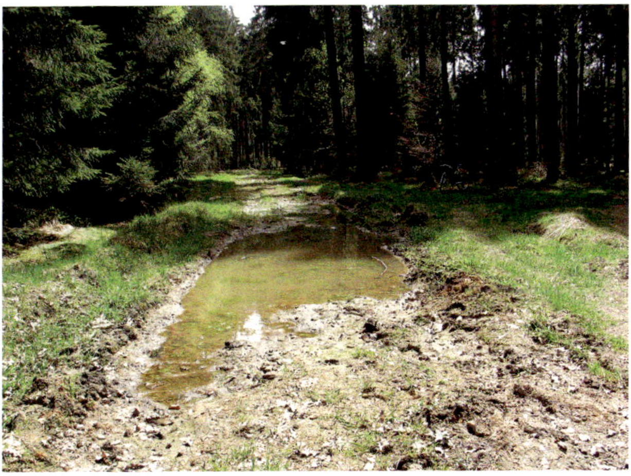

Wegepfützen können vorübergehend wertvolle Lebensräume darstellen

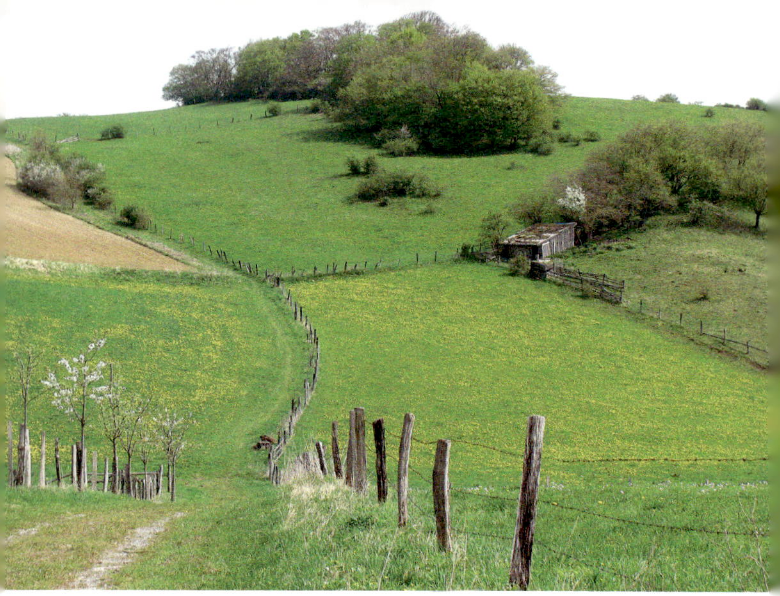

Reich gegliedertes Muschelkalk-Bergland im Nethegau

tenbestände umgefallen – auch die Vorgängerhütte wurde dabei zerstört.

Südlich davon verläuft der Eggeweg weiter pfadartig, teils auf, teils neben dem Waldweg und dabei feuchte Vertiefungen umgehend. Bald steigt er leicht, aber stetig bergan und wird trockener. Immer noch bestimmen junge Fichten das Waldbild. Da störende Zivilisationsgeräusche nun nahezu völlig fehlen, nimmt man jedes Geräusch wie den Gesang und die Rufe der Vögel intensiv wahr.

Kurzfristig geht es dann wieder an der **Abbruchkante** entlang. Von hier ergeben sich besonders in der laubfreien Zeit Ausblicke nach Osten ins Nethetal bzw. in den **Nethegau**. Dieser Begriff ist, auch wenn er altmodisch klingt, in der Region durchaus noch gebräuchlich. Er ist nach dem kleinen Flüsschen **Nethe** benannt, das in der Egge entspringt und südlich von Höxter in die Weser mündet.

Der Nethegau, auch »Oberwälder Land« genannt, umfasst das zwischen Egge und Weser liegende Brakeler Bergland mit den Städten Brakel und Bad Driburg im heutigen Kreis Höxter. Nach der Unterwer-

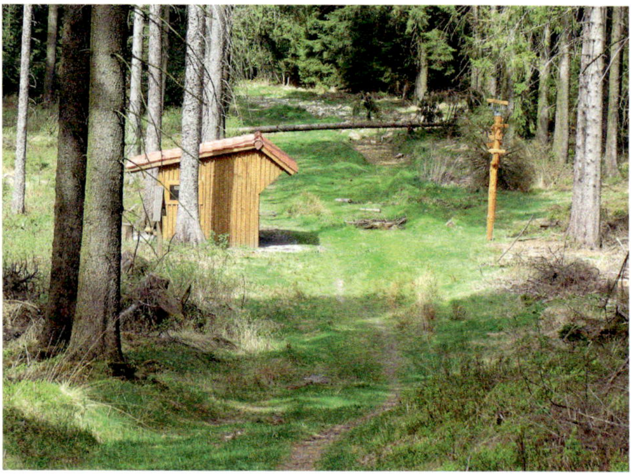

Idyllisch mitten im Wald gelegen: die Asselner Hütte

fung der Sachsen etablierten die Franken hier das sog. Grafschaftsprinzip, nach dem jeweils ein Gau-Graf (comes, grafio) dem Gau vorstand.

Das **Quellgebiet der Nethe** liegt östlich des Eggekamms. Der Gewässerlauf und große Teile der von Grünland dominierten Talaue wurden wegen ihrer Naturnähe unter Schutz gestellt. Die dortigen Vorkommen der Kleinfischarten **Groppe** und **Bachneunauge** sind von überregionaler Bedeutung. Den Beständen seltener Unterwasserpflanzen wie *Durchwachsenes Laichkraut* und *Haarblättriger Wasserhahnenfuß* kommt ebenfalls besondere Bedeutung zu. Die Uferabbrüche der Prallhänge und der Fischreichtum bieten dem **Eisvogel** geeignete Lebensbedingungen. Das Gewässer mit seiner Aue ist auch ein Lebensraum für Rohrweihe, Bekassine, Rotmilan, Schwarzstorch, Wachtelkönig sowie Neuntöter.

Schließlich erreichen wir die Schutzhütte am **Paderborner Berg**. Die Bergkuppe ist recht flach und zudem durchgehend bewaldet, so dass Ausblicke in die Landschaft von hier kaum möglich sind. Alternativ ergeben sich aber immer

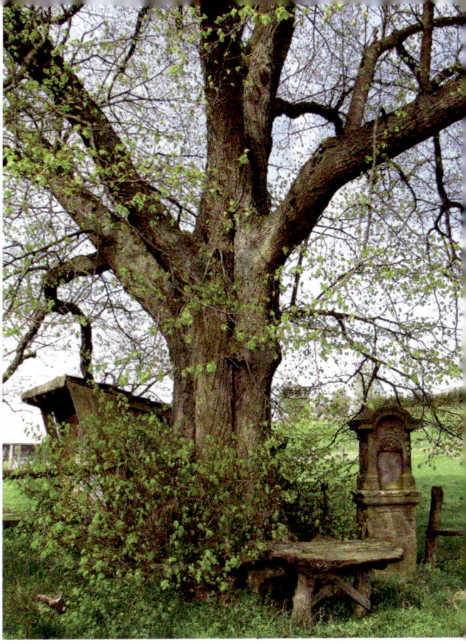

Alten Linden mit Bildstöcken oder Kreuzen begegnet man oft im Nethegau

wieder weite Blicke über ausgedehnte **Windwurfflächen** mit ihrer speziellen Vegetation aus Fingerhut und Straußgras. Im Talgrund liegt die ⇨ **Stadt Willebadessen** mit ihrem ehemaligen Benediktinerinnenkloster.

Weit entfernt von größeren Straßen wäre es hier oben an der Schutzhütte eher ruhig, wenn da nicht manchmal sonderbare Geräusche auf sich aufmerksam machten. Diese stammen zum einen von **Segelfliegern**, die den Paderborner Berg offenbar gern ansteuern, um – die Aufwinde nutzend – in immer größere

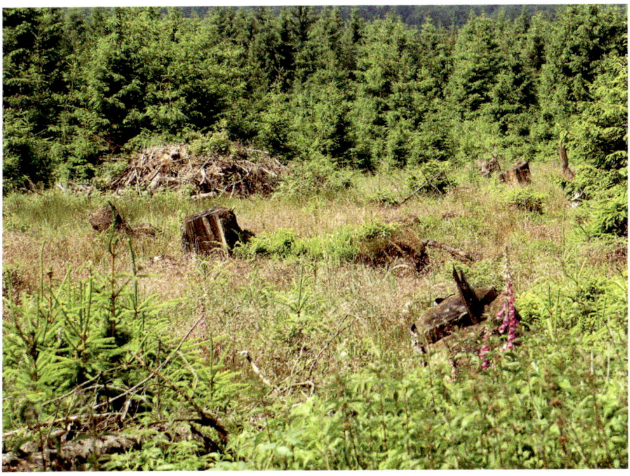

Windwurfflächen stellen attraktive Biotope im Wald dar

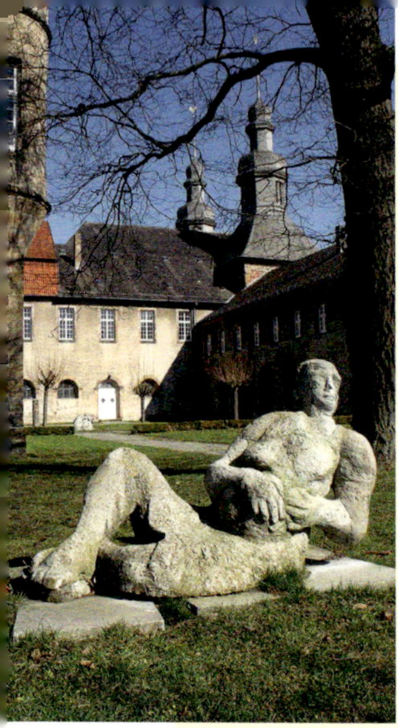

Die 1975 aus dreizehn zuvor selbständigen Gemeinden gebildete **Stadt Willebadessen** liegt am Osthang der Egge und wird vom Flüsschen Nethe durchzogen. Der höchste Punkt der Stadt liegt an den **Teutoniaklippen** auf 430 m ü. NN, der tiefste mit 160 m immerhin rund 270 m tiefer. Größte Sehenswürdigkeit Willebadessens ist das 1149 gegründete ehemalige **Benediktinerinnenkloster**. Die ursprünglich romanische dreischiffige Pfeilerbasilika mit ihren Konventsgebäuden und dem Kreuzgang ist bis heute prägendes Zentrum des Luftkurortes. Diese Bauten gingen ab 1810 zunächst in Adelsbesitz über und sind seit 1978 im Besitz der **»Stiftung Europäischer Skulpturenpark Willebadessen«**. Eine rund 7 ha große Parkanlage umgibt die historischen Gebäude wie ein grüner Kranz.

Exkurs
Stadt Willebadessen

An das früher hier verbreitete Ziegenhüten wird seit einiger Zeit mit dem Willebadessener **Hitgenheier-**(»Ziegenhüter«)**Markt** erinnert. Das **Wildgehege** am Fuß der Egge (mit Reh-, Rot-, Dam-, Sika-, Schwarz- und Muffelwild) erstreckt sich rund um ein ökologisch interessantes Teichgelände (kostenloser Eintritt). – Auf dem Weg von Borlinghausen nach Peckelsheim wächst beim Längenberg die »Dicke Eiche«, auch **»Rieseneiche von Borlinghausen«** genannt. Mit einem Stammumfang von 11 Metern ist sie eine der stärksten Eichen Westfalens und hat ein geschätztes Alter von (tatsächlich!) über tausend Jahren. Der Sage nach soll sie – wer auch sonst? – Karl der Große gepflanzt haben.

Tourist-Info: Willebadessen: Klosterhof 1a, 34439 Willebadessen, Tel. (05646) 94 20 93, **www.willebadessen.de**
Lichtenau: Am Kloster 9, 33165 Lichtenau, Tel. (05291) 93 19 225, **www.lichtenau.de**

Skulpturenpark im ehemaligen Kloster

»Dicke Eiche« am Weg nach Borlinghausen

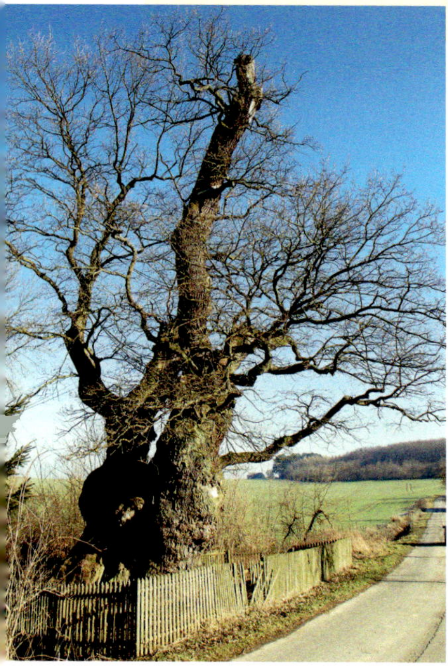

Höhen zu gelangen. Zum anderen sind es die Rufe der **Kolkraben**, den größten heimischen Krähen, die hier in der Egge mittlerweile wieder relativ gut verbreitet sind. Ihr Ruf erinnert an Glockengeläut. Mit etwas Glück kann man die meist paarweise auftretenden Rabenvögel auch zu Gesicht bekommen.

Rund um die Paderborner Hütte kann man sich zu den entsprechenden Jahreszeiten mit Blaubeeren, Brombeeren oder sogar **Walderdbeeren**, die hier wohl auf einer kleinen Kalkinsel wachsen, versorgen. Südlich der Hütte steigt der pfadartige Weg über Baum-

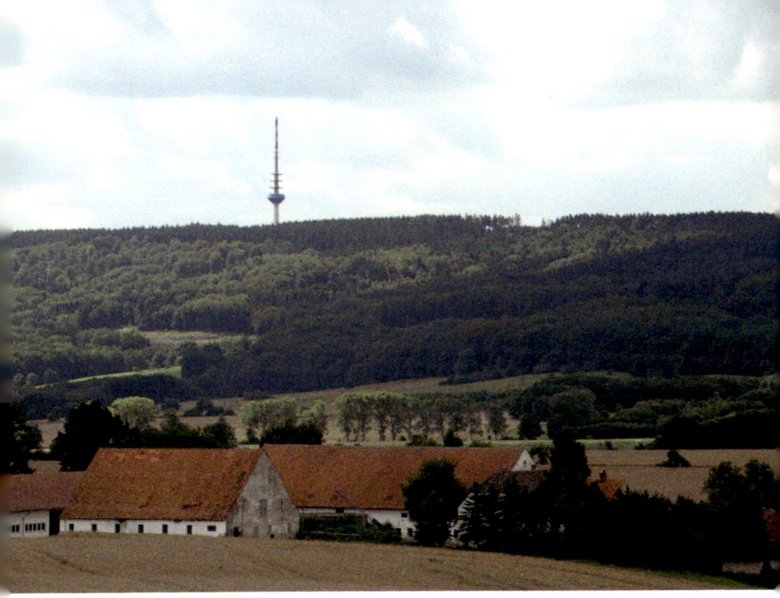

Gut Wertheim vor dem Eggekamm mit dem Fernmeldeturm Willebadessen

wurzeln, Buckel und Vertiefungen kontinuierlich leicht bergan. Beidseitig steht dichter Fichtenwald bis an den Wegesrand. Sonne und Wolken und das damit verbundene Spiel von lichtdurchflutetem, warmen Waldsaum und dunklem kühlen Waldschatten machen auch dies – abseits der Alltagshektik – zu einem besonderen Erlebnis.

Am Wegesrand kann der aufmerksame Wanderer einige alte **Schnatsteine** entdecken, so die Steine Nr. »W 38« oder »W 35«. Südlich von »W 35« beginnt ein rund 1 km langer grüner **Saumstreifen** neben dem hier teils geschotterten Waldweg: für die Tiere des Waldes eine willkommene Bereicherung der Speisekarte und ein wertvoller Lebensraum für Schmetterlinge und andere Insekten. Auf der Ostseite des Wegs befindet sich eine Waldparzelle mit der hier eher selten wachsenden Lärche.

Der Eggeweg steigt nun zum **Lichtenauer Kreuz** (31) kontinuierlich bis auf rund 420 m ü. NN an. Das Kreuz steht an der Passstraße von Lichtenau nach ⇨ **Willebadessen** und erinnert an ein tödliches Fuhrwerkunglück. Unübersehbar ragt ganz in der Nähe der gewaltige **Fernmeldeturm** in die Höhe. Der etwa 156 m

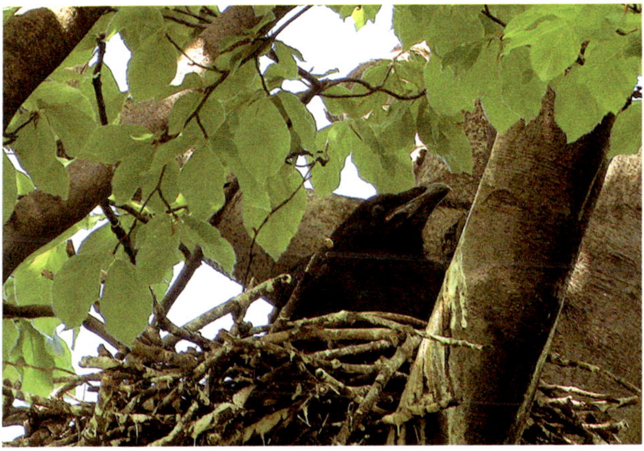

Intelligenter und aufmerksamer Egge-Bewohner: der Kolkrabe

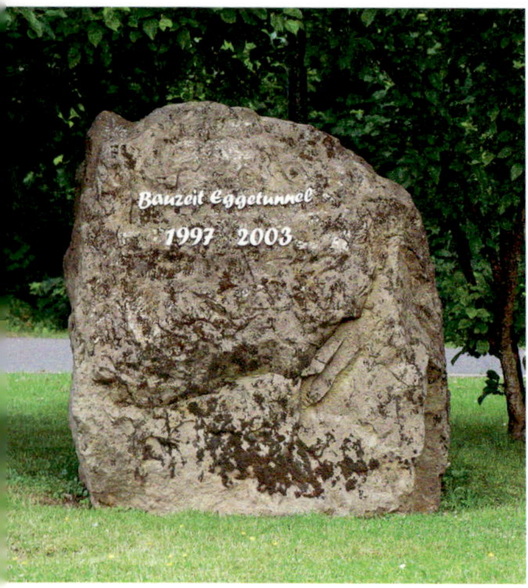

Erinnerung an den Bau des Eggetunnels

hohe Stahlbetonturm (inklusive 23,50 m langer Antenne) wurde 1989 errichtet. Während er früher Fernsehprogramme übertrug, dient er heute lokalen Radiosendern wie dem »Radio Hochstift« für die Kreise Höxter und Paderborn und dem Mobilfunk.

Vom ▲-Weg aus gelangen wir nach ⇨ **Willebadessen** hinunter. Unterhalb des Lichtenauer Kreuzes liegt der **Bahnhof** Willebadessen, der im Zuge der Neutrassierung der Bahnstrecke Paderborn-Altenbeken–Warburg–Kassel reaktiviert wurde. Von 1997 bis 2003 entstand ein neuer, 2.880 Meter langer Eisenbahntunnel, der **Eggetunnel**. So wurde die alte, den Kamm oberirdisch querende Trasse östlich der »Teufelsküche« überflüssig und zurückgebaut. Aufgrund der schwierigen geologischen Verhältnisse war es dort mehrfach zu Hangrutschen gekommen.

Südlich der Passstraße an der **J.-Kiene-Hütte** ist der Eggeweg zunächst ein Stück asphaltiert. Den weiteren Weg säumen meist mittelalte Fichtenbestände, bis wir an der Schlucht der ⇨ **Alten Eisenbahn** (32) unser Etappenziel erreichen.

Ein Besuch der sehenswerten Spuren dieses gescheiterten **Tunnelprojekts** lohnt sich! Auf der Westseite kann man von der Felswand hinunter den See vor dem ehemaligen Tunneleingang entdecken, wobei der Blick durch dichtes Buschwerk erschwert wird. ***Tipp:*** Wer nach der gefluteten Westseite auch den trockenen, eindrucksvoll-schluchtartigen Einschnitt auf der **Ostseite** (33) besichtigen möchte, sollte die Passstraße an der Schutzhütte »Alte Eisenbahn« überqueren und hier dem **A2** bergabwärts folgen.

Durch das westlich hieran anschließende **Schönthal** verlief im Mittelalter eine bedeutende Fracht-, Post- und Heerstraße, die sog. »Holländische Straße« (⇨ Passwege, S. 12).

Rückwanderroute

Es gibt hier zwei Möglichkeiten: a) Von der Schutzhütte über

Aus Osning-Sandstein errichtet: der Bahnhof Willebadessen

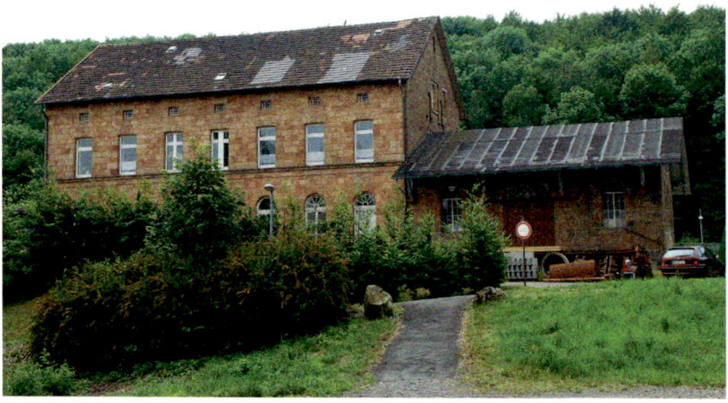

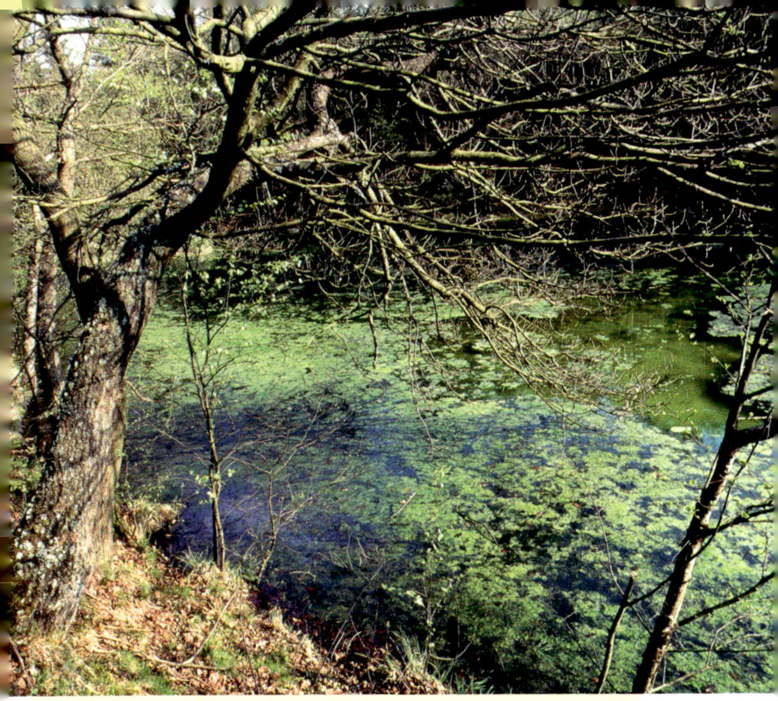

Exkurs
Alte Eisenbahn

■ Die heute wie ein verwunschenes Naturidyll wirkende **»Alte Eisenbahn«** ist eine ehemalige Großbaustelle im Eggegebirge. Im Zuge der Erbauung der Bahnlinie Paderborn–Warburg wurde hier von 1846 bis 1848 von beiden Gebirgsseiten aus ein **Kammdurchbruch** versucht. Geplant war ein 600 Meter langer Tunnel; rund 500 Arbeiter waren bei dem Bauprojekt beschäftigt.

Als die Zugänge zu beiden Tunnelportalen fast fertiggestellt waren, kam es zu Erdrutschen und massiven Wassereinbrüchen. Es bildeten sich **Stauwasserbecken**, die die schluchtartigen Einschnitte teilweise gänzlich ertränkten. Ursache waren die hydrogeologischen Verhältnisse am Eggekamm: Während der **Westeinschnitt** (32) das Einzugsgebiet der Sauer (deren Wasser dem Rhein zufließt) berührte, lag der **Osteinschnitt** (33) im weit verzweigten Quellgebiet des Hellebaches, der sich im Einzugsbereich der Weser befindet. Beide Quellbereiche waren nur etwa 500 Meter vom geplanten Tunnel quer durch diese Wasserscheide entfernt.

Nachdem die ursprüngliche Betreibergesellschaft – nicht zuletzt auch wegen dieses Fehlschlages – zahlungsunfähig geworden war, erstellte deren Nachfolgerin, die »Westfälische Eisenbahn«, die Bahnstrecke auf einer anderen Trasse, die von Altenbeken kommend die Egge bei Herbram-Wald ohne Tunnel, aber mit tiefen Einschnitten überwand. Diese Trasse wurde im Jahr 2003 nach dem Bau des **Eggetunnels** bei Willebadessen stillgelegt. ■

Oben und Folgeseite: Ehemals Großbaustelle, heute Naturidyll: die »Alte Eisenbahn«

den **A2** nach Westen, dann auf dem **I**-Weg nach Norden bis Herbram-Wald (Gesamtlänge 9,9 km); oder b) Schon etwa 170 m vor der Schutzhütte über den **△**-Weg nach Osten bis vor Willebadessen, hier weiter über den **O**-Weg bzw. den »Kreiswanderweg Höxter« nach Neuenheerse. Ab hier über den **X2** (»Burgensteig«) zum Eggeweg etwas nördlich von Herbram-Wald (Gesamtlänge ca. 12,1 km).

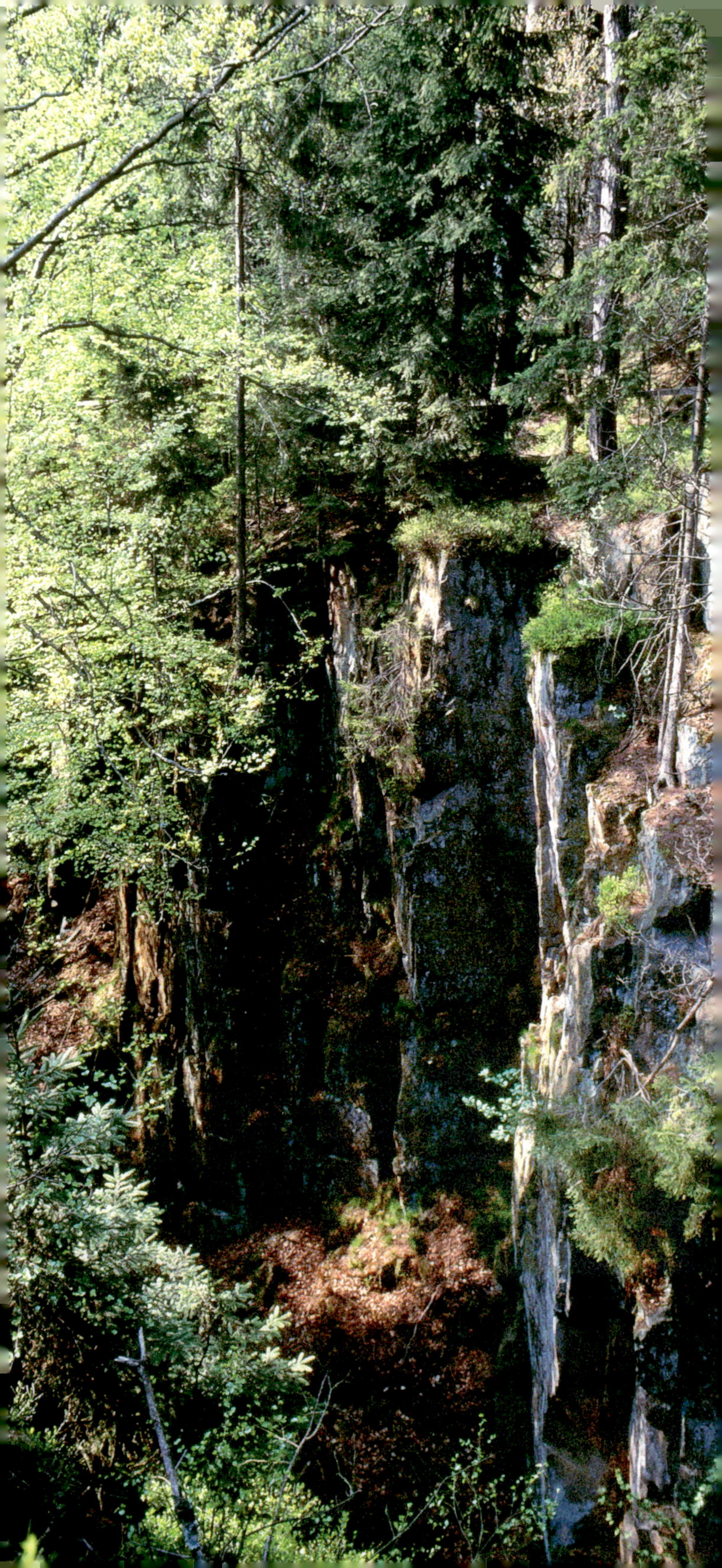

Alte Eisenbahn – Borlinghauser Hütte

Allgemeine Hinweise: Dieser Abschnitt ist reich an Naturschönheiten und alten Geschichten. Am »Kleinen Herrgott« kann man sich für einen kleinen, lohnenden Umweg über die ehemalige Wallburg Karlsschanze und den Klippenweg zum Opferstein entscheiden. Vom Försterkreuz führt der Weg weiter zu den Teutoniaklippen. Nur wenige Meter vom Eggeweg entfernt, bietet der Aussichtsturm »Bierbaums Nagel« einen herrlichen Rundblick und Picknickmöglichkeiten. Auf dieser kürzesten und leichtesten Etappe des Eggewegs sind keine besonderen Auf- oder Abstiege zu bewältigen. Lediglich der in einigen Bereichen pfadartige und naturbelassene Weg erfordert erhöhte Aufmerksamkeit.

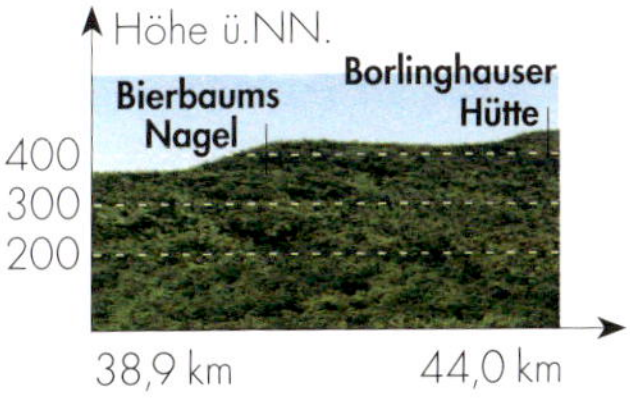

⇨ **Karte S. 128–129**

Charakteristik: *Länge:* 5,1 km; *Steigungen* über 10 %: 0,0 km; über 20 %: 0,0 km; *Auf-/Abstiege* in Höhenmetern: +80/-20; *Höhenlage:* 370 m bis 430 m ü.NN; *Wegebelag:* rund 96 % naturbelassen, rund 4 % Asphalt; *Gesamtbeurteilung:* leicht, teils unwegsam.

Startpunkt der Etappe ist die Schutzhütte an der ⇨**»Alten Eisenbahn«**; von hier verläuft der Eggeweg rund 200 m entlang der Passstraße nach Süden und biegt dann von der Straße auf einen leicht zu übersehenden naturbelassenen Pfad nach Südosten ab. Schon bald mündet dieser auf einen geschotterten Forstweg, dem wir südwärts folgen.

Über den von Fichtenwald flankierten Weg erreichen wir den **Kleinen Herrgott** (34), der etwas versteckt an einem Wegedreieck steht. Schon zu Zeiten Karls des Großen, sagt man, soll an dieser Stelle ein Christenkreuz errichtet worden sein. Dies sollen die »heidnischen« Sachsen im Hinblick auf ihre Götter, die sie am viel größeren Felsblock ⇨»Fauler Jäger« verehrten, verächtlich »Kleiner Herrgott« genannt haben – so die Sage (⇨ **Sachsen & Franken**). Wahrscheinlich sind die beiden Steine tatsächlich die Reste eines Denkmals, vielleicht eines Kreuzbildes.

Gegenüberliegende Seite: Schluchtartiger Osteinschnitt der »Alten Eisenbahn«

Tipp: Vom Kleinen Herrgott aus führt eine lohnende **Alternativroute** (**1** bzw. **A2**) zur ca. 0,5 km entfernten ⇨ **Karlsschanze** (35), eine der größten vorgeschichtlichen Wallburgen Westfalens. Von hier gelangt man weiter zum ⇨ **Opferstein** und **Faulen Jäger** (36). Auf dem Weg zur Karlsschanze er-

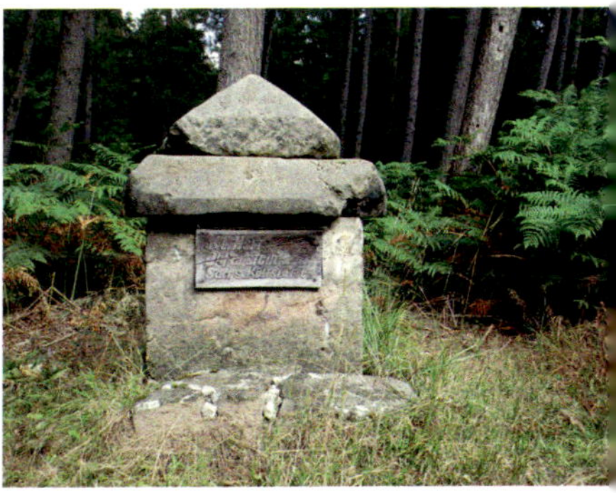

Die Geschichte des »Kleinen Herrgotts« liegt im Dunkeln

Exkurs Karlsschanze (35)

■ Die Karlsschanze gilt als eine der mächtigsten **frühzeitlichen Wallburgen** Westfalens. Sie stammt wahrscheinlich aus sächsisch-karolingischer Zeit und liegt am Schnittpunkt des Egge(kamm-)wegs und des bequemen Passes von der Paderborner Hochfläche über Kleinenberg nach Willebadessen ins Gebiet der Weser. Schon in ältester Zeit diente sie vermutlich als **Fluchtburg**. Die ovale, 350 x 250 m große Kuppe fällt nach Osten, Westen und Norden steil ab. Gräben, Stein- und Erdwälle gaben zusätzlichen Schutz. Der **innere Ringwall** lässt deutlich die Reste einer ehemals 4 Meter hohen Mauer aus übereinander geschichteten Sandsteinen erkennen. Die Wälle und auch die Senke über der verschütteten ehemaligen **Burgquelle** sind noch sichtbar. Etwa 40 m südlich und östlich des Kernwalls verläuft ein mächtiger **Vorwall** mit tiefem Außengraben von der Klippenkante zur südwestlichen Steilkante. Die Gesamtlänge der Wälle beträgt drei Kilometer.

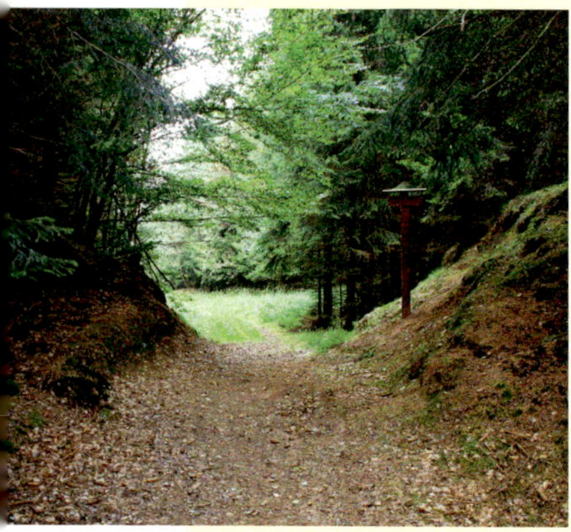

Südlicher Zugang zur Karlsschanze

Früher hieß die Wallanlage **Behmburg**. Ihren Namen »Karlsschanze« erhielt sie erst im 17. Jahrhundert durch den Paderborner Bischof Ferdinand von Fürstenberg (1661–83), der fälschlicherweise annahm, dass Karl der Große die Burg erbaut habe, um sich gegen die Sachsen zu verschanzen. Die Wallburgen im Teutoburger Wald und der Egge werden immer wieder mit den kriegerischen Auseinandersetzungen zwischen Germanen und Römern sowie ⇨ **Sachsen & Franken** in Verbindung gebracht. Andere bekannte Wallburgen sind z.B. das Sachsenlager auf dem Tönsberg bei Oerlinghausen oder die Grotenburg am Hermannsdenkmal.

Anders als früher gibt es von der Karlsschanze keine Ausblicksmöglichkeit mehr; auch die Wallburg selbst ist überwiegend bewaldet. Lediglich ein Ringweg führt durch die Karlsschanze. Von der Nordost-Ecke der Schanze verläuft der **A2** an den Teutoniaklippen entlang zum ⇨ **Faulen Jäger** (36) und zur **Gertrudenkammer**. Besonders vor dem Laubaustrieb ergeben sich auf dem Weg dorthin von der Klippenkante schöne Ausblicke in die Landschaft. ■

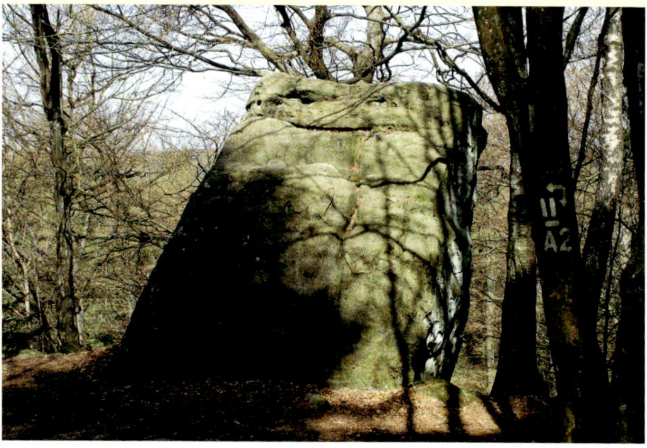

Der »Faule Jäger« ist ein mächtiger, 6 m hoher Sandsteinblock

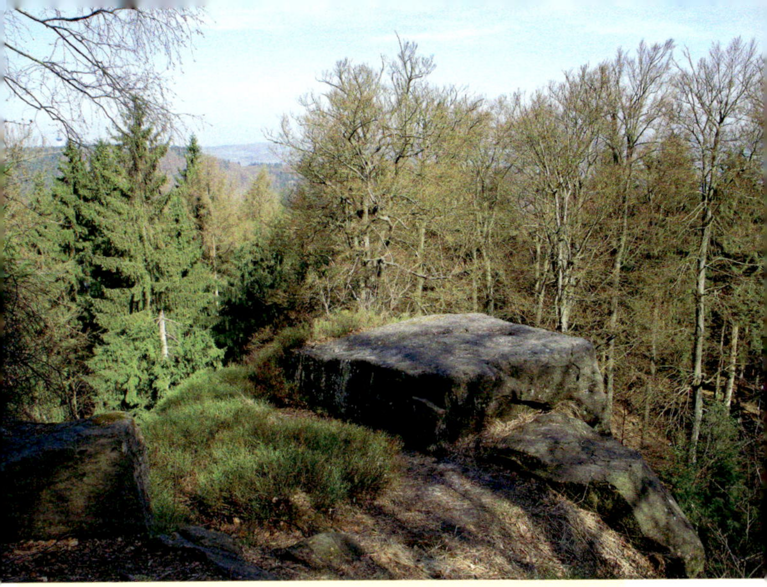

■ Südwestlich der Karlsschanze locken den Wanderer **Felsformationen** mit mythisch anmutenden Namen wie »Opferstein«, »Fauler Jäger«, »Drudenhöhle« oder »Gertrudenkammer«. An dem wildromantischen Ort am Nordende der **Teutoniaklippen** kann man sich lebhaft vorstellen, dass die sonderbaren Steine und aussichtsreichen Felsen schon in grauer Vorzeit als Versammlungsorte oder gar als Opferstätten gedient haben mögen. Tatsächlich sollen die **Sachsen** ihren Göttern Donar, Wotan und Saxnot sowie verschiedenen Dämonen Tier- und auch Menschenopfer dargebracht haben. Viele unserer Märchen und alten Sagen spiegeln den alten Glauben in ihren Figuren wider, zu denen Kobolde und Wichte, Riesen und Zwerge, Elfen und Nixen, Nornen und Hexen, Werwölfe, Berserker und Wiedergänger, Zauberer und Naturgeister gehören.

Exkurs
Opferstein, Fauler Jäger
36

Der »Opferstein«: oben ein hervorragender Aussichtsplatz, von unten erkennt man die »Gertrudenkammer«

Der sogenannte **»Opferstein«** ist eine vom übrigen Fels isolierte, fast quadratische Klippe an der Schichtstufenkante der Egge. Ganz in ihrer Nähe liegt auch der **»Faule Jäger«**, ein mächtiger Sandsteinblock von 6 m Höhe und 24 m Umfang. Auch von diesem Fels wird vermutet, dass er für die Sachsen eine Rolle bei der Ausübung ihres Götterkults einnahm. Einer Sage nach hat sich hier ein sächsischer Wachposten, der »Faule Jäger«, von einem fränkischen Krieger überrumpeln lassen. Neben den Felsen führt ein steiler Abstieg zur **Gertrudenkammer** hinab. Vorsicht, der Abstieg ist unwegsam! Die Gertrudenkammer ist eine durch Verwitterung und Auswaschung des Osning-Sandsteins herausgearbeitete **Felsnische** unterhalb der Klippen. Unter diesem schützendem Dach sollen der Sage nach einst die Druidin Wala, eine greise Priesterin, sowie die Eremitin Gertrud gelebt haben. ■

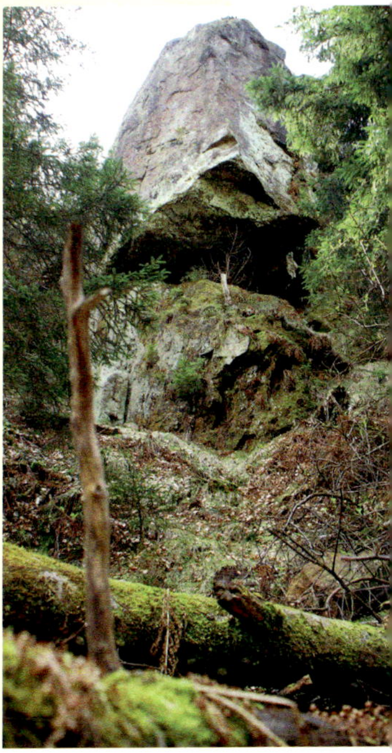

Exkurs
Sachsen & Franken

■ Seit der Mitte des 5. Jahrhunderts lag das heutige Westfalen im Spannungsfeld zwischen den Franken und Sachsen. Spätestens ab dem Jahr 771 stellten die Franken unter **Karl dem Großen** ein geeintes politisches Reich dar, wohingegen die Sachsen zu diesem Zeitpunkt eher einen lockeren Stammesverband bildeten. In den »*Annales regni Francorum*« von 777 wird der sächsische Anführer **Widukind** erstmals erwähnt, als Karl der Große einen Reichstag in Paderborn abhielt. Karl meinte zu dieser Zeit, die Sachsen, die er als Einheit sah, bereits unterworfen zu haben. Während Abgesandte aus allen Teilen Sachsens anwesend waren, fehlte Widukind ausdrücklich. Erst nach Jahren erbitterter Kämpfe schien mit der **Taufe Widukinds** 785 in Attigny »ganz Sachsen« unterworfen zu sein.

Nach einer nur kurzen friedlichen Periode flammten die Kampfhandlungen ab 795 erneut auf, beschränkten sich aber auf die nördlichen Stammesgebiete der Sachsen. Mit den im Jahr 804 endenden **Sachsenkriegen** unterwarf Karl schließlich nicht nur das Land, sondern zwang die Besiegten zugleich, das **Christentum** anzunehmen. Anhänger der heidnischen Religionen wurden hart bestraft. Bei der Etablierung des Christentums spielte das **Bistum Paderborn** eine zentrale Rolle. Bei einer synodalen Versammlung im Jahr 799 besiegelten Kaiser Karl der Große und Papst Leo III. die Gründung der Bistümer Paderborn, Minden, Münster, Osnabrück, Verden und Bremen und damit ein weitmaschiges Netz an Taufkirchen (den sog. **Urpfarrkirchen**). ■

innert das ⇨ **Krahekreuz** (37) an den 1885 von Wilddieben erschossenen Förster Krahe. Vom »Faulen Jäger« aus erreicht man über den **A2** bald wieder den Eggeweg.

Wer vom »Kleinen Herrgott« aus den leicht, aber stetig ansteigenden Eggeweg weiterwandert, durchstreift einen etwas monoton wirkenden Fichtenwald. Dafür wird man aber mit einer wohltuenden Stille belohnt. Rund 100 m vor der **Krollhütte** erreicht man einen Grenzstein und bald darauf einen weiteren mit Wanderwegmarkierungen. Ganz in der Nähe steht unübersehbar ein großes Holzkreuz, das ⇨ **Försterkreuz** (38).

Von hier aus führt der Eggeweg als unbefestigter Waldweg weiter nach Süden.

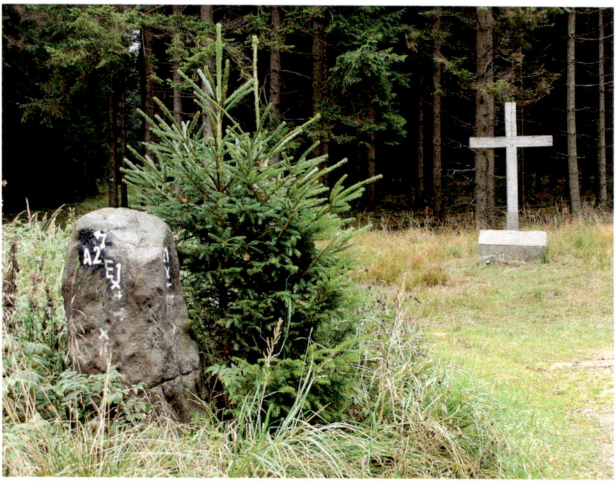

Grenzstein und Försterkreuz im Revier »Kleiner Herrgott«

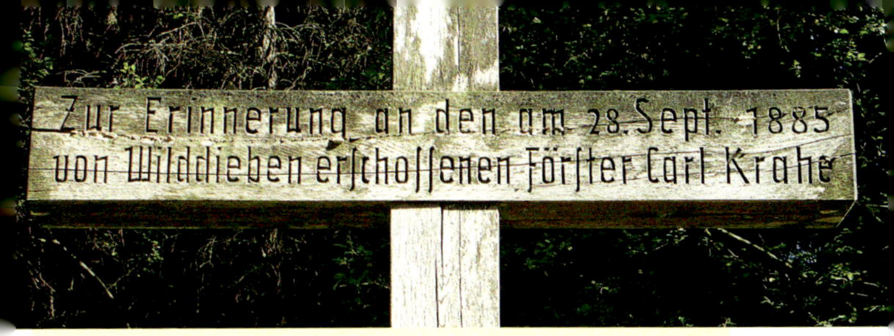

Exkurs

Försterkreuz und Krahekreuz 37 38

■ Wie die Inschrift auf dem **Försterkreuz** Auskunft gibt, wurden hier am 31. Mai 1880 die beiden Förster E. Gieß und J. Steinsträter von Wilderern ermordet. Darunter befindet sich mit stark verwitterter Inschrift der Originalgedenkstein. Aus den damaligen Gerichtsakten geht hervor, dass die beiden Förster am frühen Morgen im Revier »Kleiner Herrgott« eine gemeinsame Streife auf Wilderer unternommen hatten. Am selben Morgen war auch ein Kleinenberger Bürger im Wald unterwegs, um Birkenreiser zum Besenbinden zu schneiden, als er leise Hilferufe hörte. Er fand den schwerverletzten Förster Gieß und holte umgehend Hilfe. Der Förster verstarb jedoch noch beim Abtransport aus dem Wald. Er hatte aber in sein Notizbuch geschrieben: »H. hat zweimal auf mich geschossen.« Sein Forstgehilfe Steinsträter hatte diesen verfolgt, wurde dabei aber ebenfalls aus nächster Nähe erschossen. Der als Täter bezeichnete »H.« war bereits zuvor beim Wildern gefasst worden und hatte gerade eine Zuchthausstrafe in Münster verbüßt. Er und ein weiterer Beteiligter konnten sich der Polizei jedoch geschickt entziehen. Das Ganze ging so weit, dass der Wald nur noch mit Passierschein betreten werden durfte, während die Gendarmerie des Hochstiftes und zeitweise 120 Bückeburger Jäger, also Soldaten, den Wald ergebnislos durchkämmten. Später erfuhr man, dass die beiden Täter nach Amerika entkommen waren. Sie sollen dort ein unrühmliches Ende gefunden haben.

Das **Krahekreuz** erinnert an den am 28. September 1885 ebenfalls von Wilddieben erschossenen Förster Carl Krahe. Besonders tragisch war, dass der Förster seinen Dienstort wechseln wollte und sich an diesem Tag gerade von seinen Kollegen verabschiedet hatte. Auf dem Weg nach Hause muss er auf die Wilderer gestoßen sein. Schwerverletzt versuchte er vergeblich, durch Signalschüsse Hilfe herbeizuholen. Am anderen Morgen fand man ihn tot im Wald. Zwei in Frage kommende Wilderer konnten fliehen. Während man den einen in England fasste und in Deutschland zu einer lebenslangen Haft verurteilte, wurde der andere zunächst verhaftet, konnte dann aber als Pater verkleidet fliehen und nach Amerika entkommen. Als er kurz vor dem Ersten Weltkrieg zurückkam, war die Tat verjährt und er blieb unbehelligt. Bald wilderte er aber wieder und diesmal wurde er von einem Förster erschossen. Seine letzten Worte sollen *»Kommen Sie nur heran, ich habe denselben Schuss wie Krahe!«* gewesen sein.

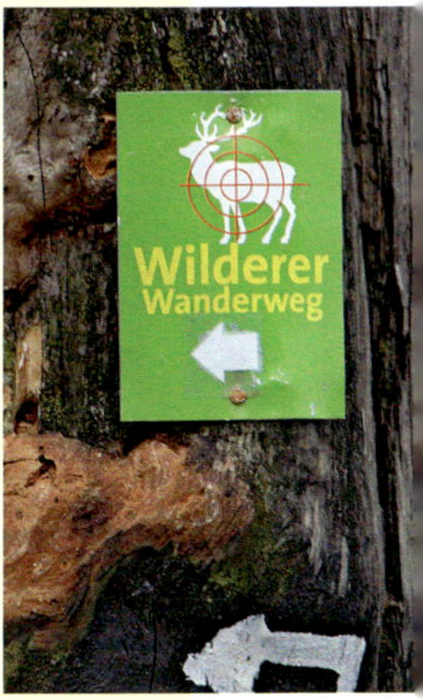

Kennzeichen des Wilderer-Wanderwegs

Die geschilderten Begebenheiten hat man im Jahr 2005 zum Anlass genommen, rund um die beiden Kreuze einen 19 km langen **»Wilderer-Wanderweg«** auszuweisen. ■

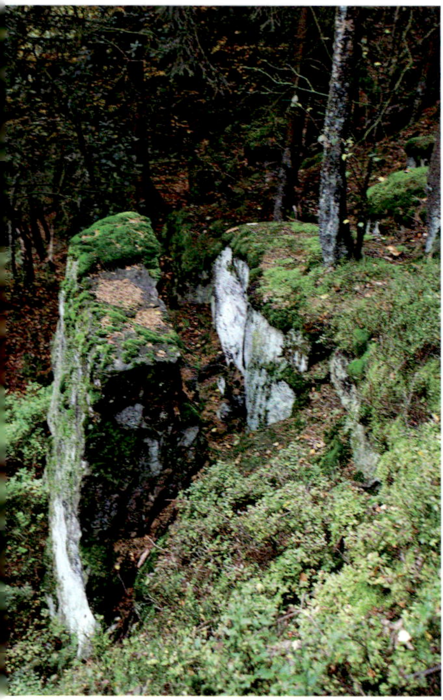

Vom übrigen Fels abgesprengter Sandsteinblock

Sehr schön kann man sehen, wie der Osning-Sandstein hier zu rötlichem Sand verwittert ist. Nach etwa 150 m zweigt der Eggeweg ostwärts zu den **Teutoniaklippen** (39) ab. Eine ganze Weile geht es nun an der steilen Abbruchkante entlang, die sich vom »Faulen Jäger« und dem »Opferstein« aus südwärts zieht. Immer wieder ergeben sich Einblicke in **Felsschluchten** und meist schmale fensterartige Ausblicke in die Landschaft, vor allem von Herbst bis Frühjahr, wenn das Laub an den Bäumen fehlt.

Am Rand der steil stehenden Sandsteinklippen erkennt man die bevorzugt vertikalen **Kluftspalten** mit flachen, nach Westen einfallenden Sandsteinbänken, die dem Gestein eine Quaderstruktur verleihen. Mitunter haben sich größere Blöcke aus dem Gesteinsverband abgelöst oder sind abgestürzt und haben am Hangfuß **Blockhalden** gebildet.

Über den wasserundurchlässigen Keuper-Tonsteinen tritt das Grundwasser in vielen kleinen **Quellen** zu Tage, versickert wieder in den Blockhalden und kommt schließlich rund 300 m unterhalb der Klippen in Quellsümpfen zum Vorschein, wo es dann mit vielen Rinnsalen ein Bachsystem bildet.

Beim Wandern entlang der Felskante sollte man immer darauf achten, nicht über hochstehende **Baumwurzeln** oder Steine zu stolpern. Im Herbst wachsen auf dem Waldboden

Blockhalde am Fuß der Teutoniaklippen

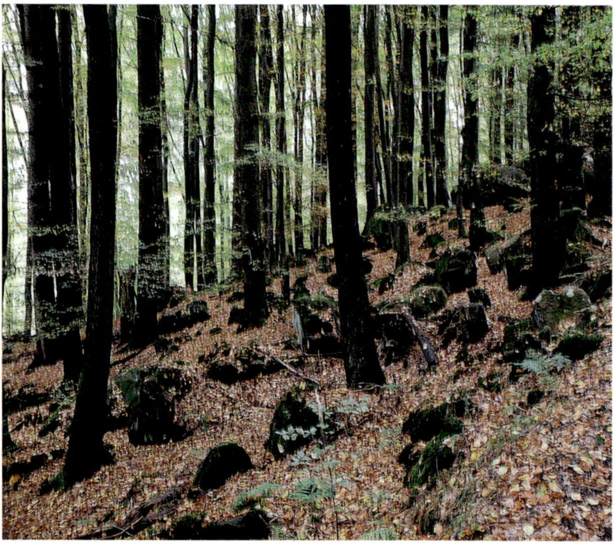

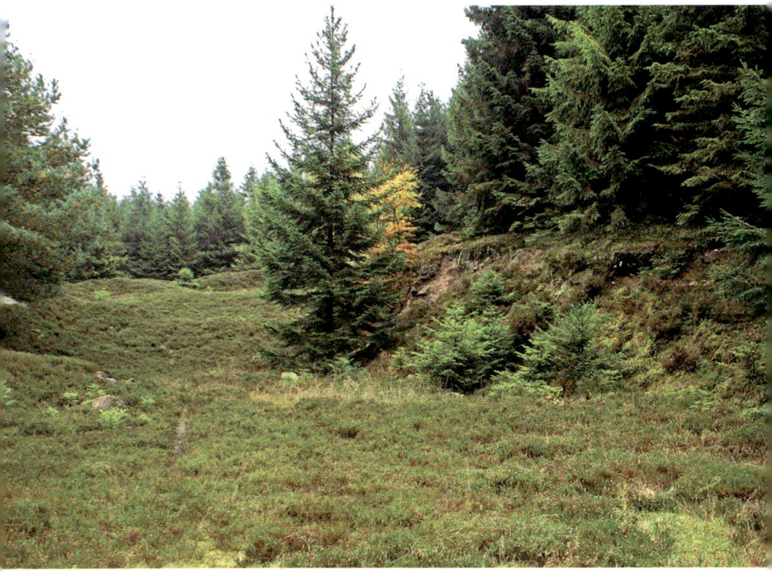

unter dem sonst schattigen und kahlen Dach der Fichten eine Unmenge sowohl essbarer als auch giftiger Pilze, wie z.B. der Fliegenpilz.

Bereits im 16. Jahrhundert wurde unterhalb der Klippen **Eisenerz** abgebaut. Noch 1856 kaufte die Dortmunder Gesellschaft »Teutonia« ein Waldgebiet nördlich von Borlinghausen, um dort mehrere Erzgruben anzulegen. Zeitgleich wurde am östlichen Fuß der Egge die **»Teutoniahütte«** gegründet und eine kleine Siedlung angelegt. An den ehemaligen Abbaustellen finden sich bis heute eingestürzte Stollen, Gruben, Halden und Pingen als Zeugen des Eisenerzabbaus. 1870 mussten die Zechen wegen mangelnder Rentabilität schließen.

Wieder zurück auf dem Forstweg, der hier gleichzeitig auch einen historischen Grenzweg darstellt, taucht (gut 100 m vor dem Abzweig zu Bierbaums Nagel) östlich des Wegs ein kleiner, aber imposanter ehemaliger **Sandsteinbruch** auf, der zu großen Teilen mit **Heidekraut** bewachsen ist. Das romantische Landschaftsbild erweckt Erinnerungen, dass im 19. Jahrhundert große Teile der Egge noch weitgehend unbewaldet waren.

Kurz danach eröffnet sich die Möglichkeit eines Abstechers zu ⇨ **Bierbaums Nagel** (40), einem nur rund 250 m vom Eggeweg entfernt stehenden **Aussichtsturm** mit schöner Rundumsicht und Möglichkeit zum Picknick.

Über einen beiderseits von Fichten bestandenen, hier fast

Ehemaliger Sandsteinbruch, heute mit Heidekraut bewachsen

Der Fliegenpilz: dekorativ, aber giftig

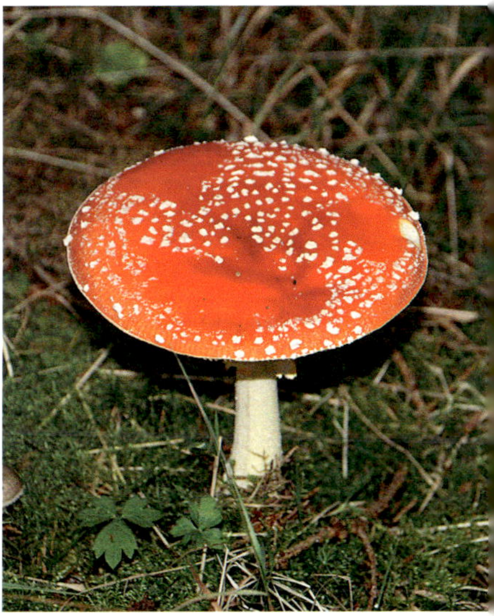

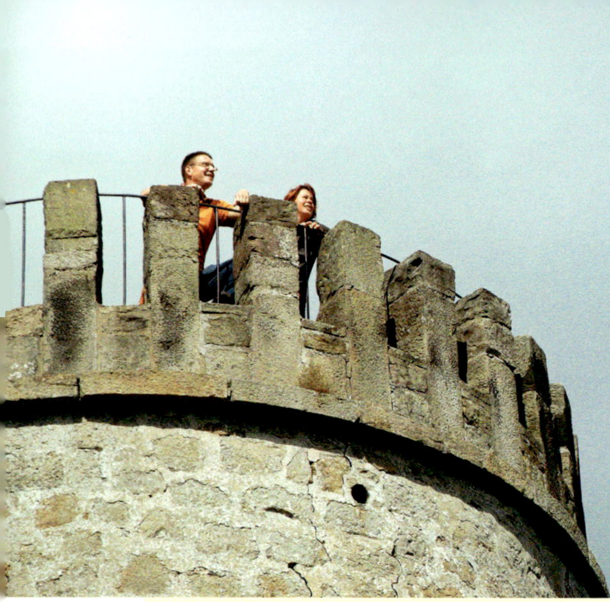

Exkurs
Bierbaums Nagel
40

Ein früherer Besitzer von **Wasserschloss Borlinghausen**, der Bankier Bierbaum, ließ den »Bierbaums Nagel« genannten Aussichtsturm 1849 als Überraschung für seine aus Kassel stammende und unter Heimweh leidende Gattin erbauen. Den rund 2 km vom Schloss entfernten Turm erreichte die Dame auf einem Esel; daher wird dieser Weg auch **»Eselspfad«** genannt. Bei klarer Sicht konnte sie vom im romantischen Stil errichteten Turm den »Herkules« der Kasseler »Wilhelmshöhe« erkennen. Der Turm, der erst seit 1990 wieder bestiegen werden kann, steht auf auf 431 m ü. NN.

Seit 1849 weite Ausblicke bis nach Kassel: »Bierbaums Nagel«

Darüber hinaus ergeben sich auch **Aussichten** bis zum Köterberg, dem Sendemast Zierenberg oder den Desenberg in der Warburger Börde. Der **Desenberg** ist ein Vulkankegel nordöstlich von Warburg, der weit sichtbar aus der umgebenden Bördelandschaft herausragt. Auf seinem Gipfel steht die Ruine der Desenburg, die im 13. Jahrhundert Stammburg der weit verzweigten und sehr einflussreichen **Familie von Spiegel** war. 1338 ließ sich ein Zweig der Familie in Borlinghausen nieder und erbaute unter Werner und Katharina von Spiegel 1587 das zweiflügelige Wasserschloss Borlinghausen im Stil der Weserrenaissance mit achteckigem Treppenturm.

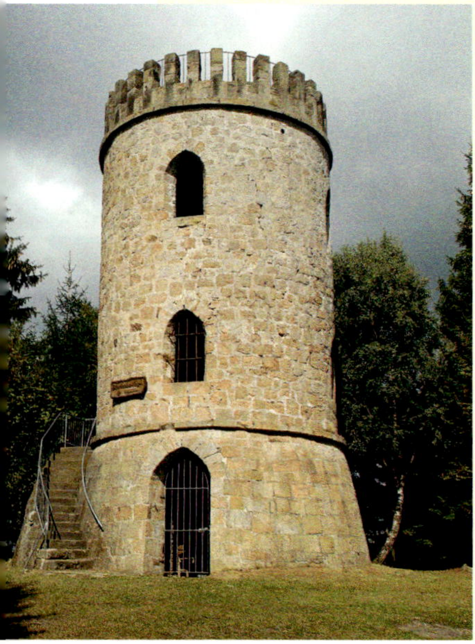

1839 wurde das Schloss an den **Bankier Bierbaum** aus Braunschweig verkauft. 1926 erwarb der Reichsfreiherr von Weichs zur Wenne die Anlage; seine Nachkommen wohnen bis heute auf dem Schloss.

weißlichen Sandweg (hell verwitterter Sandstein) erreichen wir in einem lockeren Auf und Ab schließlich das Etappenziel, die **Borlinghauser Hütte**. Sie steht an einem historischen Eggepass zwischen Kleinenberg und Borlinghausen.

Östlich der Hütte liegen im Wald versteckt Spuren einer **»Alten Burg«**. Diese vermutliche Stammburg der Borlinghauser Linie der Adelsfamilie **von Spiegel** (vgl. ➪ Bierbaums Nagel) wurde wohl um 1338 nach der ersten Spiegelschen Erbteilung in den Wällen einer alten Volksburg erbaut. Ihr Grundriss stellte ein Quadrat von ca. 80 x 80 m dar, die Mauern waren etwa 1,20 m dick. Im Jahr 1454, als die Burg wohl schon unbewohnt war, wurde sie an das **Kloster Hardehausen** (➪ S. 95) verpfändet. Heute kann allerdings nur ein geschultes Auge die niedrigen Erd- und Steinwälle als ehemalige Burg deuten.

Leichter zu entdecken ist ein **Grenzstein** (41), der 100 m östlich der Stelle steht, an der der Eggeweg auf den Z -Weg (Burgweg) trifft. Auf der einen Seite sind die Jahreszahl 1719, der Krummstab und der Rautenstab von Kloster Hardehausen sowie das Zeichen »KF« (= Königlicher Forst) zu erkennen. Da der preußische König der Rechtsnachfolger des 1803 säkularisierten Klosters war, dürften die beiden Buchstaben nachträglich in den Stein gemeißelt worden sein. Die Rückseite zeigt die drei runden Spiegel des Wappens der Familie von Spiegel und die Nummer des Grenzsteins »60«.

Hinweis: An der Borlinghauser Hütte endet die Etappe. Wer sich die ➪ **Wallfahrtsstätte Kleinenberg** (42) (3 km nordwestlich) ansehen oder in Kleinenberg übernachten will, folgt kurz vor der Hütte dem I-Weg.

Rückwanderroute

Kurz vor der Borlinghauser Hütte zweigt der I-Weg ab, der den Wanderer zunächst nach Kleinenberg führt. Ab Kleinenberg folgt man dem I noch rund 3 km nach Norden, bis ostwärts A1 und A2 abgehen. Diesen folgt man, am wassergefüllten Tunneleingang der »Alten Eisenbahn« vorbei, bis zur Schutzhütte. (Gesamtlänge 8,1 km) ***Hinweis:*** Der I-Weg führt noch weiter bis nach Herbram-Wald.

Wer auf kürzerem Weg zurück zum Startpunkt möchte, folgt nach etwa 1,6 km dem A2 bis zum △-Weg und geht auf diesem bzw. dem Eggeweg dann nordwärts bis zur Schutzhütte. (Gesamtlänge 6,1 km)

Mit Krumm- und Rautenstab: der Grenzstein Nr. 60 von 1719

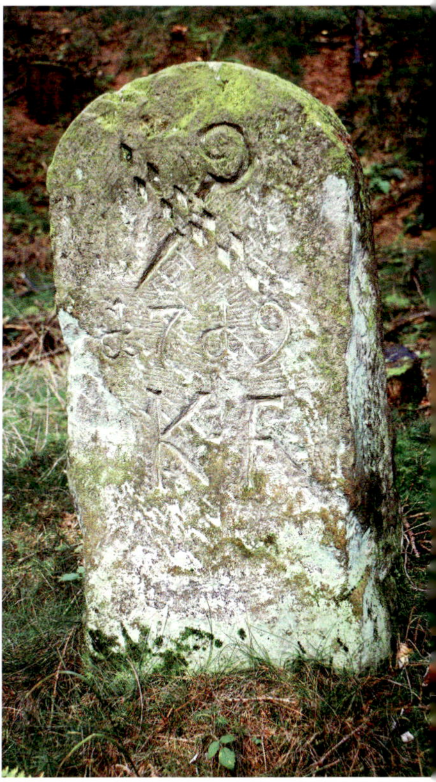

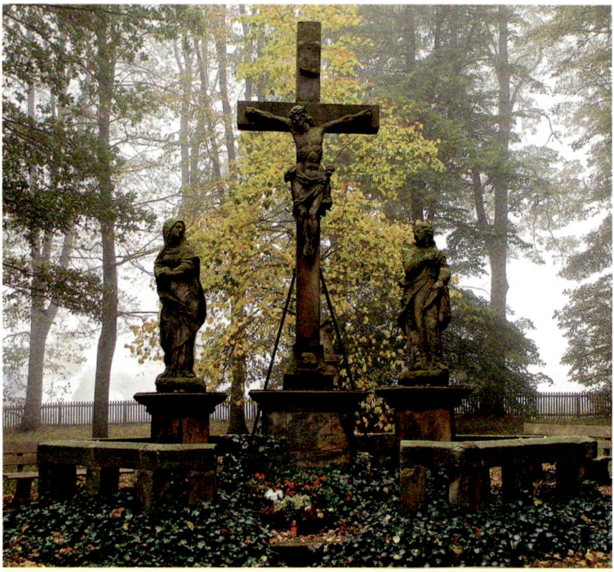

Exkurs

Wallfahrtsstätte Kleinenberg

42

Kreuzigungsgruppe auf dem »Kalvarienberg«

■ Am Westrand des Eggegebirges liegt in Kleinenberg einer der ältesten **Marienwallfahrtsorte** Westfalens. Die Wallfahrt gründet sich auf eine mittelalterliche Legende, wonach ein Marienbild dreimal über einer Eiche geschwebt habe, woraufhin dort eine Klause und später Wallfahrtskapellen errichtet wurden. Heute wird das Gnadenbild der »Helferin vom kleinen Berg« in der barocken Wallfahrtskirche »Mariä Heimsuchung« verehrt. Die **prachtvolle Barockkirche** wurde ab 1742 nach Plänen des Paderborner Baumeisters Franz Christoph Nagel erbaut.

In der Westachse der Kirche liegt der 350 m lange, 1754 fertiggestellte **Prozessionsweg** mit insgesamt vierzehn Kreuzwegstationen. Die Bildstöcke mit Volutenschmuck (»gerollt«, Schneckenform) stammen noch aus der Entstehungszeit der Anlage, während die schlichteren Stationen erst in der zweiten Hälfte des 19. Jahrhunderts aufgestellt wurden. Den Endpunkt des leicht ansteigenden Prozessionsweges markiert eine steinerne, fast lebensgroße **Kreuzigungsgruppe** am »Kalvarienberg«. Die Hauptwallfahrtsfeste sind jeweils am 2. Juli (Mariä Heimsuchung) und am 8. September (Mariä Geburt) bzw. den darauf folgenden Wochenenden.

Nur rund 350 m von der Wallfahrtsanlage entfernt befindet sich südwestlich der Hauptstraße ein weiterer Andachtsort, der **Marienbrunnen**. Der Legende nach soll die mittelalterliche Marienstatue hier an der Quelle gefunden worden sein. Der Brunnen selbst ist schon alt, seine heutige Form wurde Ende des 19. Jahrhunderts geschaffen. 1898 ließ Pfarrer Tempel die 4 x 4 m große Brunnenkapelle für die Statue der **Lourdes-Madonna** errichten, die von einem Müllergesellen gestiftet worden war. Dem stets fließenden Brunnenwasser wird eine heilende Wirkung zugesprochen; in den 1930er Jahren war er als »Augenbrunnen« bekannt. Ab 1914 ließ Pastor Heinemann in den darüberliegenden tiefroten **Gaultsandstein** (⇨ Geologie, S. 12) des Eichenbergs einen Einschnitt treiben, um das Gelände mit einer der **Lourdesgrotte** nachempfundenen Andachtsstätte aufzuwerten. An vielen Gebäuden im Ort finden sich bis heute die damals gebrochenen roten Steinblöcke. ■

Borlinghauser Hütte – Blankenrode

7

Allgemeine Hinweise: Dieser Wanderabschnitt ist wieder reich an natürlichen und kulturlandschaftlich sehenswerten Elementen. Der Weg führt ein letztes Mal an der Abbruchkante der Egge, hier den Hardehauser Klippen, entlang. Besonders reizvoll ist die Route zur Stadtwüstung Blankenrode durch die naturnahen Täler von Schwarzbach und Blankenroder Bach. Mit dem Vorkommen des Schwarzstorches und anderer gefährdeter Arten bietet die Natur hier einige Besonderheiten. Der Wanderer hat es auf dieser zweitlängsten Etappe mit stärker bewegtem Gelände zu tun, z.B. mit einem steilen Abstieg von rund 150 m an der sog. »Nadel« hinunter ins Schwarzbachtal. Durch den tief eingeschnittenen Papengrund geht es anschließend wieder bergauf zur Stadtwüstung Blankenrode, kurz danach erreicht man in Lichtenau-Blankenrode das Etappenziel.

⇨ Karte S. 129–132

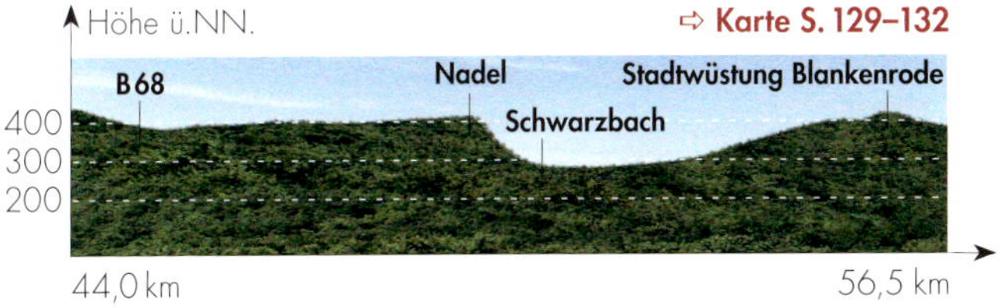

Charakteristik: *Länge:* 12,5 km; *Steigungen* über 10 %: 0,5 km; über 20 %: 0,2 km; *Auf-/Abstiege* in Höhenmetern: +170/-230; *Höhenlage:* 360 m bis 430 m ü.NN; *Wegebelag:* rund 94 % naturbelassen, rund 6 % asphaltiert; *Gesamtbeurteilung:* mittel–schwer.

Startpunkt dieser Eggeweg-Etappe ist die Borlinghauser Hütte am alten **Bördenweg**, der bereits auf dem Urkatasterblatt von 1838 als *»Börde Weg«* bezeichnet wird. Dies verdeutlicht, wie wichtig die Ost-West-Verbindung von Lichtenau über die »Alte Burg« in die **Warburger Börde** in früheren Zeiten war. Längst aber quert der von Kleinenberg kommende Verkehr das Gebirge etwas weiter südlich auf der Bundesstraße und der Bördenweg gehört den Wanderern.

Über den geschotterten Waldweg erreichen auch wir bald die B 68. An dieser ersten großen Kunststraße der Region, die ehemalige *»Napoleonstraße«* Paderborn–Kassel, standen früher **Meilensteine** aus Eggesandstein im Abstand von je einer Meile (ca. 7,5 km). Sie bestanden jeweils aus einem Obelisken mit einem Sockel und zwei angebauten Bänken. Einziger Schmuck der 2,70 m

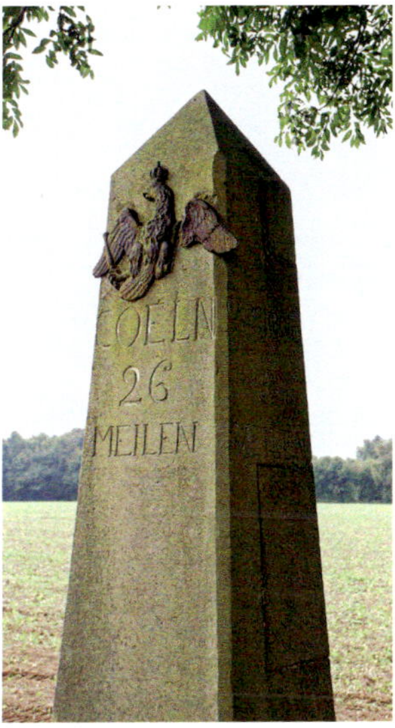

Meilenstein an der alten »Napoleonstraße«, heute B 68

Exkurs
Felix Fechenbach (43)

■ Der jüdische Journalist und Sozialdemokrat **Felix Fechenbach** (*28. Januar 1894) war von 1929 bis 1933 bei der SPD-Zeitung »Volksblatt« in Detmold als Redakteur tätig und ein mutiger Kämpfer gegen den aufkommenden Nationalsozialismus. Er war im **Widerstand** aktiv, verfügte aber gleichzeitig über interne Kenntnisse zur lippischen NSDAP. Diese veröffentlichte er unter dem Pseudonym »Nazi-Jüsken« in Glossen, was zu starken Anfeindungen führte. Nach der lippischen Landtagswahl vom 15. Januar 1933 erteilten ihm die Nazis daher Redeverbot und überführten ihn am 11. März 1933 in sogenannte »Schutzhaft«. Auf dem Transport von Detmold ins KZ Dachau wurde er hier im Kleinenberger Wald am 7. August 1933 von SS- und SA-Leuten – angeblich »auf der Flucht« – erschossen. Tatsächlich wurde er auf Anweisung Heydrichs misshandelt und ermordet. Die der Tat Verdächtigen wurden nach dem Zweiten Weltkrieg dafür teilweise verurteilt. Fechenbachs zweite Ehefrau **Irma Epstein** (1895–1973) und ihre drei gemeinsamen Kinder überlebten den Nationalsozialismus durch Flucht. ■

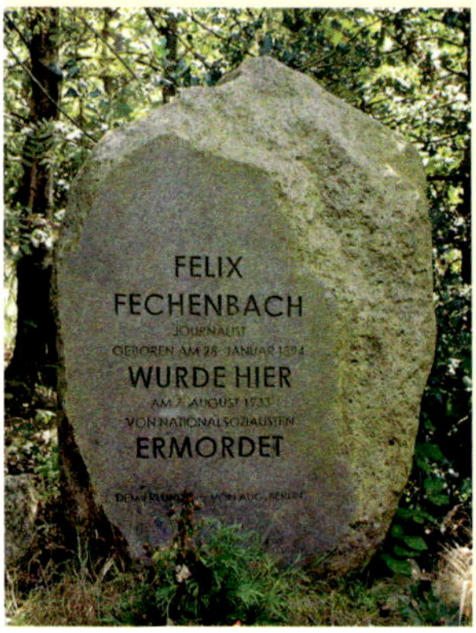

Vor ihrem Ausbau führte die B 68 nördlich an der Erinnerungsstätte vorbei. Der **Felix-Fechenbach-Wanderweg** verbindet auf 7 km die Gedenkstätte mit Fechenbachs Grab auf dem jüdischen Friedhof in Rimbeck.

hohen Steinsäulen war der preußische Adler. Zwischen 1815 und 1840 hat sie der westfälische Oberpräsident von Vincke aufstellen lassen. Von den alten Meilensteinen stehen heute nur noch wenige an der heutigen Bundesstraße 68.

Rund 800 m südlich der Querung der B 68 durch den Eggeweg befindet sich seit 1973 links neben der Straße eine Gedenkstätte für den jüdischen Schriftsteller ⇨ **Felix Fechenbach** (43) aus Detmold.

Nach Wiedereintritt in den Wald wendet sich der Eggeweg nach 200 m zunächst nach links (Osten), dann nach rechts (Süden). Über den nun pfadartigen Klippenweg gelangen wir an den mit Fichten bestandenen westlichen Rand der **»Hardehauser Klippen«** (44). Der Weg führt in einer Schleife am »Felsenmeer« entlang.

Tipp: Gehbehinderte können dem direkten Weg über den geschotterten Waldweg folgen.

Der **Klippenweg** am Süd- und Osthang des Bentenbergs gibt mehrmals den Blick auf die hochaufragenden kantigen Säulen und Quader des flach nach Westen hin einfallenden Osning-Sandsteins frei. Die mehr als 10 Meter hohen Klippenbildungen sind teils kräftig bemoost. Der weißgraue, verwitterungsanfällige Sandstein ist mit vielen kleinen Sandnestern besetzt.

Im Unterhang hat sich ein Meer von mehr oder weniger großen **Blockgeröllen** angehäuft, die jedoch meist von sandig-schluffigem Hangschutt überdeckt sind. Der vermutlich größte abgebrochene Sandsteinblock erhielt die Bezeichnung »Opferstein«. Er umfasst rund 15 Kubikmeter

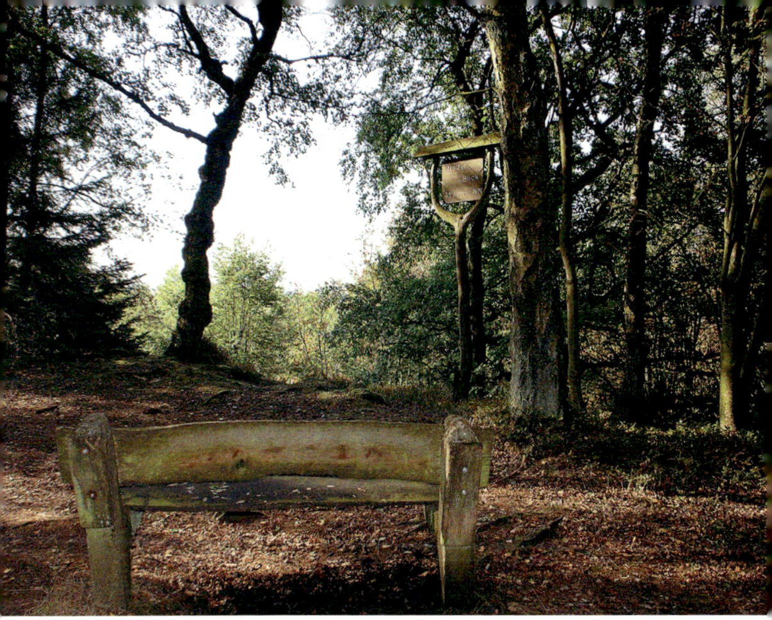

und lagert auf einem zweiten großen Geröllblock. Weiter unten am Hang treten aus dem Felsgeröll Rinnsale hervor, die auf dem dichteren Mergel des Oberen Buntsandsteins Vernässungszonen und Quellsümpfe hervorrufen.

Das 227 ha große Waldgebiet wurde als **Naturschutzgebiet** »Klippen und Felsenmeer bei Hardehausen« unter Schutz gestellt. Es handelt sich dabei vor allem um die schroffen Sandsteinfelsen und die durch Blockschutt geprägten Hainsimsen-Buchenwälder an den Hängen. Es kommen aber auch durch Kalkstein bestimmte Waldmeister-Buchenwälder sowie (in den Vernässungsbereichen) von Erlen und Eschen dominierte Wälder vor. Im Gebiet finden sich auch mehrere Stauteiche, die u.a. für Amphibien und Libellen von Bedeutung sind.

Der durch die standörtlichen Unterschiede verursachte Strukturreichtum ist Grundlage für das Vorkommen vieler seltener und gefährdeter **Tier- und Pflanzenarten**. So sind die Wälder hier ein wichtiger Lebensraum von Haselhuhn, Rotmilan und Schwarzstorch sowie von Schwarz-, Grau- und Mittelspecht.

Anschließend geht's zurück zum Hauptweg, dem Bördenweg. Im Sommer lässt sich der Wegeverlauf dorthin wegen des hohen Adlerfarnbewuchses manchmal nur noch erahnen.

Aussichtspunkt »Nadel« am Westrand der Hardehauser Klippen

Einblicke in die bis zu 10 m hohen Sandsteinklippen

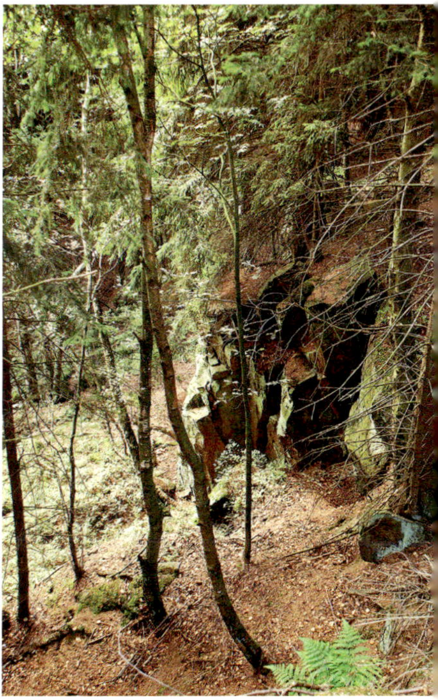

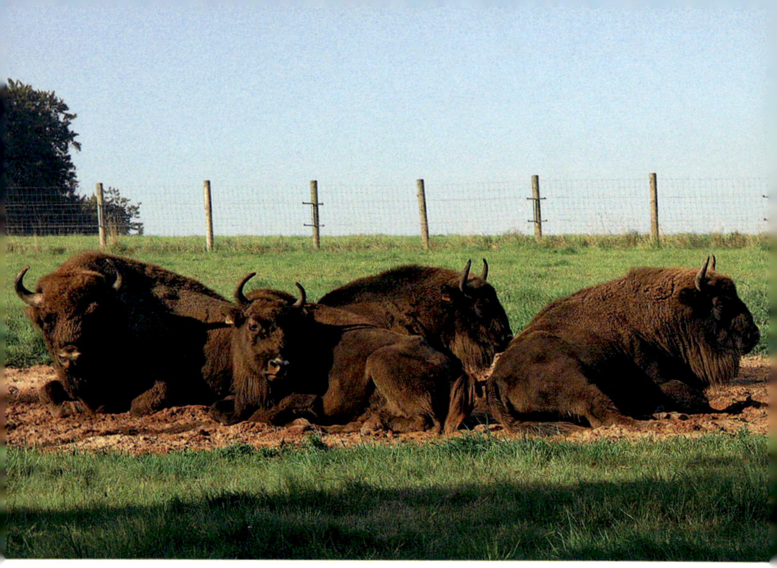

Seit 1958 werden in Hardehausen Wisente gezüchtet

In den Saumstreifen beiderseits des Bördenwegs findet man im Herbst üppige Bestände von **Herbstzeitlosen** *(Colchicum autumnale)*. Bei ihnen handelt es sich um sogenannte Geophyten, also mehrjährige **Stauden**, deren Überdauerungsorgane (Rhizome, Knollen, Zwiebeln) im Boden liegen und der Nährstoffspeicherung sowie der ungeschlechtlichen Fortpflanzung dienen. Auch ihrer Giftigkeit wegen sollten die Pflanzen nicht gepflückt werden! Ihre Inhaltsstoffe werden in der Medizin und der Pflanzenzucht verwendet.

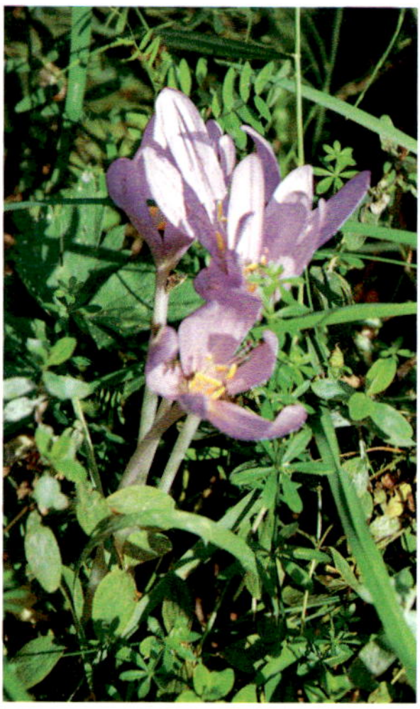

Fleißige Blüher des Spätsommers: die Herbstzeitlosen

Abwechslungsreich führt der Weg bald auch an der einen oder anderen Buchen- oder Lärchenwaldparzelle entlang. Am Waldrand kann man Hügel der Roten Waldameise entdecken. Rund 500 m westlich der Einmündung des Eggewegs in den Bördenweg liegt (südlich des Wegs) einer der höchstgelegenen, allerdings recht unauffälligen Quellhorizonte des **Hammerbaches**.

Auf seinem Weg zum ehemaligen ⇨ **Kloster Hardehausen** (45) durchschneidet der Wasserlauf die Klippen und vereinigt sich mit weiteren kleinen Rinnsalen zu einem Bach. Seine gebündelte Wasserkraft trieb einst den Eisenhammer (Name!) des Klosters Hardehausen an, mit dem die Mönche aus Waldeck stammendes Eisen verarbeiteten.

Südlich des früheren Klosters fließt der Hammerbach durch ein bereits seit 1958 bestehendes **Wisentgehege** (46). Das rund 170 ha große Gelände mit urwaldähnlichen Mischwäldern ist ein optimaler Lebensraum für die imposanten, vom Aussterben bedrohten Tiere. Seit 2004 werden hier unter der Leitung des Regional-

Exkurs
Kloster Hardehausen
(45)

■ Die 18 ha große Anlage von **Kloster Hardehausen** ist eingebettet in alte Wälder, idyllische Bachtäler mit Wiesen und Weiden und wird von einer beeindruckenden, fast 2 km langen Bruchsteinmauer umgrenzt. Das ehemalige Kloster liegt am östlichen Fuß der Egge auf heutigem Gebiet der ⇨ **Stadt Warburg** (Kreis Höxter) und wurde um 1009 als »Herswithehusen« unter Bischof Meinwerk zum Paderborner Bischofsgut. Im Jahr 1140 kamen Mönche aus dem Kloster Kamp am Niederrhein nach Hardehausen und gründeten hier das erste **Zisterzienserkloster** in Westfalen. Von hier aus wurden drei Tochterklöster gegründet, 1185 das Kloster Marienfeld (Kreis Gütersloh), 1196 das Kloster Bredelar (bei Marsberg) und 1243 Scharnebeck (bei Lüneburg). In der Blütezeit der Abtei betrieben bis zu 300, wegen ihres grauen Reiseumhangs **»Graue Mönche«** genannte Ordensbrüder neben Ackerbau und Viehzucht eine Mühle, eine Weberei und einen Eisenhammer. Sie züchteten Schweine, hielten Schafe und betrieben in den ehemals fünf Teichanlagen Fischzucht.

Nach der Aufhebung im Jahr 1803 wurden die Kirche und andere Gebäude abgerissen und das Inventar verkauft. Nach Jahren als preußischer Domäne fand 1902 nach mehreren Besitzerwechseln eine evangelische **Erziehungsanstalt** hier ihr Domizil. Von 1927 bis 1938 ließen sich erneut Zisterziensermönche in Hardehausen nieder, die jungen Männern ohne Schulabschluss Möglichkeiten zur Aus- und Weiterbildung gaben. Ungeklärte Vermögensverhältnisse und die Missbilligung durch das NS-Regime vertrieben die Mönche jedoch bald. 1944 wurde die nationalsozialistische Erziehungsanstalt (Napola) Bensberg nach Hardehausen verlegt. Nach dem Zweiten Weltkrieg erwarb das Erzbischöfliche Generalvikariat in Paderborn das Kloster Hardehausen. Seither wird die Anlage als **Jugendhaus** und Landvolkshochschule genutzt. ■

Tipp: Allerlei Wissenswertes über die Region und den Wald erfährt man im 2004 eingerichteten **Waldinformationszentrum Hammerhof** in Ausstellungen, Seminaren, Führungen und Vorträgen. Das integrierte **Café** (Di–So nachmittags) bietet selbstgemachten Kuchen und Wildprodukte als Spezialitäten des Hauses an. Das Infozentrum grenzt unmittelbar an das **Wisentgehege** (46).

Hinweis: Das ehemalige Kloster ist rund 2,5 km vom Eggeweg entfernt und von dort über den ▲-Weg oder den ◆-Weg (»Alter Hirtenweg«) zu erreichen (⇨ Karte). Das Waldinformationszentrum Hammerhof liegt weitere ca. 2,5 km südlich (außerhalb der Karte).

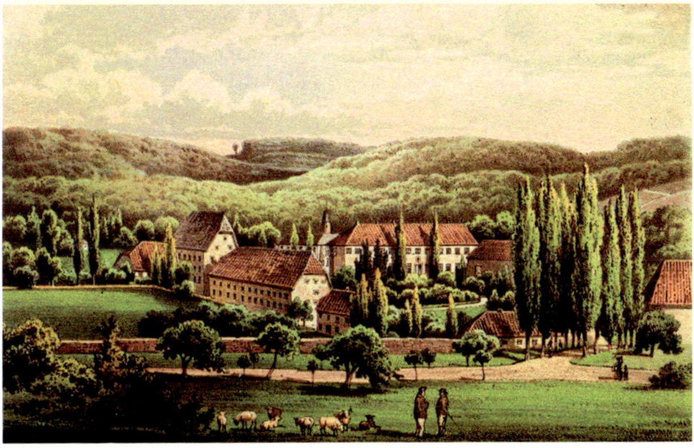

Ehemals Kloster, heute Jugendhaus Hardehausen

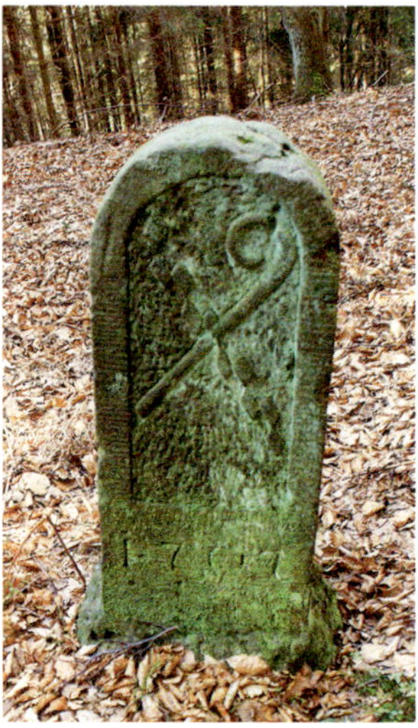

Gab der »Nadel« den Namen: der Natelenstein von 1707

Eisvogel, dem Schwarzstorch und dem Raubwürger haben drei Vogelarten der EU-Vogelschutzrichtlinie ihren Brut- und Nahrungslebensraum in diesem landschaftlich außerordentlich schönen Talraum.

Am **Rettungspunkt** Bördenweg/Nadel wendet sich der Eggeweg nach Süden. Auf dem geschotterten Weg durch den hohen Fichtenwald können wir weiter die Ruhe und Stille genießen. Auf der Bergkuppe, **»Nadel«** genannt, erreichen wir schließlich wieder die Klippen. Leider wächst die schöne Ausblickmöglichkeit immer mehr zu. Rund 100 m weiter nördlich steht an der Westseite der Abbruchkante der **Natelenstein** (47), welcher der »Nadel« einst ihren Namen gab. Der alte Grenzstein aus dem Jahr 1707 markierte früher die Grenze zwischen dem Kloster Hardehausen und dem Fürstbistum Paderborn.

Kurz danach führt der Eggeweg über den felsigen Untergrund steil zum Schwarzbachtal hinab. Gleichzeitig

forstamtes Hochstift beide Wisent-Unterarten, der Bergwisent und der Flachlandwisent, in separaten Gehegen gezüchtet – einzigartig in Europa. Neben den Wisenten gibt es noch eine Gruppe von zwanzig **Tarpanen**, eine gegen Ende des 19. Jahrhundert ausgestorbene und später nachgezüchtete Wildpferdeart.

Das Tal des **Hammerbaches** ist außerhalb des Waldes als NSG geschützt. Mit dem

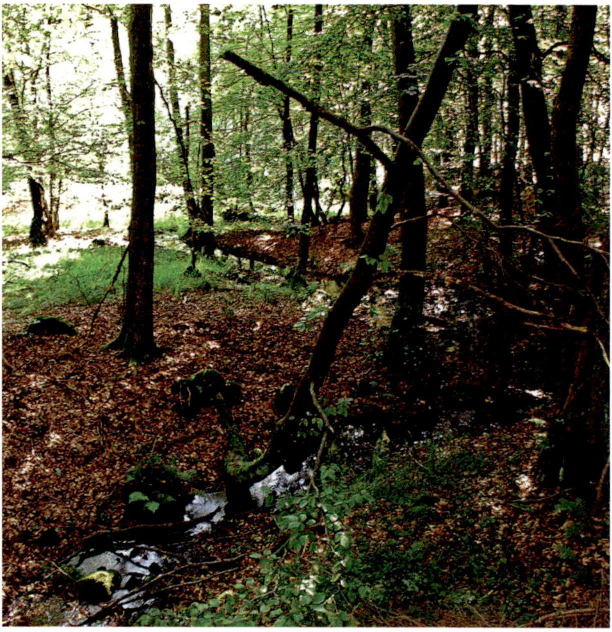

Naturnah: das Schwarzbachtal

verlassen wir den Egge- bzw. Osningsandsteinbereich und wandern bis zur Stadtwüstung Blankenrode ein gutes Stück über den »Mittleren Buntsandstein«, einen Sandstein mit roten Schluff- und Tonsteinen. Dieser Wechsel läßt sich auch an den nun meist mit Buchen bestandenen Waldflächen ablesen.

Am oberen Rand des **Schwarzbachtales** entlang wandernd, erreichen wir bald die Kreisstraße K23, ehemals die direkte Verbindung zwischen dem Kloster Hardehausen und der alten Stadt Blankenrode. Der Eggeweg führt nun rund 100 m entlang der Kreisstraße nach Westen bis zu **Roters Eiche** (48). Wie der Gedenkstein am Fuße der Eiche erzählt, erinnert sie an einen Forstmeister Roter, dem mit 23 Jahren nur ein kurzes Leben vergönnt war. Die Eiche wurde vermutlich kurz nach seinem Tod im Jahre 1919 gepflanzt und ist demnach knapp 100 Jahre alt. In der Nähe befand sich früher die noch im Urkatasterblatt 1838 dargestellte »Alte Glashütte«.

Weiter geht es durch das **NSG Schwarzbachtal**. Der namengebende Bach begleitet den Forstweg bis zur Mittelwaldhütte. Der Eggeweg verläuft parallel dazu durch den Wald. ***Tipp:*** Wen der Asphalt nicht stört, kann auch über den Forstweg marschieren.

Bei dem 511 ha großen, kreisübergreifenden Naturschutzgebiet handelt sich um ein bedeutendes **Brut- und Nahrungsgebiet** des vom Aussterben bedrohten Schwarzstorches. Ebenso stellt es ein herausragendes Beispiel für einen **Mittelgebirgsbach** in einem großflächigen Laubwaldkomplex dar. Neben den

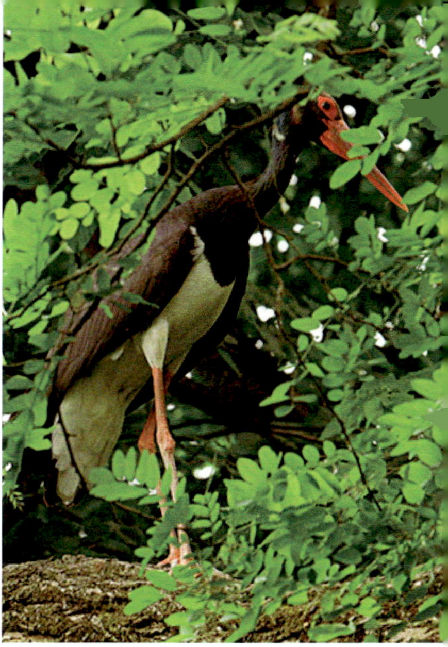

Im Gegensatz zum Weißstorch bevorzugt der Schwarzstorch den Wald

Hainsimsen-Buchenwäldern gibt es wertvolle bachbegleitende Erlen-Auenwälder sowie Mager-, Feucht- und Nassgrünland mit zahlreichen seltenen oder gefährdeten Tier- und Pflanzenarten. Besonders wertvoll sind die alten eichenreichen Wälder in Kombination mit den nahrungsreichen Talzügen wie dem Schwarzbachtal und dem Pölinxer Grund.

Nachdem der **Schwarzstorch** *(Ciconia nigra)* Anfang des 20. Jahrhunderts als vermeintlicher Nahrungskonkurrent des Menschen in Deutschland weitgehend ausgerottet

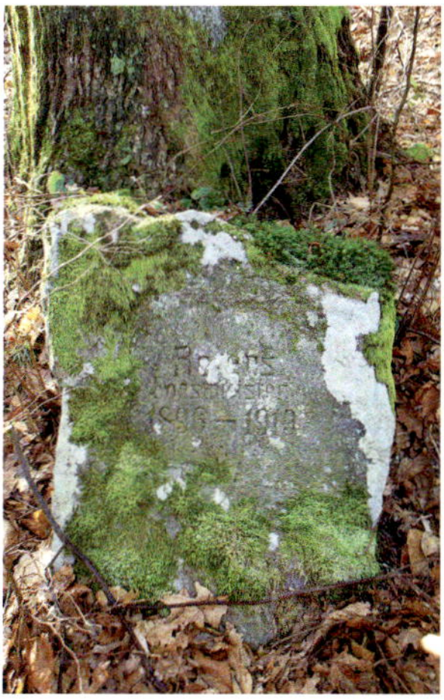

Gedenkstein für Förster Roter an »Roters Eiche«

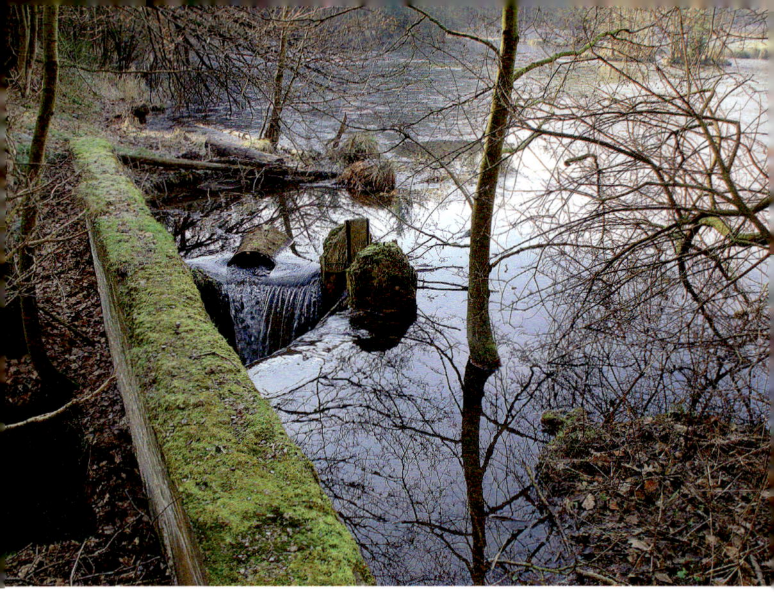

Damm des Stauteichs der ehemaligen Blankenroder Mühle

war, gelang ihm seit den 1980er Jahren eine stetige Rückeroberung seines einstigen Lebensraumes. Seine Hauptverbreitungsräume liegen in größeren störungsarmen und zugleich gewässerreichen Waldgebieten wie dem **Vogelschutzgebiet Egge**, das mit mehreren Brutpaaren eines der größten Vorkommen des Schwarzstorches in NRW darstellt.

Nach einiger Zeit erreichen wir eine Wegekreuzung, in deren Nähe auch die **Mittelwaldhütte** steht. Folgt man dem ◆-Weg entlang des sich durch das Tal schlängelnden Blankenroder Bachs ca. 500 m nach Osten, erreicht man den **Stauteich** 49 der ehemaligen **Blankenroder Mühle**. Durch den Damm am Zusammenfluss von Schwarzbach und Blankenroder Bach konnte man genügend Wasser aufstauen, um einen effektiven Mühlenbetrieb zu gewährleisten. 1838 existierte hier laut Urkatasterblatt eine »Hammerstätte«.

Parallel zum **Blankenroder Bach** führt der nun geschotterte Eggeweg durch den »Papengrund« (= Weg der Hardehauser Mönche) nach Westen. Nördlich des Wegs liegt der Forstdistrikt »Kleiner Nonnenbusch« und westlich davon der »Große Nonnenbusch«. Hierbei handelt es sich nicht etwa um Büsche von Nonnen oder Ähnliches, sondern um **»Nonen-Büsche«**.

Die None, lateinisch *nona hora*, ist die neunte Stunde des helllichten Tages, ursprünglich von 6 Uhr an gerechnet, später nach kirchlicher Tageseinteilung von der Frühmesse um 3 Uhr an gerechnet – demnach begann die *nona hora* um 12 Uhr. »Nonenbüsche« waren jene Orte, an denen der Hirte bei der Hude »nonte«, d.h. sich mittags mit dem Vieh ausruhte. Im Umfeld der Non(n)enbüsche am Eggeweg wurde die **Viehhude** nachweislich bis 1839 betrieben. Einen weiteren Hinweis gibt auch die Deutsche Grundkarte, in der ein zum Kloster Hardehausen führender Weg östlich der Mittelwaldhütte als »Alter Hirtenweg« bezeichnet wird.

Schließlich quert der Eggeweg den Blankenroder Bach und knickt scharf nach Südosten zur ⇨ **Stadtwüstung**

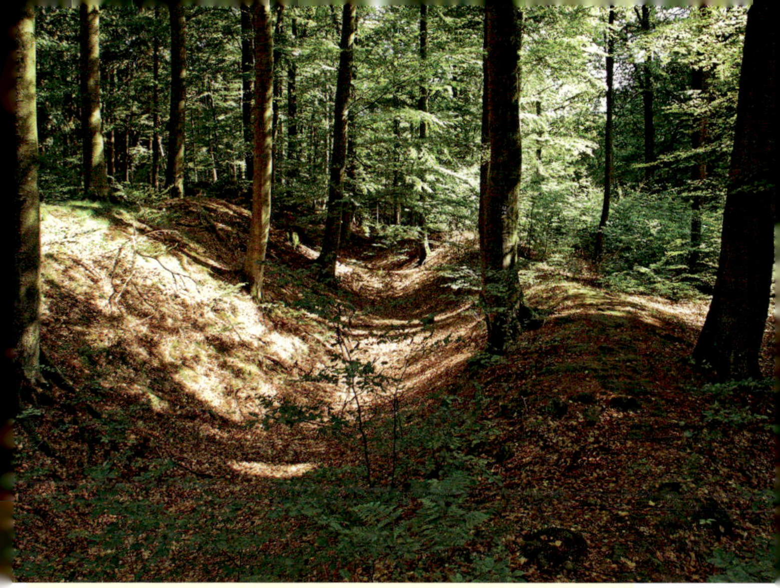

Exkurs

Stadtwüstung Blankenrode

(50)

Hier begann einst die Stadt Blankenrode: Außenwall mit Graben

■ Mitte des 13. Jahrhunderts ließen der Paderborner Fürstbischof Simon I. und der Abt des Klosters Corvey die **Grenzfestung** Blankenrode auf einem Bergsporn der südlichen Egge anlegen. Mit dieser **Burgstadt** in einem weitgehend menschenleeren Gebiet wollten sie ihren Einflussbereich gegen die Grafen von Waldeck absichern. Durch die Stadt führte in West-Ost-Richtung ein sogenannter **Königsweg**, der »Alte Warburger Weg«; er wurde auch »Herßweg« genannt, was »Heeresweg« bedeutet. Ein doppelter Mittelwall teilte die Burgstadt in den **Stadt- und** den **Burgbezirk**. Im westlichen Stadtbezirk wohnten die Ackerbürger und Handwerker, im Ostteil die Ritter und Burgmannen. Auf der sich hieran anschließenden Kuppe residierte der Burgvogt in einer **Rundburg**.

Nach neuesten Forschungen war die bebaute Fläche von Blankenrode groß genug, um rund tausend Menschen zu beherbergen. Für damalige Verhältnisse (Infrastruktur, Versorgung mit Lebensmitteln etc.) handelte es sich also um eine recht **große städtische Ansiedlung**. In einer Urkunde von 1321 werden sogar Stadträte, ein Stadtrichter sowie ein Stadtsiegel erwähnt. Wegen seiner Bedeutung als Grenzfeste wurde es mehrfach angegriffen, teilweise zerstört und wieder aufgebaut. Im Jahr 1390 nutzte der Waldecker Graf Heinrich VI. in den Kriegswirren der »Bengeler Fehde« die Abwesenheit der Burgbesatzung und zerstörte die Stadt.

Danach wurde sie nicht wieder aufgebaut. Gründe hierfür waren nicht nur die vielen Fehden, sondern auch die Mitte des 14. Jahrhunderts auf dem **Sintfeld** (Paderborner Hochfläche) wegen der schwierigen Bodenverhältnisse und der Klimaveränderung einsetzende generelle **Entvölkerung**. Die führte dazu, dass neben dem großen Blankenrode noch etliche kleinere Orte aufgegeben wurden, also »wüst« fielen. Aufgrund der Größe und des Erhaltungszustandes stellt Blankenrode eine der **bedeutenden Stadtwüstungen in Mitteleuropa** dar.

An verschiedenen Stellen sind im Gelände Informationstafeln aufgestellt, die über wesentliche Bestandteile der ehemaligen Stadt Blankenrode Auskunft geben. ■

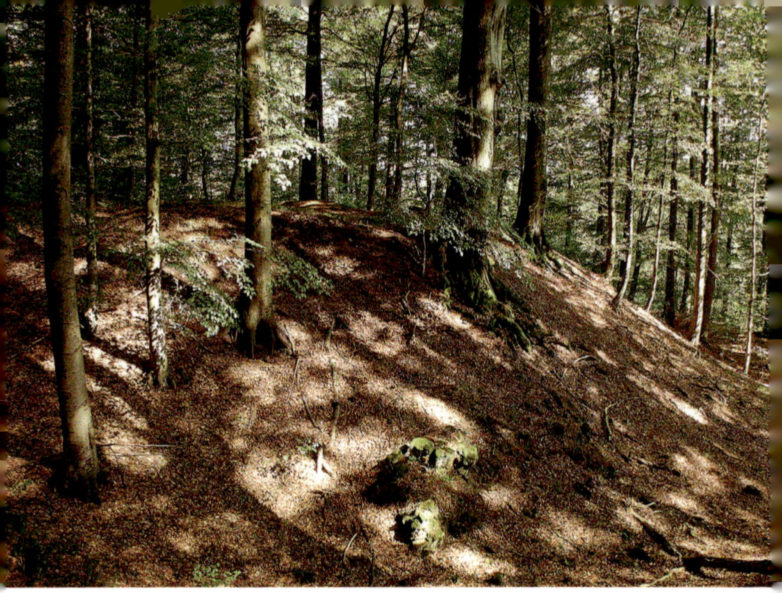

Standort der ehemaligen Rundburg des Burgvogts

Blankenrode ab. An dieser Stelle treffen auch mehrere kleine Rinnsale aufeinander, die nur einige hundert Meter weiter oberhalb entsprungen sind. Bald darauf passieren wir dann die »Nordpforte« der ehemaligen Stadt Blankenrode; eine Bank mit entsprechender Aufschrift markiert diese Stelle.

Auf dem Außenwall des früheren **Stadtgrabens** führt der pfadartige Weg nach Osten und passiert dabei einen Steg mit Bächlein und Quelle. Kurz danach erreichen wir eine **Felswand** aus Osningsandstein, der dem Buntsandstein aufliegt. Aus diesem Material wurde die Blankenroder Burg einst errichtet. Im 19. Jahrhundert brach man hier abermals Sandstein und legte dabei die wasserführende Schicht frei, wie der kleine Quellhorizont deutlich macht.

Schließlich betreten wir die ehemalige Stadt Blankenrode in Höhe des noch erhaltenen **Stadtbrunnens**, dem sog. »Jungfernbrunnen«. Eine dazu gehörende Sage kann man vor Ort nachlesen. Es bedarf schon einer guten Portion Phantasie, um sich hier – mitten im Wald! – eine Stadt vorzustellen. Aber tatsächlich: Am höchsten Geländepunkt im Osten zeigt sich die eindrucksvolle Rundbefestigung der einstigen, aus Osningsandstein erbauten **Turmburg**. In deren Nähe befand sich außerdem eine Kirche. Ergrabene Schieferstücke im Boden sind Spuren der ehemaligen Häuserbedachungen.

Der Eggeweg durchquert nun den Wüstungsbezirk von Osten (Burgbezirk) nach Westen (Stadtbezirk) und passiert dabei den ursprünglich trennenden Mittelwall. In den bis zu 5 m hohen Steinwällen Blankenrodes steckt oft noch ein **Mauerkern**, dessen Krone an vielen Stellen sichtbar ist.

Schließlich verlassen wir die Stadtwüstung über den »Alten Warburger Weg« nach Westen und erreichen bald den **Wanderparkplatz** »Nonnenbusch« sowie kurz danach die Schutzhütte auf der anderen Straßenseite.

Nach weiteren 500 m gelangen wir ins **»neue« Blankenrode**, dem Ziel dieser

Exkurs
Stadt Warburg

Die Stadt Warburg liegt in der nach ihr benannten, landwirtschaftlich ertragreichen **Warburger Börde** und geht auf eine die Diemelfurt beherrschende Burg zurück, in deren Schutz sich im 11. Jahrhundert eine Siedlung entwickelte. 1195 wird Warburg in einer Urkunde als »civitas« bezeichnet. Um 1230 gründete Bernhard IV. von Paderborn die Neustadt auf dem strategisch günstigeren Bergkamm oberhalb der Altstadt. 1364 traten beide Städte der Hanse bei, zur Vereinigung von Alt- und Neustadt kam es 1436 – besiegelt im »Großen Breff«. Das **mittelalterliche Stadtbild** blieb bis heute nahezu unversehrt erhalten: unten die Altstadt, überragt von der mächtigen gotischen Pfarrkirche St. Mariä Heimsuchung (erbaut 1299) – darüber, auf dem Bergrücken, die Neustadt mit dem ehemaligen Dominikanerkloster, der Pfarrkirche St. Maria im Weinberg und das gemeinsame Rathaus. Das **Stadtmuseum im »Stern«** ist in einem der ältesten Steinhäuser Westfalens untergebracht und informiert über Geschichte und Architektur der Stadt.

Tourist-Info: Neustadt - Marktplatz, 34414 Warburg, Tel. (05641) 90850, **www.warburg-touristik.de**

Etappe. In der Ortsmitte kann man am Südostrand des Teiches die kristallklare **Altenau-Quelle** (51) entdecken. An der Nordseite des Quellteichs steht eine besondere **Schutzhütte**, denn sie beherbergt einen sehr eindrucksvollen »Spiegel der Landschaft«: Das Außergewöhnliche an der Hütte sind die in ihre Mauern eingearbeiteten ganz unterschiedlichen **Gesteinsarten** der Region.

Rückwanderroute

(Achtung, diese Rückwanderroute liegt teilweise außerhalb der Karten!)

Westlich von Blankenrode zunächst dem X3 (»Diemel-Ems-Weg«) rund 2 km nach Norden, dann dem Z (»Bördenweg«) nach Osten bis zum Eggeweg (Rastplatz Max-Parpat-Hain) folgen. Von hier auf dem Eggeweg nach Osten zurück zur B68 bzw. Borlinghauser Hütte. – Der Rückweg lässt sich um rund 1 km verkürzen, wenn man nach Erreichen des Eggewegs auf dem Forstweg bleibt und nicht dem Eggeweg nach Süden folgt. (Gesamtlänge bis Borlinghauser Hütte: ca. 12,5 km)

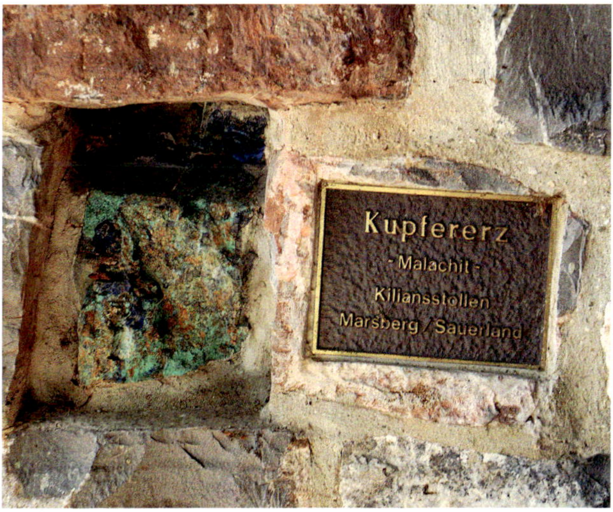

Eindrucksvolle Erläuterungen zur Geologie an der Altenauquelle

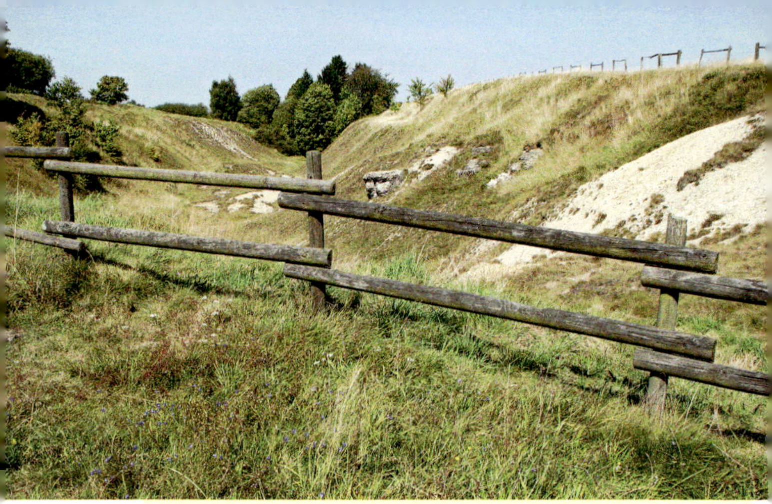

Exkurs
Bleikuhlen Blankenrode
52

Ehemalige Tagebaukuhle mit Schwermetallrasen

■ Die ehemaligen **Bleikuhlen** (»Blykaulen«) liegen an einer bedeutenden, etwa 12 km messenden Störungslinie, dem sog. Westheimer Abbruch, an dem der Mittlere Buntsandstein gegen die Oberkreide (Cenoman-Mergel) verworfen liegt. Auf dem höchsten Punkt dieser Verwerfungslinie treten die Erze zutage. Vom Mittelalter bis 1939 wurden hier sowohl im Tagebau als auch im Stollen- und Schachtbetrieb **Blei- und Zinkerze** gewonnen. Der Bergbau ist seit 1480 belegt, also erst zu einer Zeit, als die alte Stadt Blankenrode bereits wüst gefallen war (⇨ Stadtwüstung Blankenrode). Das sogenannte Bergregal (das Verfügungsrecht über die Bodenschätze) besaß gegen Ende des 15. Jahrhunderts der Graf von Waldeck.

Zu den Charakteristika der Blankenroder Bleikuhlen zählt, dass die **Erzschichten** in der Tiefe an Stärke zunehmen und der durchschnittliche Erzgehalt den hohen Wert von rund 27 % erreicht. Der Schacht war an der tiefsten Stelle 40 m tief. Das Erz wurde auf Halden sortiert, im benachbarten Wäschebach gereinigt und in nahe gelegenen einfachen Schmelzöfen weiterverarbeitet oder nach Westheim gebracht. In den Öfen gewann man **Blei, Silber und Galmei**. Edler Galmei, heute Smithsonit genannt, ist ein wichtiges Zinkerz und war bis Ende des 18. Jahrhunderts für die Herstellung von Messing unverzichtbar. Nach längerem Stillstand wurde der Abbau von Zinkerz 1925 wieder aufgenommen. Der Abbau war durchaus lohnend, wurde aber schon 1927 wieder eingestellt. Vom damaligen Abbau zeugen heute noch die alte **Tagebaukuhle** im Norden und die **Abraumhalden** im Süden.

Die Böden auf den Abraumhalden und in der Bleikuhle enthalten Schwermetalle, die für die meisten Pflanzen giftig sind. Gegenüber normalen Böden ist der Gehalt an Zink um das 530-fache und der an Blei um das 27-fache erhöht. Unter diesen extremen Bedingungen ist eine **einzigartige Pflanzenwelt** hochgradig spezialisierter Lebenskünstler entstanden, die wegen ihrer seltenen **Galmeiflora** unter Naturschutz steht. Zu den besonderen Pflanzen zählen Galmei-Frühlingsmiere, Galmei-Leimkraut, Wiesen-Schaumkresse und Galmei-Hellerkraut, die alle auch auf anderen Schwermetallvorkommen in Mitteleuropa wachsen. Einzigartig ist jedoch das blauviolette **Westfälische Galmei-Veilchen** (Viola guestphalica), das weltweit nur an diesem Standort und an einer 1,5 km entfernten Stelle im Wäschebachtal vorkommt. ■

Blankenrode – Marsberg

■ **Allgemeine Hinweise:** Angefangen mit Blankenrode berührt der Eggeweg bis Marsberg erstmals größere Ortschaften. Einen besonderen Höhepunkt stellen die Bleikuhlen bei Blankenrode mit ihrer äußerst seltenen Vegetation dar. Nach Verlassen der bewaldeten Egge bieten sich entlang der Hangkante von Oesdorf bis Essentho weite Ausblicke über das Diemeltal und die Warburger Börde. Südlich von Essentho steigen wir über die alte »Via Regia« nach Marsberg mit seinen beiden geschichtsträchtigen Ortsteilen Nieder- und Obermarsberg hinunter. Diese längste Etappe führt auf längeren Teilstücken über asphaltierte Wirtschaftswege und ist zunächst nur leicht bewegt; vor und hinter Oesdorf geht es dann steiler hinab und hinauf. Östlich von Essentho folgt schließlich über rund 3 km ein markanter Abstieg um fast 200 Höhenmeter von der Paderborner Hochfläche hinunter ins Diemeltal.

➪ Karte S. 132–136

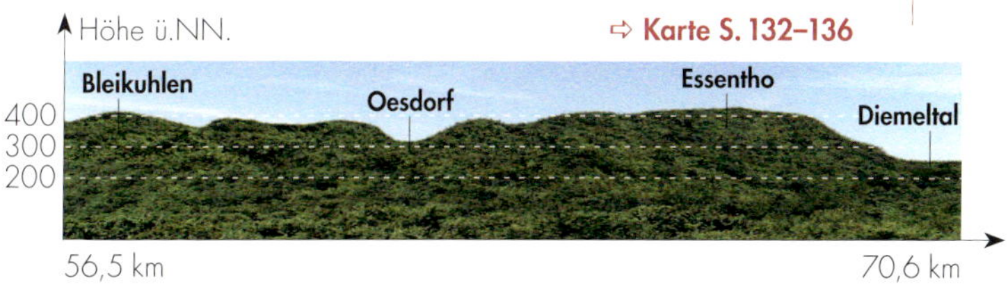

■ **Charakteristik:** *Gesamtlänge:* 14,1 km; *Steigungen* über 10 %: 1,0 km; über 20 %: 0,1 km; *Auf-/Abstiege* in Höhenmetern: +190/ -320; *Höhenlage:* 250 m bis 420 m ü.NN; *Wegebelag:* rund 45 % naturbelassen oder geschottert, rund 55 % Asphalt oder Verbundstein; *Schwierigkeitsgrad:* mittel–schwer.

Der Eggeweg verlässt Blankenrode entlang der Meerhofer Straße nach Südwesten und zweigt dann nach Süden in einen asphaltierten Wirtschaftsweg ab. Nach 500 m erreicht man die einzigartigen und geschützten ➪ **Bleikuhlen bei Blankenrode** (52).

Der Eggeweg quert anschließend die Autobahn Dortmund-Kassel. Westlich der A 44 geht die Asphaltstrecke in einen geschotterten Waldweg über. Begleitet vom nach und nach verebbenden Verkehrslärm wandern wir nun noch ein kurzes Stück durch den als Naturschutzgebiet ausgewiesenen, abschnittweise mit Buchen und Fichten bestandenen Wald. Auf halber Strecke kann man südlich des Weges die Quelle eines Bergbächleins entdecken, die ganz offensichtlich von Wildschweinen gerne als Suhle genutzt wird.

Kurz vor Erreichen der **Felsberghütte** oberhalb von Oesdorf trifft man am Waldrand auf Reste alter Hohlwege. Besonders der westliche Weg, durch den man von Oesdorf kommend den steilen Anstieg auf die Paderborner Hochfläche umgehen konnte, hat

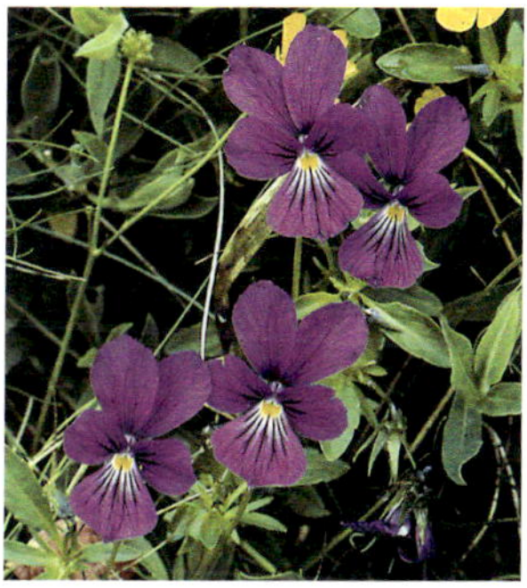

Einzigartig in Mitteleuropa: Westfälisches Galmeiveilchen

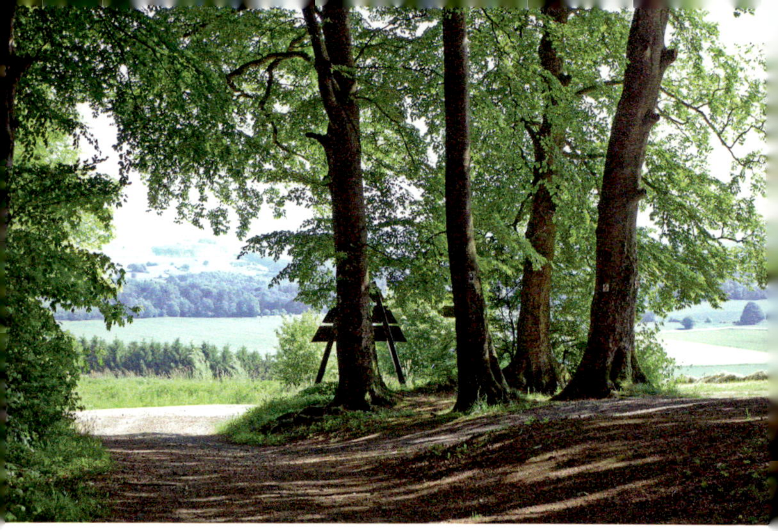

Licht und Schatten – Wiesen und Wald

sich hier tief in das anstehende Gelände eingegraben.

Nun verlassen wir für längere Zeit den Wald und genießen die **herrlichen Aussichten** vom Rand der Paderborner Hochfläche über die weiten, meist als Wiesen und Weiden genutzten hängigen Flächen. Das im wahrsten Sinne alles überragende **Obermarsberg** (⇨ S. 111) mit seinem markanten Kirchturm fällt hier erstmals deutlich ins Auge.

Die Wanderetappe bietet aber nicht nur Optisches: An vielen Feldwegen stehen noch **alte Obstbäume**; im Herbst laden sie zum Probieren ein. Und besonders zur Zeit der Heuernte ist auch ein olfaktorischer (= geruchlicher) Genuss

Der Rotmilan nutzt die Aufwinde an der Egge

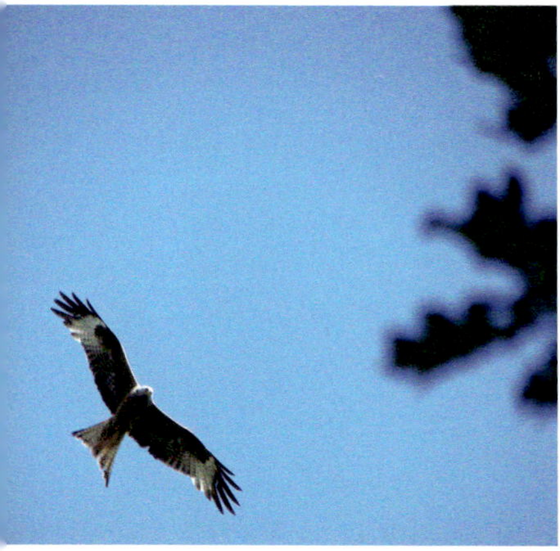

wahrnehmbar: Auf den nur schwach gedüngten Wiesen und Weiden finden sich **Gräser und Kräuter**, die früher weit verbreitet waren, heute aber durch die intensive Düngung von wuchskräftigeren Arten zunehmend verdrängt werden. Ihren typischen Geruch entfalten sie häufig erst beim Trocknen, so z.B. das »Ruchgras« (Name!) *(Anthoxanthum odoratum)*.

Der Eggeweg verlässt den asphaltierten Wirtschaftsweg 200 m westlich der Felsberghütte in Richtung Norden. Er verläuft dann entlang einer schmalen, bewaldeten Höhe in Richtung Oesdorf. Auf dem Weg nach dorthin, parallel zur Stufenkante, kann man weiter die Ruhe genießen. Über den ausgedehnten Wiesenflächen, die man von hier überblicken kann, zieht gern auch mal ein **Rotmilan** seine Kreise.

Kurz nach Erreichen des nun wieder asphaltierten Wirtschaftswegs steht südlich des Eggewegs, auf der Rückseite zweier eng beieinander stehender alter Linden versteckt, in einer von Efeu überwachsenen Felsgrotte eine **Statue des Heiligen Aloysius** (53). Der Heilige sollte einst vor der Pest

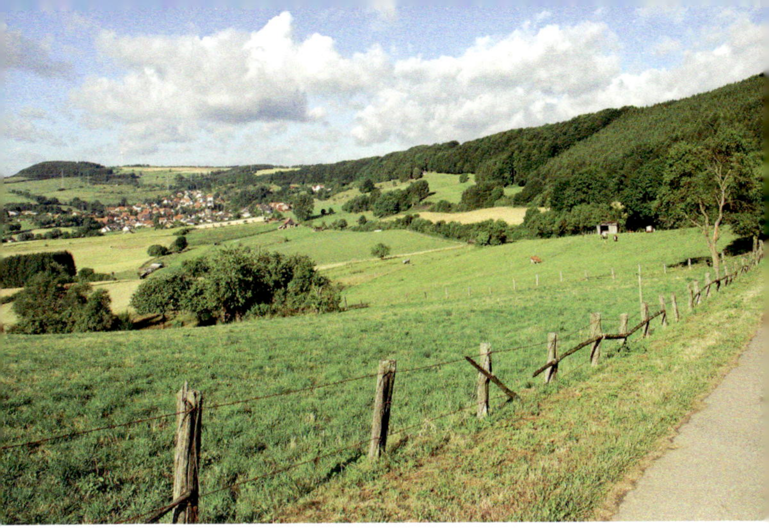

schützen; sein Festtag ist der erste Sonntag im Juli.

In Höhe eines kleinen gepflegten Bauerngartens zweigt der Eggeweg vom Asphaltweg nach Süden ab. Nur ca. 50 m weiter westlich befindet sich eine ➪ **Grotte für die Heilige Maria** (54). In der schattigen Anlage kann man besonders an heißen Sommertagen erholsame und stille Einkehr halten. Die Idee zu der Grotte stammte von einer Oesdorfer Lehrerin, die nach einer Pilgerfahrt nach Lourdes im Jahr 1923 aus dem hier anstehenden Kalkgestein die Grotte von Massabielle nachbauen ließ. Besonders im Marienmonat Mai kommen Gläubige zu der seit 2005 unter Denkmalschutz stehenden Andachtsgrotte, um hier zu beten.

Der Eggeweg verläuft nun zur Pfarrkirche von **Oesdorf** hinunter. Der heutige Ortsteil der ➪ Stadt Marsberg erscheint 1170 erstmals in einer Urkunde des Klosters Bredelaer unter dem Namen **»Osnincthorpe«**. Im Jahr 1518 verkaufte es seinen Oesdorfer Grundbesitz an das Kloster Dalheim, das bis zur Säkularisation als geistliches und wirtschaftliches Zentrum des südlichen Paderborner Landes galt. Um 1800 gehörten zum Kloster Dalheim neben fast 21.000 Morgen Land (= 5.250 ha) auch die Dörfer Oesdorf und Meerhof sowie rund 200 Landarbeiter, die 1.250 Morgen Eigenland des Klosters bestellten. So erklärt sich auch, warum in alten Karten zwei Bereiche des Dorfes als *»Wein Berg«* (heute: Kesselhöhle) und *»Hoppen Berg«* bezeichnet werden. Vielleicht wurden sie zu Klosterzeiten tatsächlich so genutzt.

Die Oesdorfer Pfarrkirche **St. Johannes der Täufer** (55) wurde 1893 eingeweiht. Sie besitzt dennoch wertvolle Stein- und Holzplastiken aus dem 15. Jahrhundert, die ursprünglich zum Kloster Dalheim gehör-

Malerischer Blick entlang der Egge nach Oesdorf

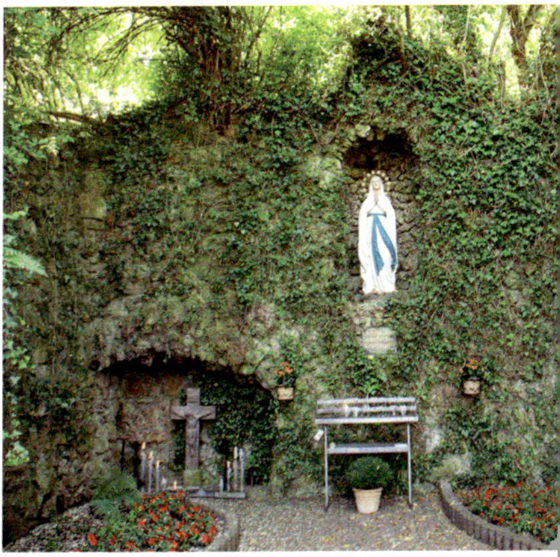

Mariengrotte in Oesdorf

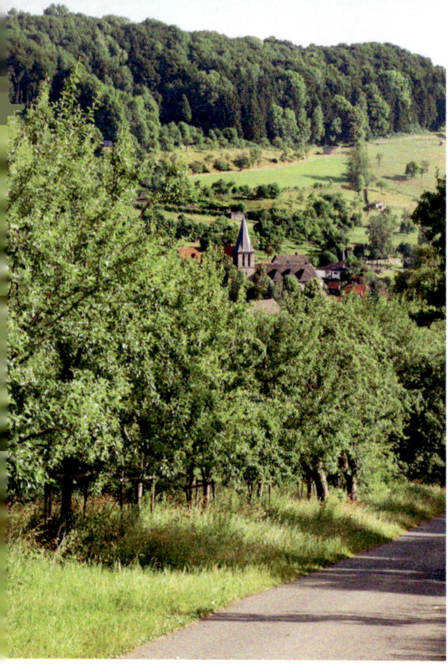

Obstbäume am Weg südlich von Oesdorf

ten. Augustinerchorherren des Klosters versahen in Oesdorf den Pfarrdienst. Mit der Säkularisation wurde der letzte Seelsorger aus dem Dalheimer Konvent, der Pfarrer Joseph Adami, auch erster Weltgeistlicher in Oesdorf. Er rettete den Kunstschatz, indem er ihn einfach in seine Pfarrkirche überführte.

Die **»Schöne Madonna«** am linken vorderen Pfeiler des Kirchenschiffs ist das künstlerisch wertvollste Werk. Die seltene Darstellung der Gottesmutter mit Taube und Traube ist ein Werk der Hochgotik und dürfte Anfang des 15. Jahrhunderts entstanden sein. Vom gleichen unbekannten Meister stammt wohl auch der heilige Petrus mit Schlüssel und aufgeschlagenem Buch.

Hinter Oesdorf wandern wir auf dem asphaltierten Feldweg steil empor. Man kann schon mal in einen **Kuhfladen** treten; denn hier werden die Kühe noch morgens und abends zum Melken in den Stall getrieben. Auf den Saumstreifen neben dem zur Hochebene führenden Weg stehen alte Obstbaumhochstämme, die zusammen mit den Hecken, Feldrainen, Hohlwegen und Einzelgehölzen ein vielfältiges Landschaftsbild formen und wertvolle Lebensräume für Tiere und Pflanzen darstellen. Der **Streuobstbau** hat in Oesdorf wegen seiner bevorzugt südostexponierten, trocken-warmen Muldenlage seit vielen Generationen Tradition. Dies verdeutlicht auch ein Blick zurück aufs Dorf und sein Umfeld.

Kurz vor dem Wasserwerk steht gegenüber einer Wegekreuzung ein **Wegekreuz**, das von drei als Naturdenkmale geschützten Linden eingefasst wird. Vorbei am Wasserwerk Meerhof-Oesdorf erreichen wir schließlich eine Art Plateau, von dem aus man einen herrlich freien Blick in die umge-

Schwebfliege am »Kleinen Odermennig«

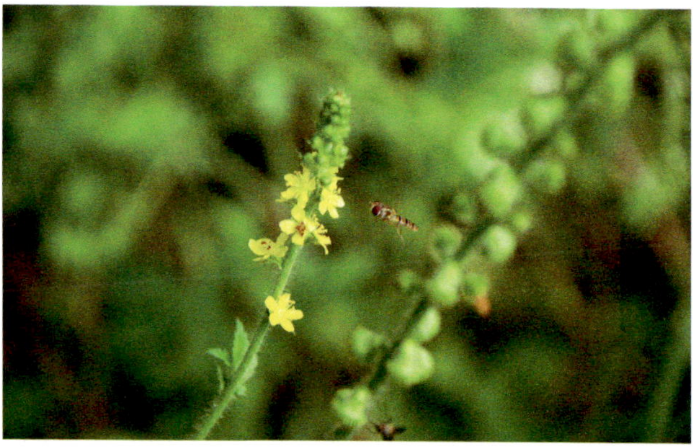

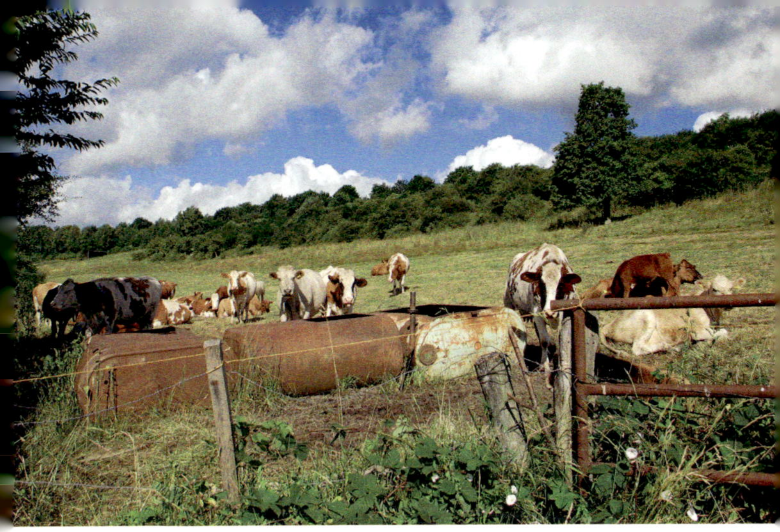

bende Landschaft genießen kann. Einige einfache Holzbänke weisen den Weg zu den schönsten **Aussichtspunkten**. Dazu gehört der Ausblick ins Diemeltal, nach Obermarsberg, auf die Berge der Südegge und die Briloner Höhen.

Weiter geht's ein kurzes Stück am Waldrand der Hohen Loh entlang nach Westen. Auf den mageren, ungedüngten **Saumstreifen** zwischen Wald und Wirtschaftsweg findet man *Schafgarbe, Johanniskraut, Acker-Witwenblume* oder *Kleiner Odermennig*. An schönen Sommertagen sind hier zahlreiche Schmetterlinge und Schwebfliegen anzutreffen.

Direkt danach biegt der Eggeweg in einen unbefestigten Waldweg ein. Am Ende dieses Waldes laden eine **Schutzhütte** und verschiedene Bänke zur Rast ein. Auch von hier und weiter bis zum rund 2 km entfernten Essentho kann man die weiten Ausblicke in die Landschaft genießen. Der Weg verläuft nun wieder parallel zur Abbruchkante (»Egge«) am Rand der Paderborner Hochfläche. Über der Hangkante kreist hin und wieder ein Bussard, der die Talaufwinde nutzt, um sich in die Höhe tragen zu lassen. Auf den steilen und flachgründigen Böden ist nur **Grünlandwirtschaft** möglich.

Am Ortseingang von **Essentho** laufen alle Wirtschaftswege wieder zusammen. Gegenüber dem ehemaligen Forsthaus, am südlichen Dorfausgang, quert der Eggeweg die markante Spitzahornallee der Landstraße von Essentho nach Niedermarsberg (L 549). Wir betreten hier den Essenthoer Wald und biegen rund 100 m weiter nach Süden auf die **Via Regia** **56** ab, den alten Königsweg (⇨ Passwege über die Egge, S. 12) von Frankfurt nach Paderborn. Durch den Fichtenwald gelangen wir nach etwa 300 m zu einem 5 bis 6 m tiefen **Hohlweg** **57**, der sich in den hier anstehenden Zechstein eingeschnitten hat.

Auf der Nordseite steht die Felswand senkrecht, auf der Südseite schützt ein kleiner Wall vor dem Abrutschen. An der Felswand kann man sehr schön die Verwerfungen des **Zechsteins** studieren, der mit 245 bis 255 Millionen Jahren das älteste zu Tage tretende Gestein am Eggeweg darstellt. Es sind die Ablagerungen eines flachen Meeresbeckens

An den steilen Hängen von Oesdorf und Essentho werden wohl auch künftig Kühe weiden

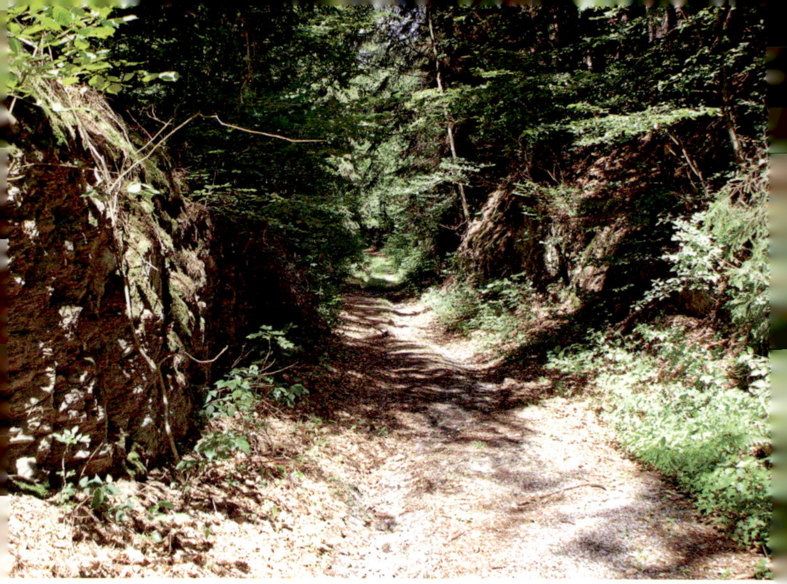

Tiefer Hohlweg im Zechstein auf der »Via Regia«

(Zechsteinmeer), welches das nördliche Mitteleuropa im Oberperm (auch: »Zechstein«) bedeckte. Zechstein ist zum einen ein bergmännischer Begriff und bedeutet »zäher Stein«, andererseits erinnert das Wort an jene »Zechen«, die dort standen, wo Kupferschiefer abgebaut wurde. Dieser hatte als Silber- und Kupferlieferant vom Mittelalter bis zum Ende des 20. Jahrhunderts eine große wirtschaftliche Bedeutung (⇨ **Bodenschätze**).

Den Eggeweg säumen breite **Staudenfluren**, die bei schönem Sommerwetter von einer Vielzahl an Insekten aufgesucht werden. Vom Hangweg aus ergeben sich imposante Ausblicke auf ⇨ (Nieder-) **Marsberg** mit seinen vielen kirchlichen Bauten und auf ⇨ **Obermarsberg**.

Der Weg zieht sich im gestreckten Halbrund gemächlich den Hang hinunter ins Diemeltal. Die Wälder sind zu großen Teilen im Eigentum der Familie **von Plettenberg,** einem sehr alten westfälischen Adelsgeschlecht. Die Stadt Plettenberg im Märkischen Kreis ist der Stammsitz der Familie. Die von Plettenbergs unterstützten vom 12. bis zum 18. Jahrhundert den Erzbischof von Köln und stellten mehrfach den Marschall von West-

»Waldbrettspiel« auf einem sonnigen Saumstreifen

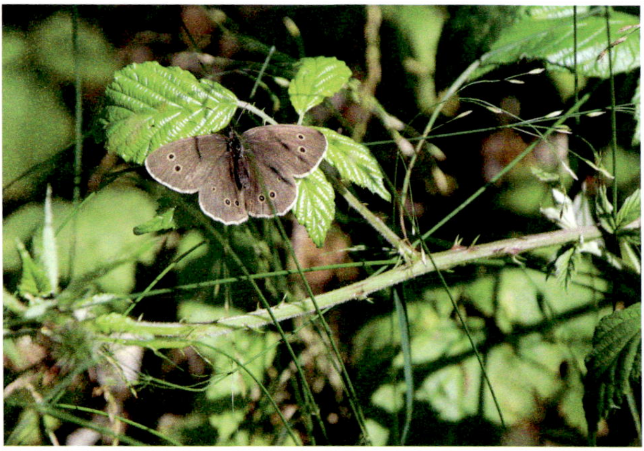

falen, also den Stellvertreter des Erzbischofs und militärischen Oberbefehlshaber. Erwähnenswert ist auch Kurt Freiherr von Plettenberg (1891–1945). Er war Forstmann und Widerstandskämpfer gegen den Nationalsozialismus und gehörte dem engeren Kreis der Attentäter auf Adolf Hitler

Exkurs
Bodenschätze der Egge

■ Obwohl er über nicht unerhebliche Bodenschätze wie **Eisen, Blei und Kupfer** verfügt, kennt man den Eggeraum heute als industriearme Region. In früheren Zeiten waren die Bodenschätze durchaus bedeutend, so etwa die **Erzgewinnung** bei Blankenrode (⇨ Exkurs S. 102) oder bei Bleiwäsche (Name!). Bereits um 1550 wusch man dort das in Nestern und Gängen geschürfte **Bleierz**. Um 1739 wurden die bergmännisch betriebenen Gruben jedoch stillgelegt. Das **Kupfererzlager** von Marsberg gehört zu den drei größten Vorkommen seiner Art in Deutschland. Nachweislich wurde das erste dortige Bergrecht bereits 1150 an Abt Wigbold von Corvey verliehen. Die Lagerstätte befindet sich auf dem Sattel am östlichen Rand der Niedermarsberger Kernstadt. Weitere Kupfervorkommen gibt es im Ortsteil Essentho. Wahrscheinlich wurden die Erze bereits zur **Römerzeit** abgebaut; 1875 fand man in einem alten Stollen einen Einhenkelkrug aus dem 2./3. Jahrhundert.

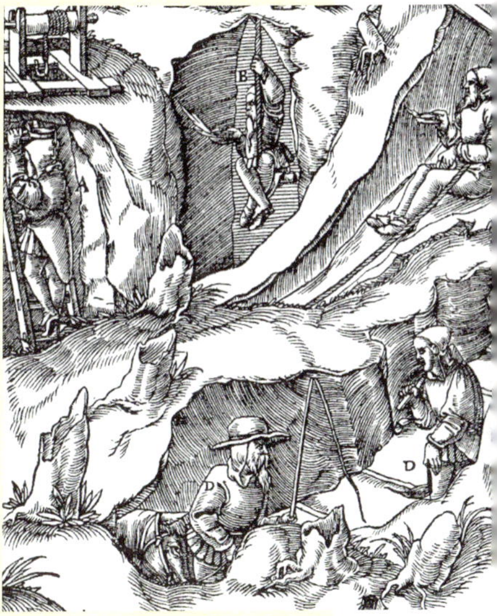

Bergwerk im Mittelalter (Georgius Agricola, 1556)

Zu den geologischen Besonderheiten des Eggeraums gehört auch **»gediegenes Gold«**, das in sehr kleinen Blättchen vorkommt. Es führte dazu, dass noch im 19. Jahrhundert an Diemel und Hoppecke Gold gewaschen wurde. Das von Kaiser Heinrich VI. im Jahr 1192 auf den Abt von Corvey als Oberherrn von Marsberg übertragene Bergwerkregal bezog ausdrücklich das Recht auf die Gewinnung von **Flussgold** *(in auri fluentis)* ein. Vor diesem Hintergrund könnte die fränkische Expansion nach Sachsen, die genau auf die Eresburg (Eresberg = Erzberg?!) hinauslief, neu interpretiert werden; denn die reichen Kupfervorkommen weckten sicher Begehrlichkeiten. Außer Kupfer wurde in Marsberg auch **Eisen** verarbeitet. 1612 existierten an Glinde und Diemel sechs Eisenhütten, die nicht nur Roheisen, sondern auch Öfen, Kaminplatten und Geschütze erzeugten. Flurnamen wie »Auf der Hütte« oder »Isenberg« (= Eisenberg) belegen das vorindustrielle eisenverarbeitende Gewerbe (⇨ **Eisengewerbe** in Altenbeken, S. 49). ■

Eindrucksvoll ist ein Besuch des vom Marsberger Heimatbund betriebenen **Besucherbergwerks Kiliansstollen**, in dem Jahrhunderte lang Kupfer abgebaut wurde (bis 1945). Darüber hinaus ist es ein Kleinod für Mineralogen und Geologen. Die Temperatur unter Tage beträgt 10 Grad und erfordert warme Kleidung, auch festes Schuhwerk ist empfehlenswert. Schutzkleidung und Helme sind vorhanden. Info unter **www.kilianstollen.de**

vom 20. Juli 1944 an. Um nicht die Namen seiner Mitkämpfer preisgeben zu müssen, beendete er sein Leben, indem er sich aus dem Fenster stürzte.

Am Eggeweg stehen hier auch eher seltene Aufforstungen mit Roteichen. Sie stammen ursprünglich aus Nordamerika und haben deutlich gezacktere Blätter als unsere heimischen Eichen. Ab Ende Juni bis Mitte August ziehen die roten Früchte des Traubenholunders, der bevorzugt an sonnigen Waldrändern steht, die Blicke des Wanderers auf sich. Auf den letzten 500 m des **Hohlwegs** (57) fallen die Spezialfaltungen im Zechsteingebirge besonders ins Auge. Am Bergfuß erreichen wir schließlich die B 7.

Nach der Überquerung der Straße steigen wir zum Flussbett der **Diemel** (58) hinunter. Über den Uferweg erreichen wir in wenigen Minuten Niedermarsberg. Auf dem Weg dorthin lohnt sich ein Besuch des Cafés »Zum Bleichhaus«, zugleich ein Stützpunkt der Marsberger **Touristinfo**.

Über die Diemelbrücke geht's nun zum **Endpunkt** (oder Startpunkt) des Eggewegs am Bahnhof Niedermarsberg. Hier findet man Anschluss an das Wanderwegenetz oder an das Routennetz der Eisenbahn, die uns wieder zurück in den Alltag bringt (oder: der Beginn einer weiteren interessanten Wandertour ist).

Tipp: Vor der Rückfahrt ist ein Besuch von ⇨ **Obermarsberg** (59) zu empfehlen. Den rund 150 m höher liegenden Ortsteil der Stadt Marsberg erreicht man über den E 1. In der Woche verkehrt in relativ dichten Abständen (40 Minuten bis 2 Stunden) aber auch ein Bus (Linie 497) dorthin.

Rückwanderroute

(Achtung: Rückwanderroute ist in den Karten nur teilweise dargestellt.) Vom Bahnhof in Marsberg zunächst über die Hauptstraße bis zum ◇M-Weg. Diesem dann flussabwärts durch das Diemeltal bis nach Westheim folgen. Von hier weiter über den ◇M-Weg nach Norden zum Eggeweg in Höhe der Schutzhütte »Hohe Asch«. Von hier weiter über den Eggeweg zurück nach Blankenrode. (Gesamtlänge: 13,3 km)

Eggeweg am schattigen Ufer der Diemel

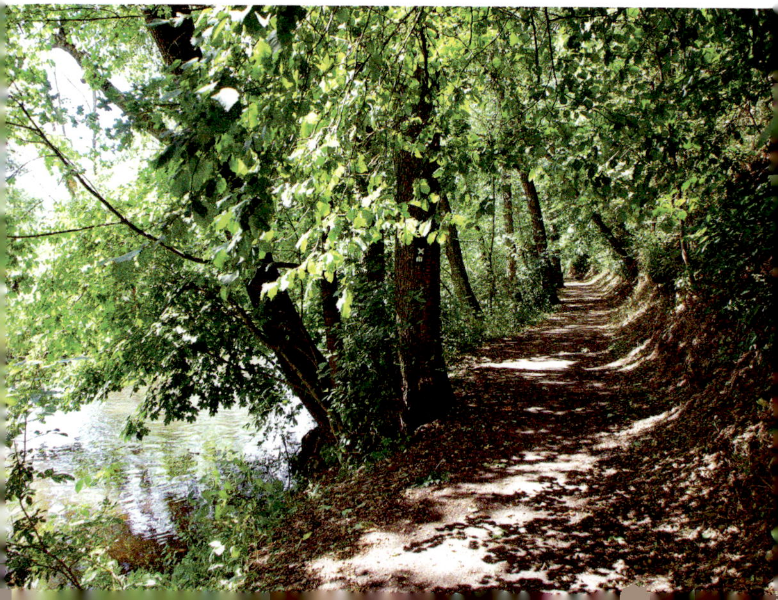

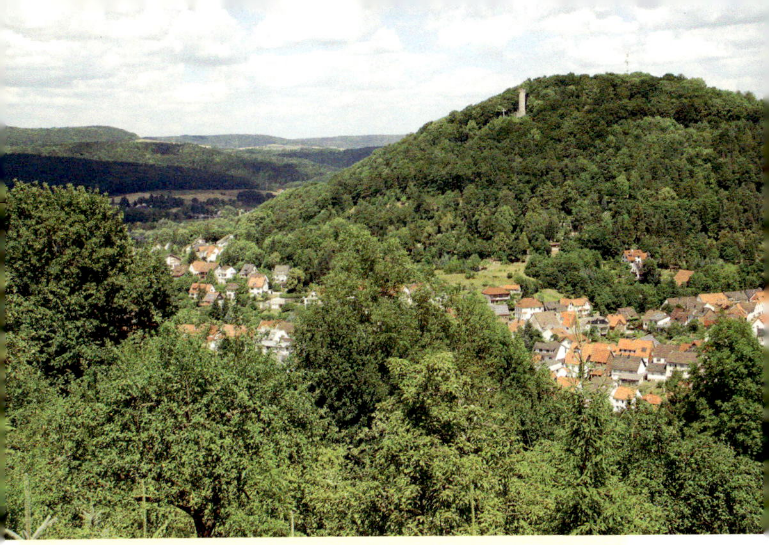

Exkurs
Stadt Marsberg

■ Die **Stadt Marsberg** entstand 1975 im Zuge der kommunalen Neugliederung aus den Ortsteilen Obermarsberg und Niedermarsberg sowie zehn weiteren zuvor selbständigen Gemeinden. Dank seiner günstigen Lage im **Diemeltal** und der Nähe zu zwei viel genutzten, sich hier kreuzenden Fernhandelswegen hatte sich Niedermarsberg bereits im 9./10. Jahrhundert zu einem wichtigen **Handelsort** entwickelt, war aber politisch von ⇨ **Obermarsberg** abhängig. Das Kloster Corvey erhielt schon im Jahr 900 von König »Ludwig dem Kinde« für die »villa Horohusun« (= Niedermarsberg) die Erlaubnis, einen Markt abzuhalten, **Marktzoll** zu erheben und **Münzen** zu prägen. Daran wird die wichtige Rolle erkennbar, die Marsberg (= Nieder- und Obermarsberg) in der westfälischen, ja deutschen Geschichte des frühen und hohen Mittelalters besaß.

Blick ins Tal auf Niedermarsberg und den Bilsteinturm

Eine große Bedeutung hatte seit dem frühen Mittelalter auch der **Bergbau** und die Verarbeitung von Erzen. So fanden im Lauf der Jahrhunderte viele Kämpfe und Auseinandersetzungen um die Stadt und seine ⇨ **Bodenschätze** statt. Aber auch die **Glasproduktion** prägte den Wohlstand Marsbergs. Bis heute ist die Ritzenhoff AG eine der bekanntesten Glasfabriken Deutschlands. Im 19. Jahrhundert gewann mit der psychiatrischen **LWL-Klinik Marsberg** auch das Gesundheitswesen als Wirtschaftsfaktor an Bedeutung. ■

Tourist-Info: Stadtmarketing Marsberg, Bäckerstr 8, 34431 Marsberg, (02992) 8200 oder 3388, www.tourismus-marsberg.de

Exkurs
Obermarsberg
59

■ Bereits im 4. Jahrtausend vor Christus ist für Obermarsberg eine **Höhensiedlung** nachweisbar. Später war die dortige **Eresburg** eine wichtige Burg der Sachsen, die von Karl dem Großen erstmals im Jahr 772 und dann endgültig 776 erobert wurde (⇨ **Sachsen & Franken**, S. 84). Schon bei der ersten Eroberung soll er auch das höchste Heiligtum der Sachsen, die Weltensäule »Irminsul«, zerstört haben. Bereits 780 wurde auf dem Eresberg der erste **Benediktiner-Konvent** im Sachsenland gegründet, 785 wurde auf dem höchsten Punkt des Bergs (410 m) eine steinerne Petrus-Basilika errichtet.

Die heutige **Stiftskirche** wurde um 1250 zu einer Hallenkirche ausgebaut. Nach der Zerstörung im 30-jährigen Krieg musste die heutige barocke Innenausstattung sowie der prachtvolle Orgel-

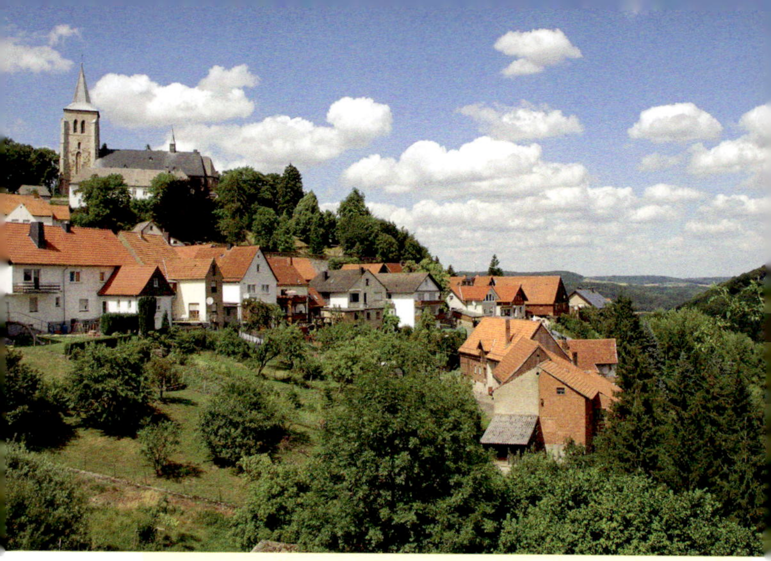

Exkurs Obermarsberg (Forts.)

prospekt) neu beschafft werden. Im Zuge der Säkularisation wurde das Kloster 1803 aufgelöst. Südlich der Kirche befindet sich das ehemalige **Stiftsgebäude**. An seiner Westwand sieht man ein goldenes »A«, also den ersten Buchstaben des Alphabets, als Zeichen dafür, dass Karl der Große hier die erste Kirche und neben ihr das erste Benediktinerkoster im Sachsenland erbauen ließ.

Der **Benediktusbogen** bildete früher die Grenze zum Klosterbezirk. Über dem Durchgang sieht man in einer Nische den Ordensgründer Benedikt, darunter ein Chronogramm in lateinischer Schrift. Die Großbuchstaben ergeben zusammen das Erbauungsjahr 1759. Auf dem Weg zur Kirche steht eine stark verwitterte Kalksteinstatue aus der Renaissancezeit, die **Rolandsstatue**. Sie wurde um 1600 als Zeichen der Immunität des Stiftes errichtet und stellt einen gepanzerten Ritter mit Helm, langem Mantel, Schwert und Kirchenmodell dar. Durch die nordöstliche Friedhofspforte führt der Weg ein Stück bergab zum **Buttenturm**, einem ehem. Beobachtungsturm. Der Name kommt vom plattdeutschen »biuten« = außen.

Die weithin sichtbare Stiftskirche auf dem Eresberg in Obermarsberg

Die ab 1229 errichtete **Nikolaikirche** im Ortskern ist dem Patron der Bürger und Kaufleute geweiht. Das Gebäude ist bis auf den Turm und den Treppenaufgang in ihrem Ursprung erhalten. Im Innern erkennt man Übergangsformen von der Romantik zur Gotik. Die Südseite ist als Schauseite gegenüber der Nordseite deutlich prächtiger gestaltet. Über dem Portal thront der Heilige Nikolaus. Auf dem Platz vor der Kirche befindet sich ein 26 m tiefer **Kettenbrunnen**, früher »Windenborn« genannt, der in Handarbeit im Fels angelegt wurde. Sehenswert sind auch das ehemalige **Rathaus** mit dem davor stehenden Pranger. Als Zeichen der städtischen Gerichtshoheit wurde man hier am **»Schandpfahl«** für kleinere, vor allem ehrenrührige Vergehen bestraft wie Mundraub, Schlägereien oder Trunkenheit. Die Verurteilten wurden mit Ketten und Halsband gefesselt und dem Volk zum Spott und Hohn ausgesetzt. ■

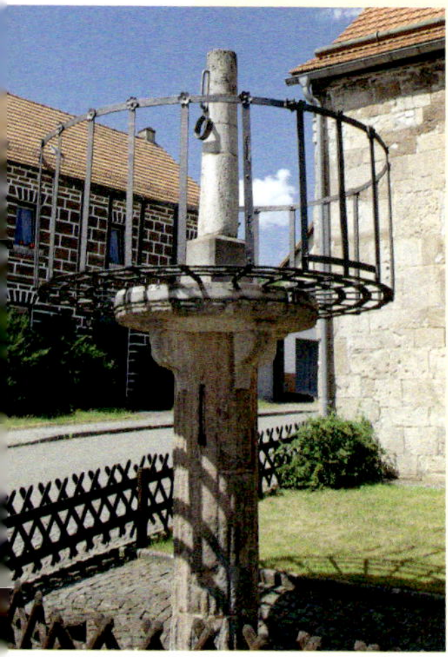

Schandpfahl am früheren Rathaus

Karten 1:25000

Auf den folgenden zwölf Doppelseiten wird der gesamte im Erlebnisführer beschriebene Verlauf des Eggewegs sowie weite Teile seines Umlands kartographisch dargestellt. Die »Schummerung« der Karten deutet dabei das Relief der Landschaft an; so wird vor allem der Verlauf des langgezogenen Eggekamms anschaulich und deutlich.

■ Neben dem Eggeweg (rot) werden auch seine Zugangswege und die Rückwanderrouten dargestellt. Wegpassagen mit Steigungsraten von mehr als 10 % und 20 % sind entsprechend gekennzeichnet.

■ Die jeweiligen Wechselpunkte zwischen den Wanderabschnitten sind in den Karten markiert; meist liegen Wanderparkplätze in unmittelbarer Nähe. Für mit öffentlichen Verkehrsmitteln anreisende Wanderer sind Bahnhöfe und naheliegende Bushaltestellen hervorgehoben.

■ Die Karten enthalten, wie im Text numerisch geordnet, alle Erlebnisschwerpunkte sowie weitere Orientierungspunkte und Sehenswertes am Wege wie Aussichtstürme, Felsklippen, Schutzhütten, Naturdenkmale oder Museen. Naturschutzgebiete sind grün gerahmt.

■ Unter den Karten werden für die jeweiligen Sehenwürdigkeiten entsprechende Seitenverweise zu ihrer Erläuterung im Text und in den Exkursen angegeben.

■ Die gastronomischen Betriebe entlang des Wegs sind in den Karten mit fortlaufenden Nummern versehen und so leicht zuzuordnen (vgl. »Unterkunft und Verpflegung am Eggeweg« auf Seite 138–139).

■ Die folgenden Symbole werden in den Karten verwendet:

- Eggeweg
- alternative Routen
- Zugangswege
- Rückwanderrouten (individuelle Wegmarkierungen)
- über 10% Steigung
- über 20% Steigung
- 4 Sehenswertes
- 12 Gastronomie
- JH Jugendherberge
- Campingplatz
- Rettungshütte, ~punkt
- Schutzhütte
- Museum
- Hallenbad
- Freibad

- P Naturpark-Wanderparkplatz
- P Parkplatz
- H Haltestelle
- Kirche, Kloster
- Kapelle, Wegekreuz
- Burg / Schloß; Ruine
- Denkmal
- Höhle
- Turm, Aussichtsturm
- Aussichtspunkt
- ND KD Natur- / Kulturdenkmal
- sehensw. Einzelbaum (ND)
- sehenswerter Fels
- Findling / Hügelgrab
- Grenzstein / Fernmeldeturm
- NSG Naturschutzgebiet

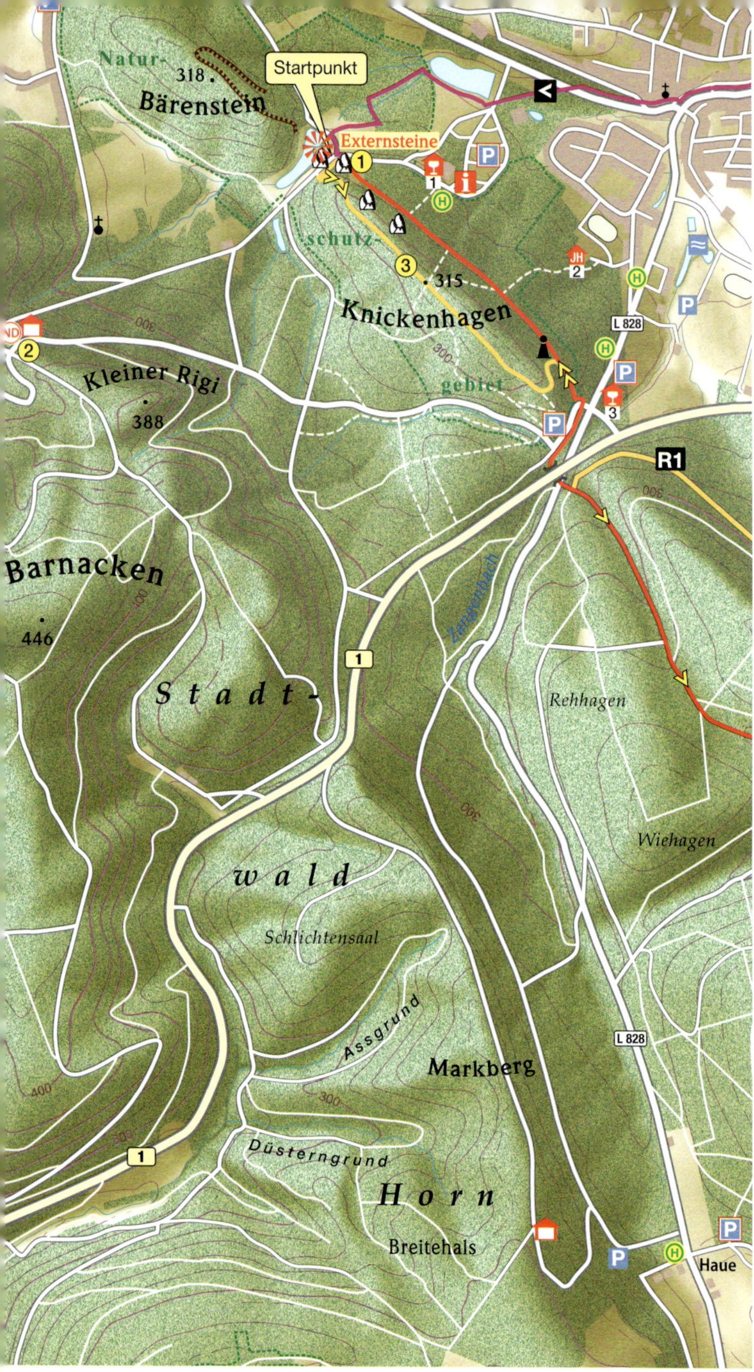

Karte I (zu Etappe 1)

1 Externsteine	⇨ Text S. 21, Exkurs S. 21
2 Alter Passweg »Große Egge«	⇨ Exkurs S. 26
3 Knickenhagen	⇨ Text S. 25, Exkurs S. 24
4 Hövelmanns Schleifmühle	⇨ Text S. 27, Exkurs S. 29
5 Silberbachtal	⇨ Text S. 27, Exkurs S. 28

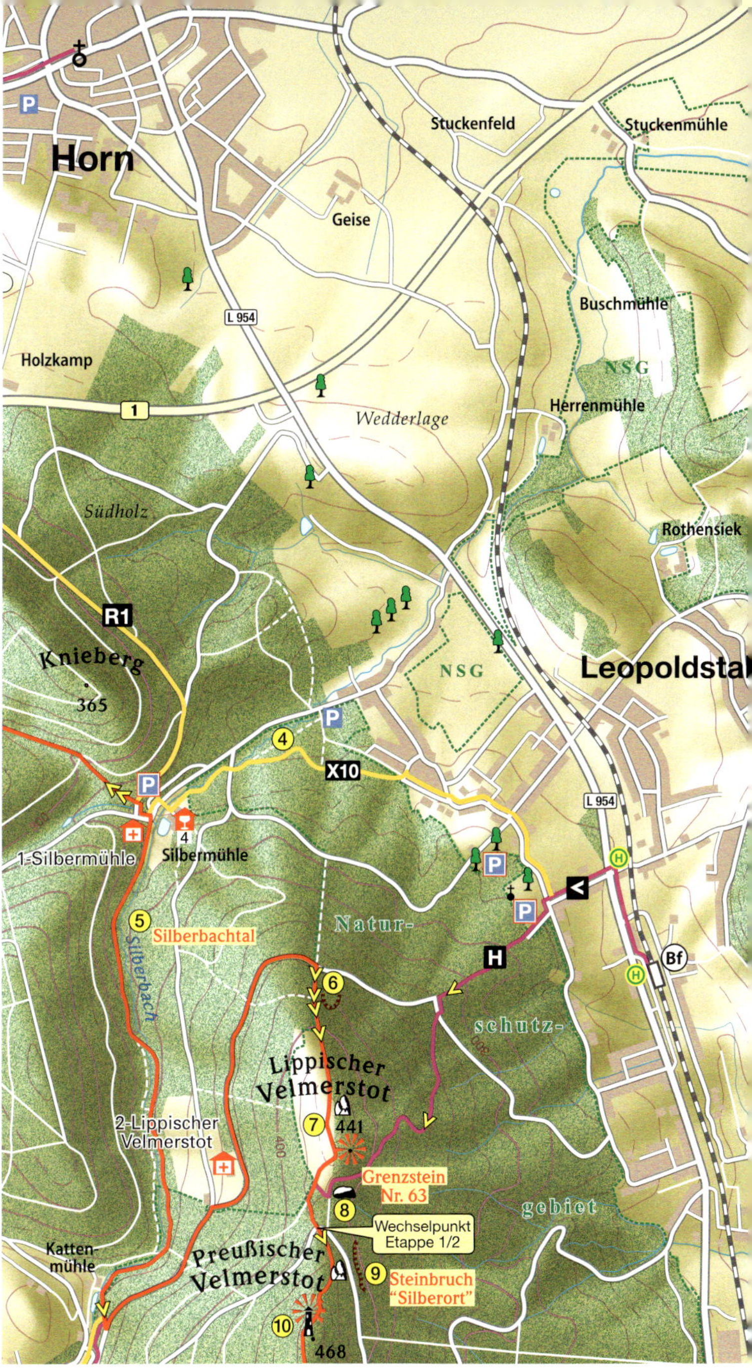

Maßstab 1:25.000

250 m 1 km

- (6) Ehemaliger Sandsteinbruch ⇨ Text S. 30
- (7) Lippischer Velmerstot ⇨ Text S. 32, Exkurs S. 34
- (8) Grenzstein Nr. 63 ⇨ Text S. 33, Exkurs S. 31
- (9) Ehem. Steinbruch »Silberort« ⇨ Text S. 36, Exkurs S. 34
- (10) Preußischer Velmerstot ⇨ Text S. 29, Exkurs S. 34

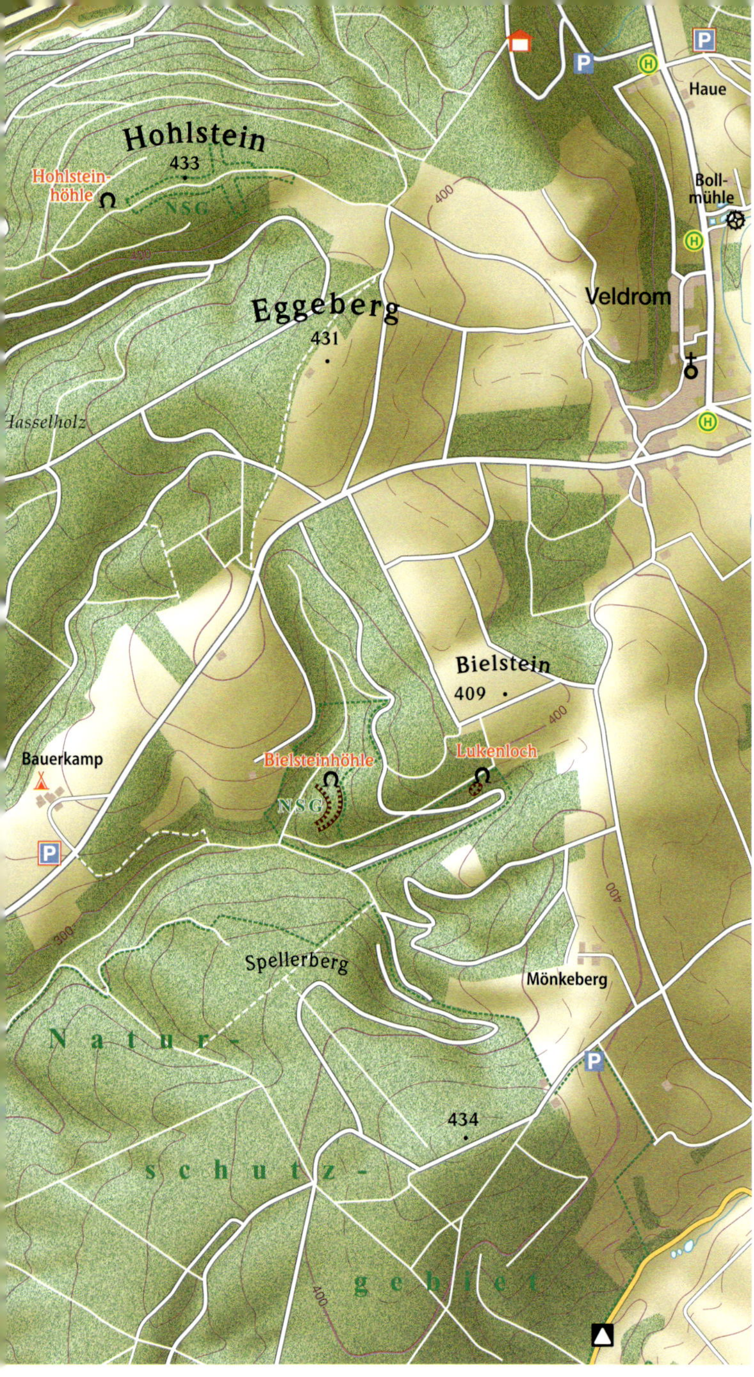

Karte II (zu Etappe 2)

9 Ehem. Steinbruch »Silberort« ⇨ Text S. 36, Exkurs S. 34

10 Preußischer Velmerstot ⇨ Text S. 29, Exkurs S. 34

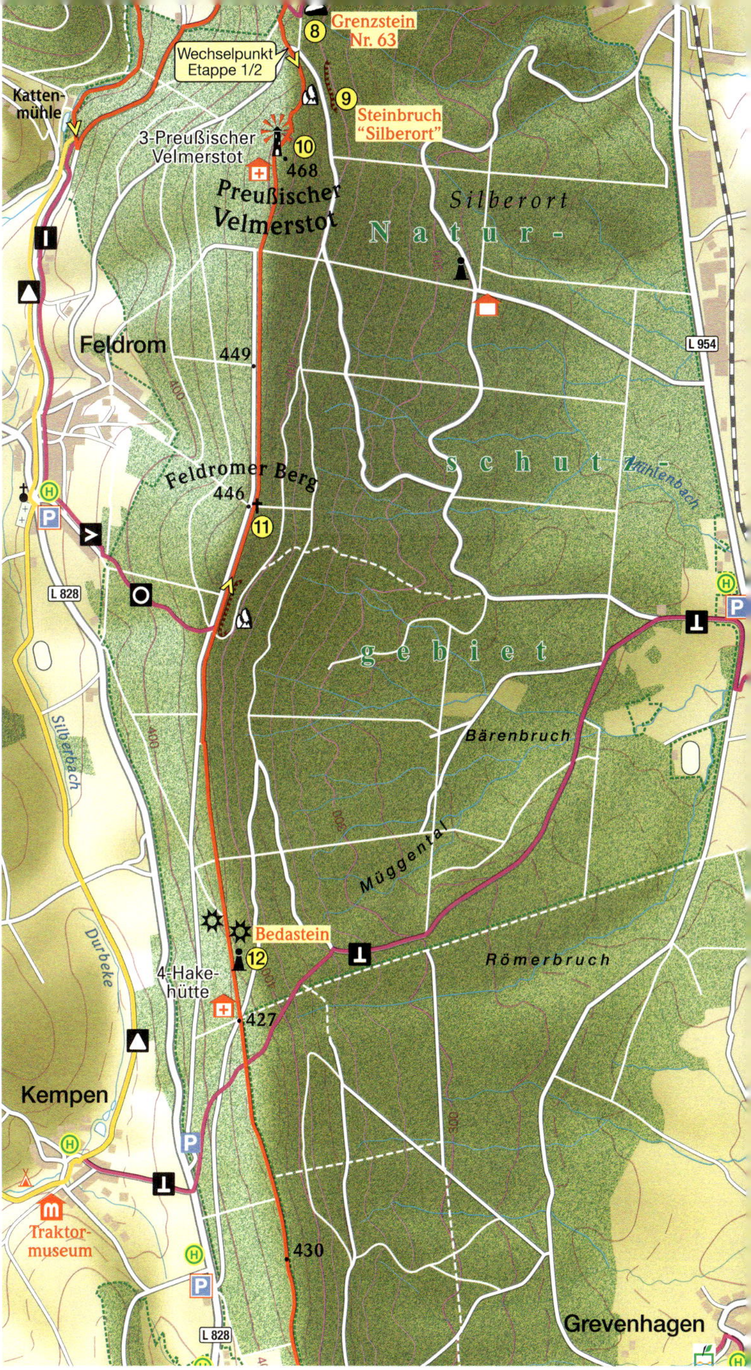

Maßstab 1:25.000

250 m 1 km

(11) Steinmal Feldromer Berg ⇨ Text S. 39

(12) Bedastein ⇨ Text S. 40, Exkurs S. 41

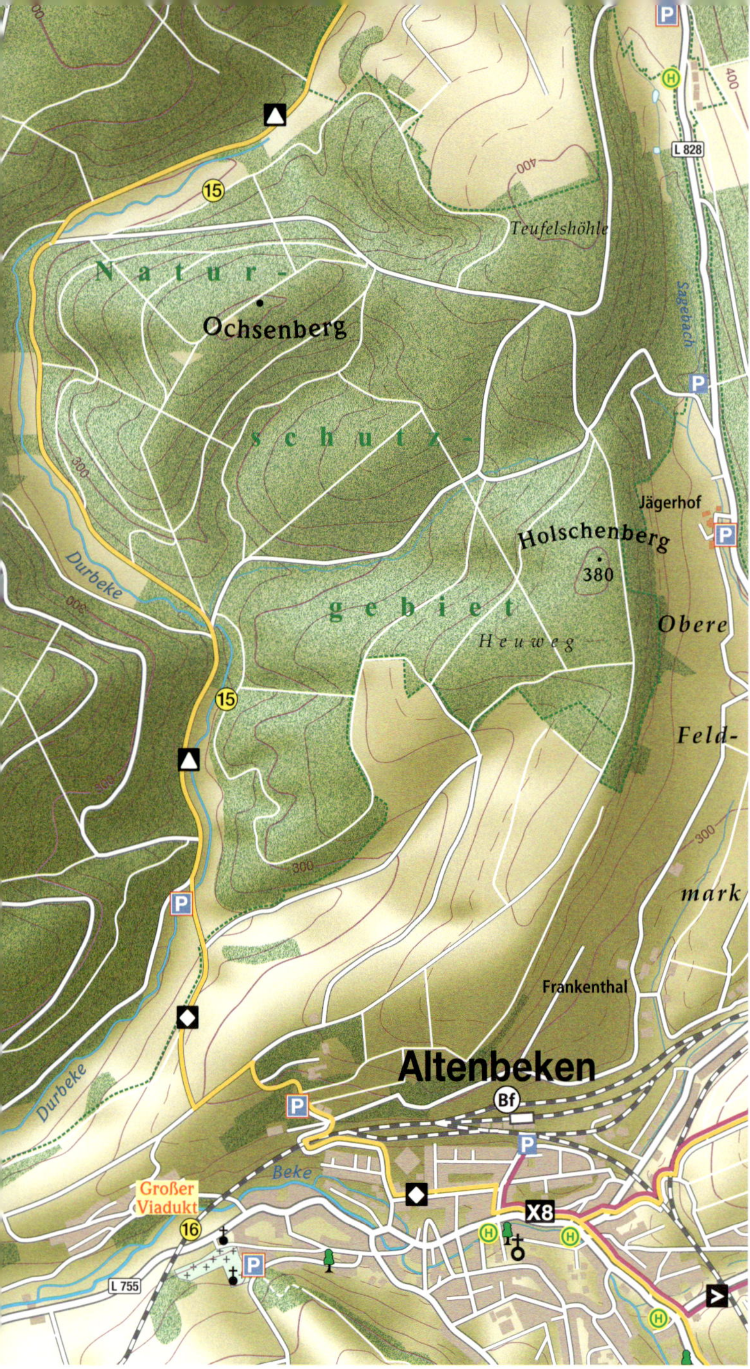

Karte III (zu **Etappe 2/3**)

(13) Schwarzes Kreuz ⇨ Text S. 42, Exkurs S. 42
(14) Kgl. Preuß. Telegrafenlinie ⇨ Text S. 44, Exkurs S. 45
(15) Durbeketal ⇨ Text S. 45

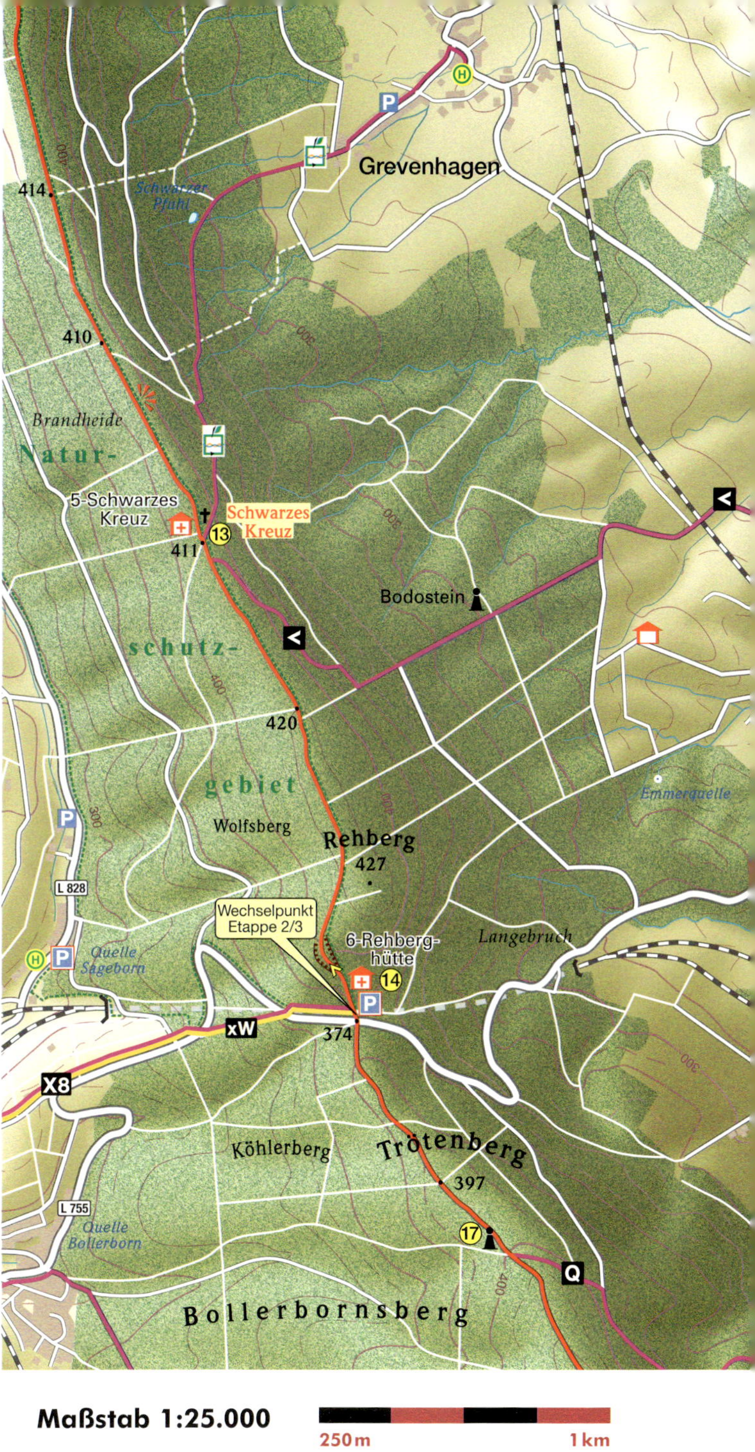

16 Großer Viadukt ⇨ Exkurs S. 46 u. S. 48

17 Scholandstein ⇨ Text S. 47

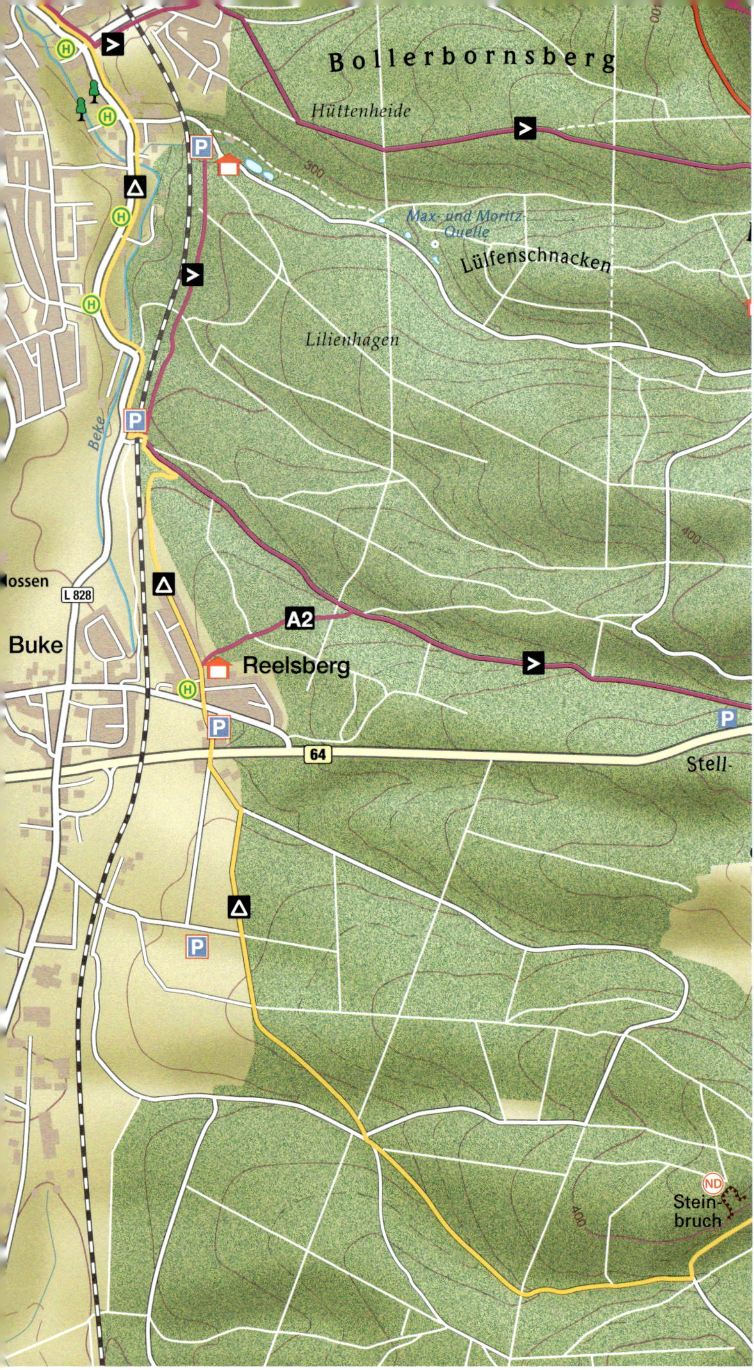

Karte IV (zu Etappe 3/4)

(18) Sachsenborn (Quelle) ⇨ Text S. 50

(19) Glashütte Dübelsnacken ⇨ Text S. 53, Exkurs S. 52

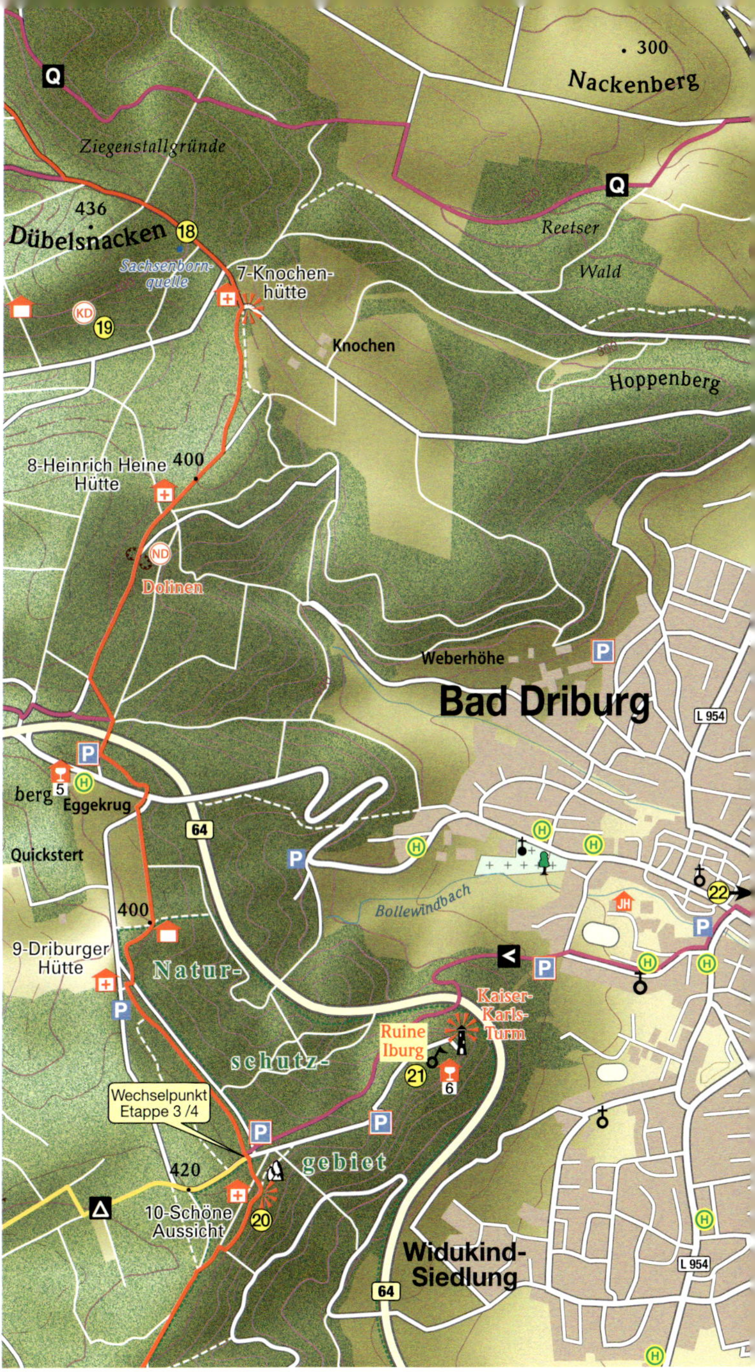

Maßstab 1:25.000

250 m — 1 km

(20) Schöne Aussicht ➪ Text S. 57 u. S. 64

(21) Ruine Iburg ➪ Text S. 60, Exkurs S. 61

(22) Gräflicher Park Bad Driburg ➪ Text S. 57, Exkurs S. 58

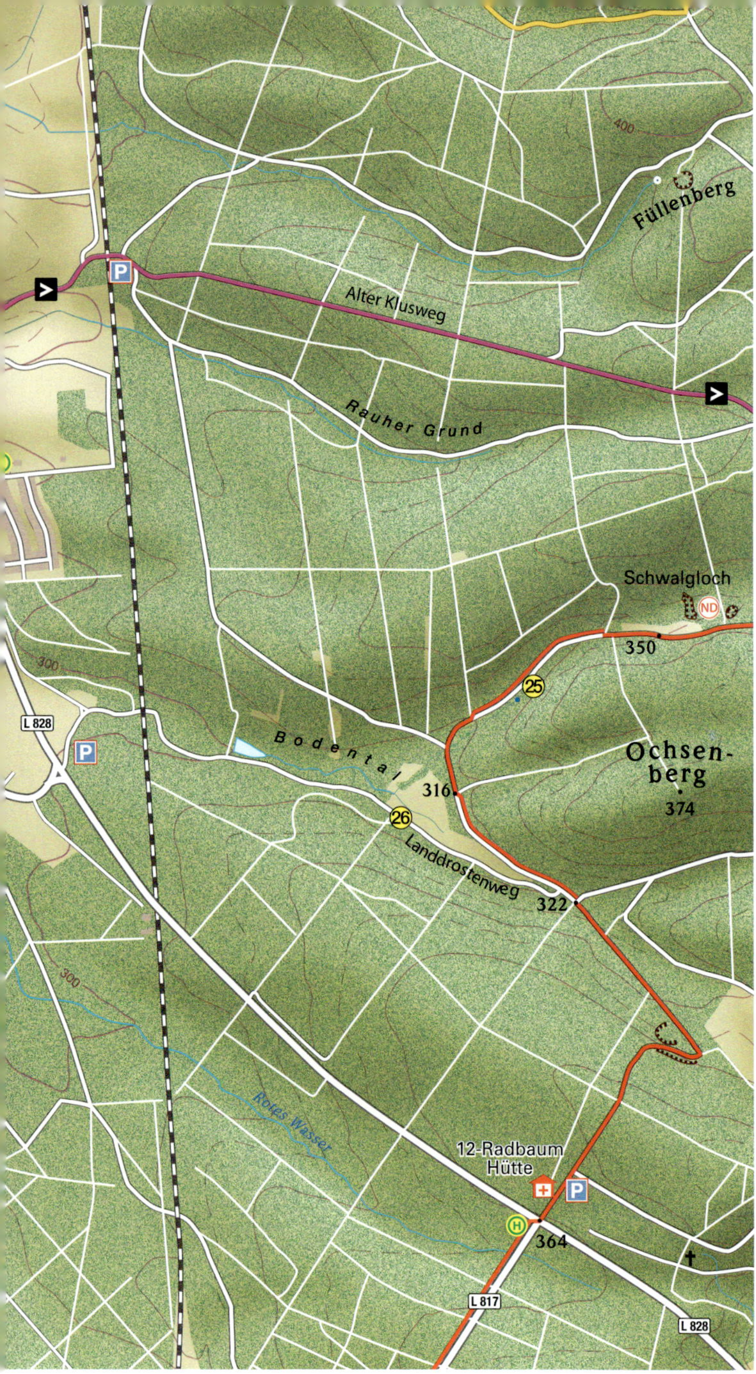

Karte V (zu Etappe 4)

23 Erdfall am Klusenberg ⇨ Text S. 66

24 Klusweide (ehem. Forsthaus) ⇨ Text S. 67

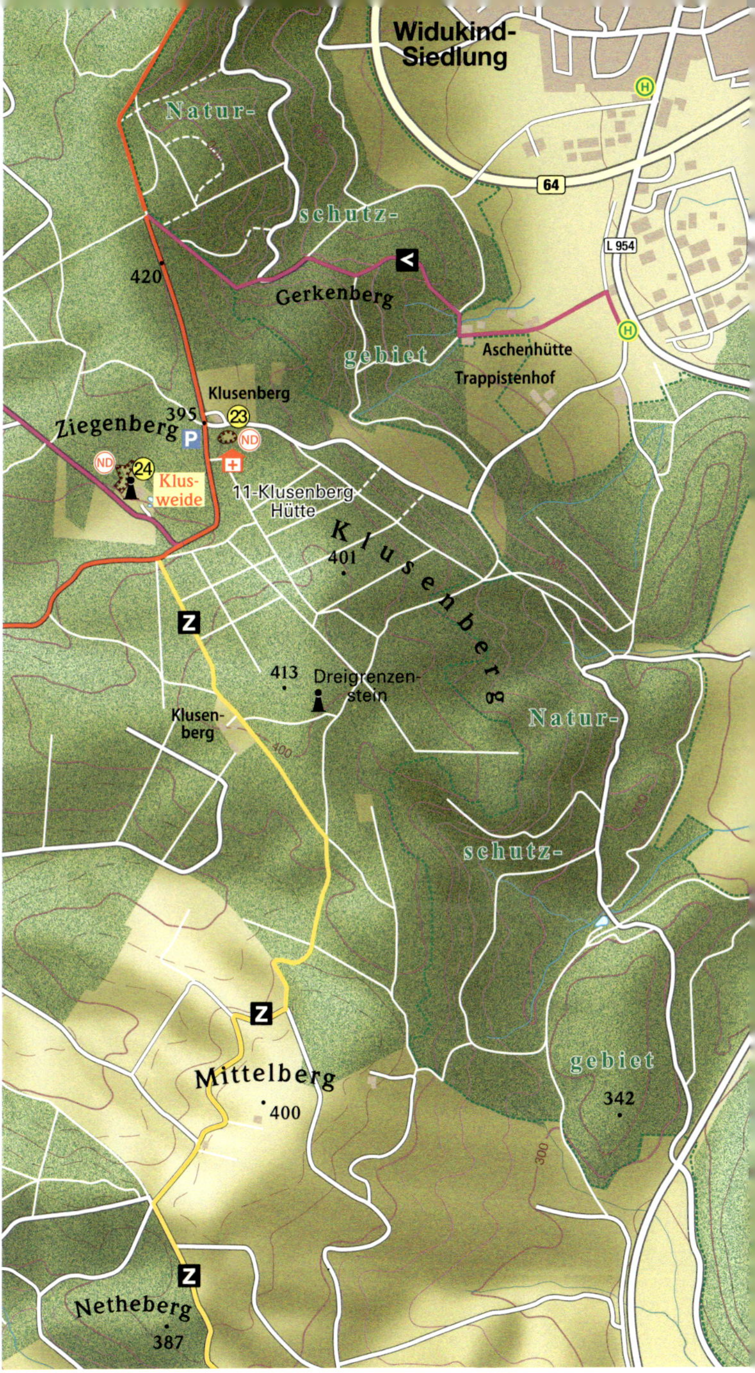

Maßstab 1:25.000

250 m — 1 km

25 Quelltöpfe ➪ Text S. 68

26 Landdrostenweg (Bodental) ➪ Text S. 68

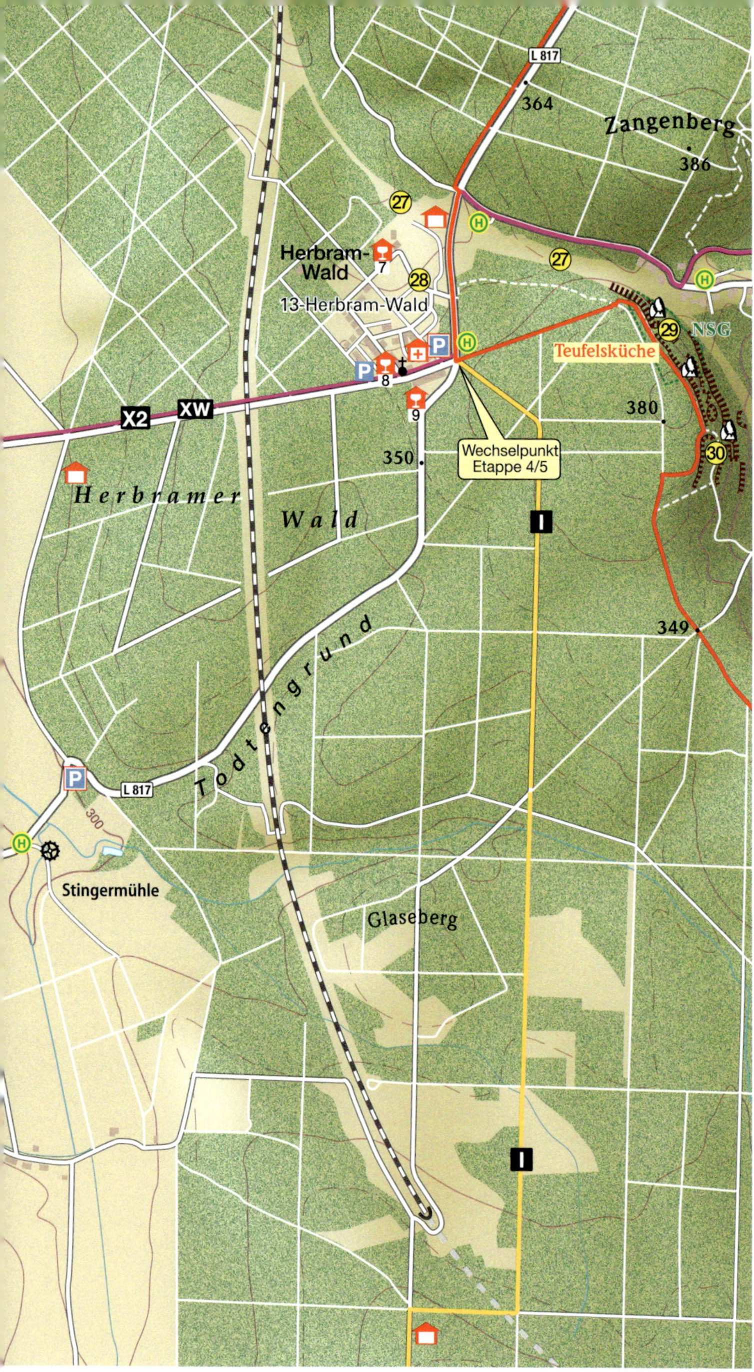

Karte VI **(zu Etappe 4/5)**

(27) Ehemalige Bahntrasse ⇨ Text S. 69

(28) Ehemaliger Tannenhof ⇨ Text S. 70

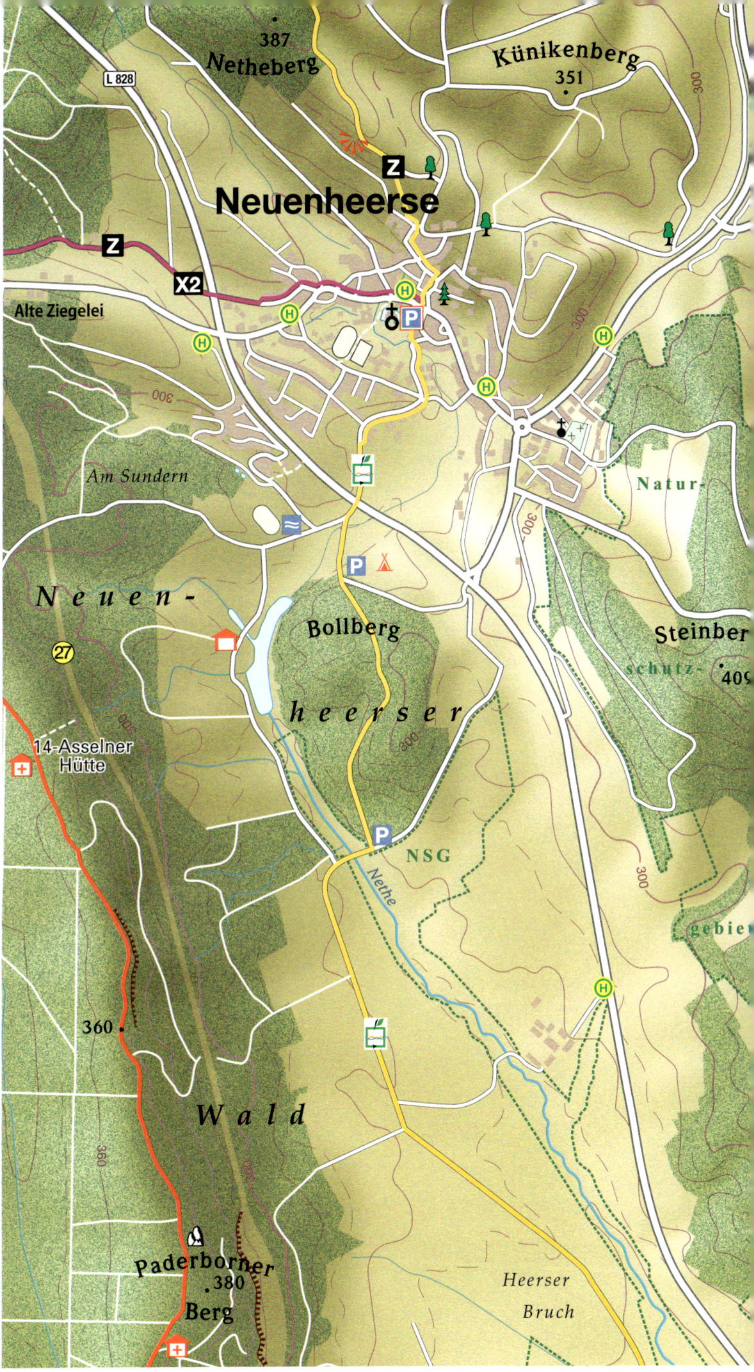

Maßstab 1:25.000

250 m 1 km

29 »Teufelsküche« ⇨ Text S. 72

30 Pfad (ehemaliger Sandsteinbruch) ⇨ Text S. 73

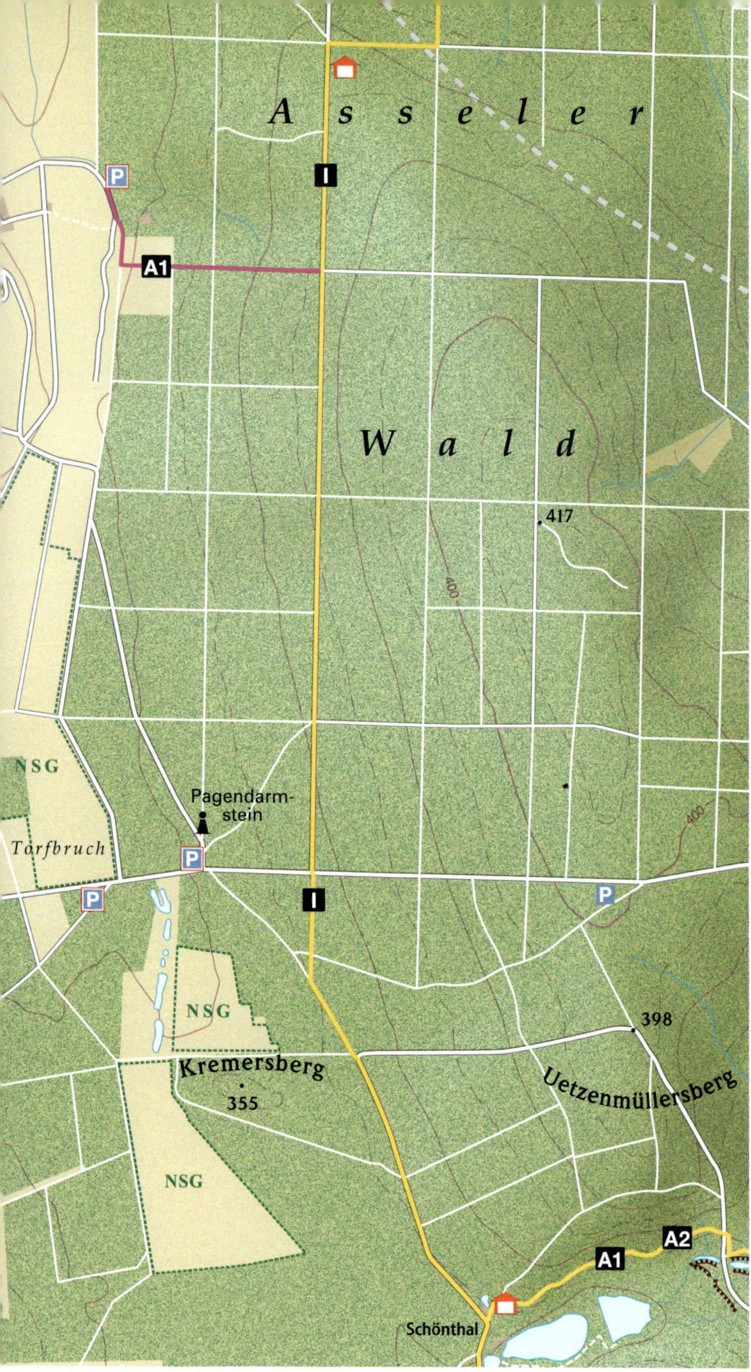

Karte VII (zu Etappe 5)

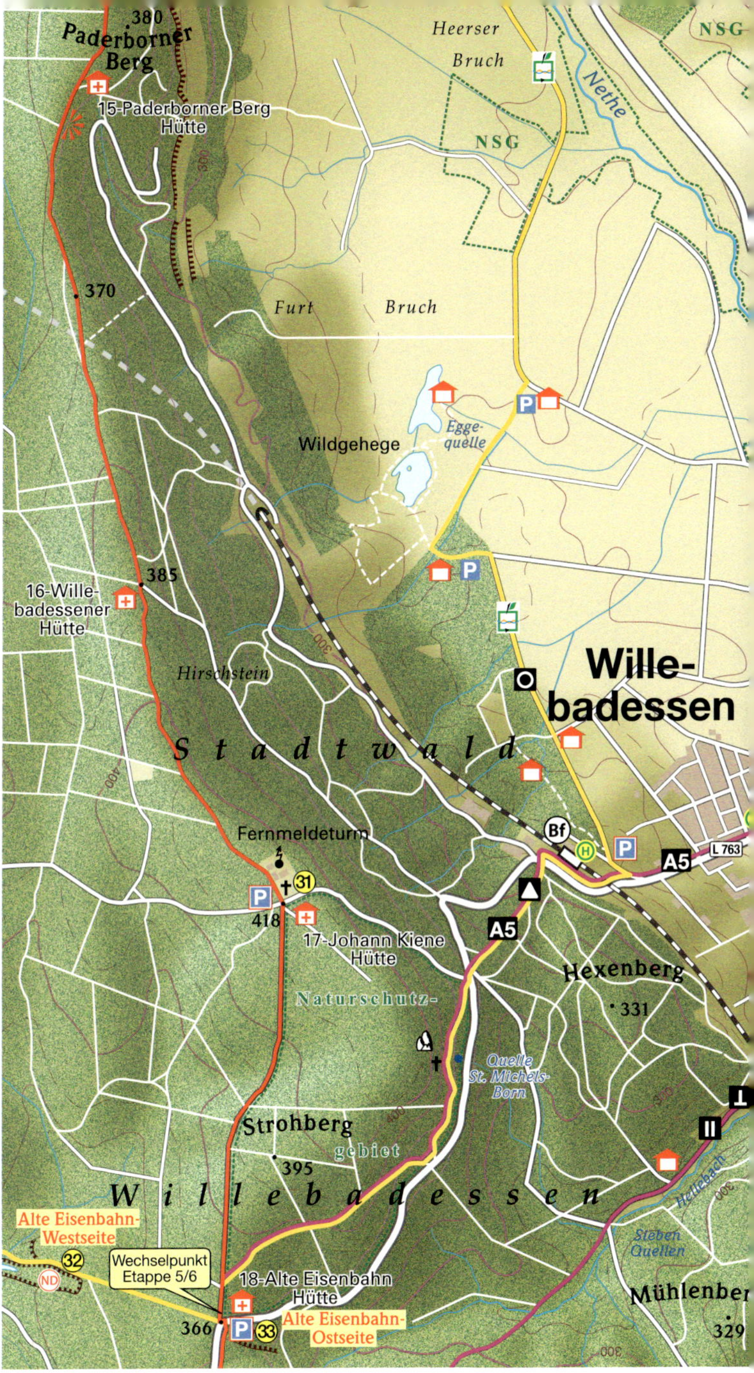

Maßstab 1:25.000

250 m — 1 km

(31) Lichtenauer Kreuz ➪ Text S. 77

(32) »Alte Eisenbahn« (Westeinschnitt) ➪ Text S. 78, Exkurs S. 79

(33) »Alte Eisenbahn« (Osteinschnitt) ➪ Text S. 78, Exkurs S. 79

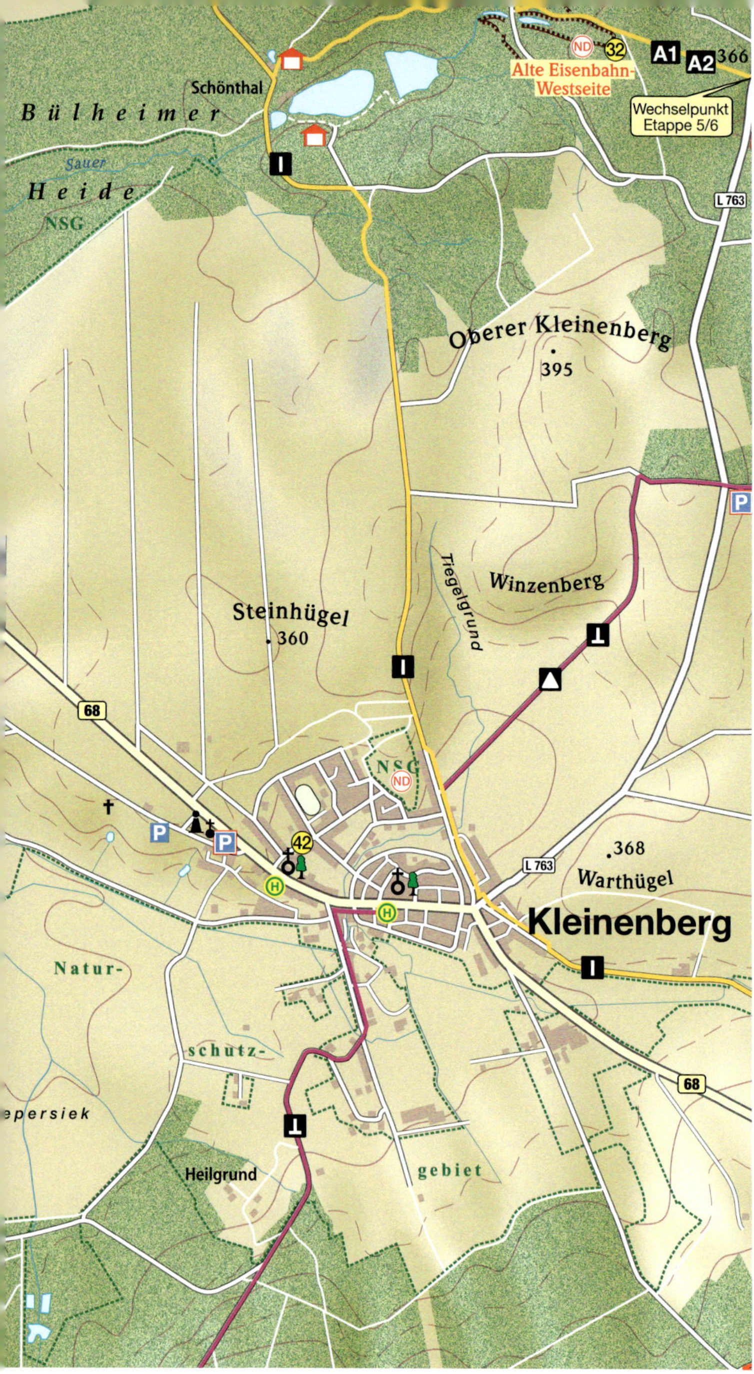

Karte VIII (zu Etappe 6/7)

- **32** »Alte Eisenbahn« (Westeinschnitt) ⇨ Text S. 78, Exkurs S. 79
- **33** »Alte Eisenbahn« (Osteinschnitt) ⇨ Text S. 78, Exkurs S. 79
- **34** Kleiner Herrgott ⇨ Text S. 81
- **35** Karlsschanze ⇨ Text S. 81, Exkurs S. 82
- **36** »Opferstein« u. »Fauler Jäger« ⇨ Text S. 81, Exkurs S. 83
- **37** Krahekreuz ⇨ Text S. 84, Exkurs S. 85

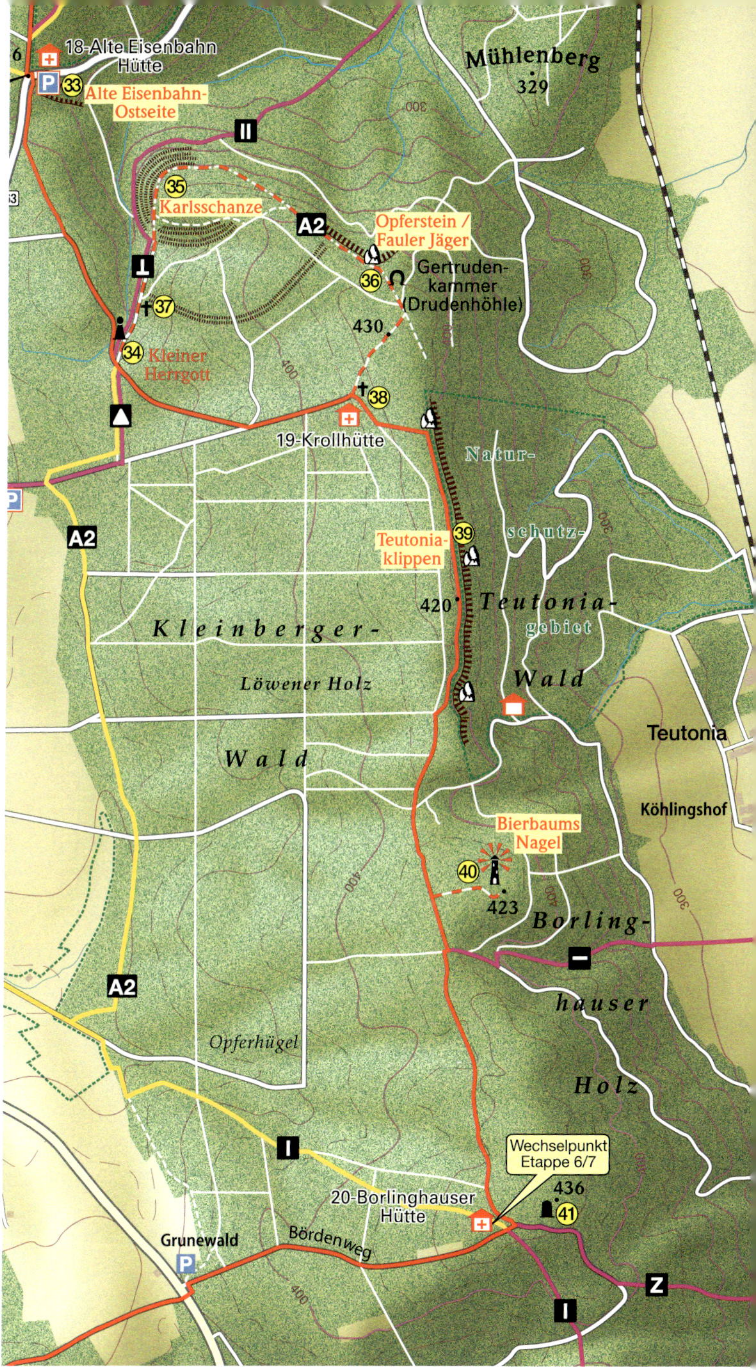

Maßstab 1:25.000

250 m 1 km

(38) Försterkreuz ⇨ Text S. 84, Exkurs S. 85

(39) Teutoniaklippen ⇨ Text S. 86

(40) Aussichtsturm »Bierbaums Nagel« ⇨ Text S. 87, Exkurs S. 88

(41) Grenzstein am Burgweg ⇨ Text S. 89

(42) Wallfahrtsstätte Kleinenberg ⇨ Text S. 89, Exkurs S. 90

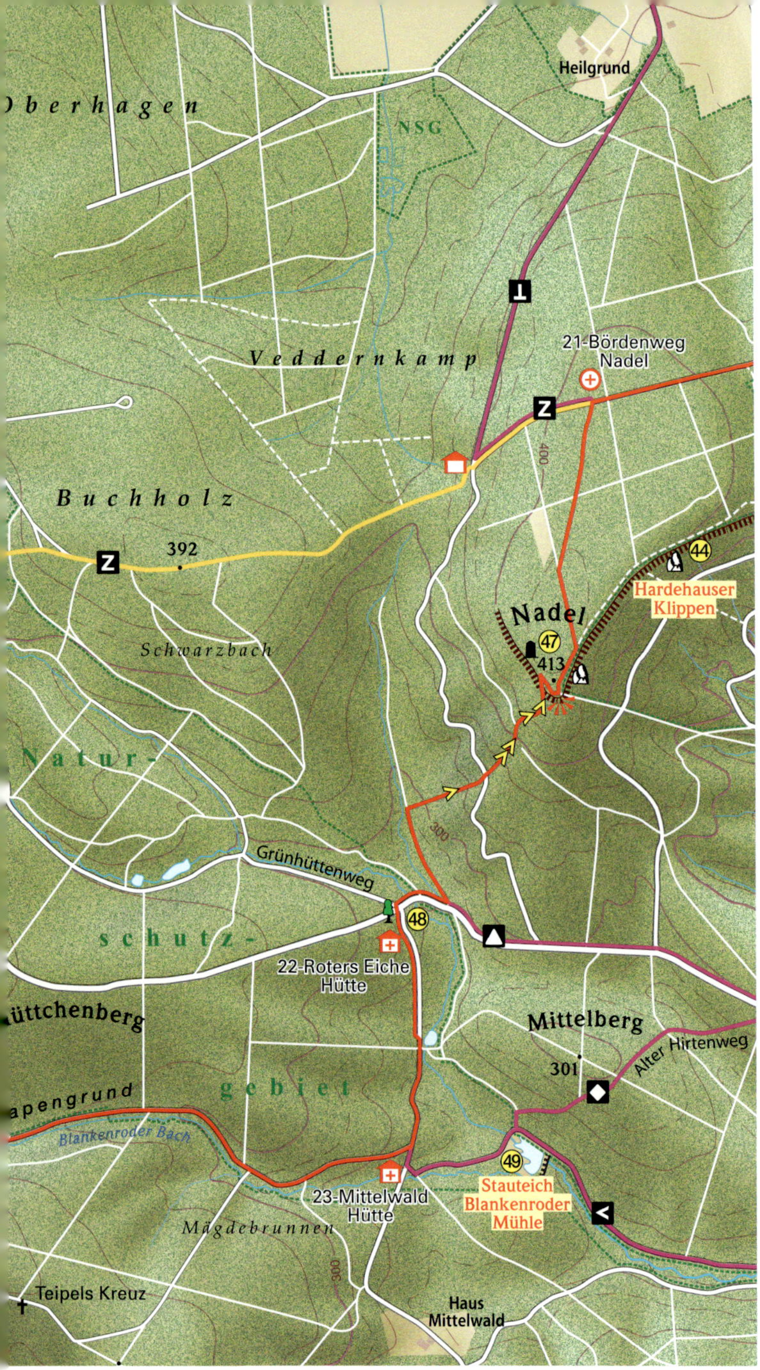

Karte IX (zu Etappe 7)

43 Felix Fechenbach Gedenkstein	➪ Text S. 92, Exkurs S. 92
44 Hardehauser Klippen	➪ Text S. 92
45 Ehemaliges Kloster Hardehausen	➪ Text S. 94, Exkurs S. 95
46 Wisentgehege	➪ Text S. 94

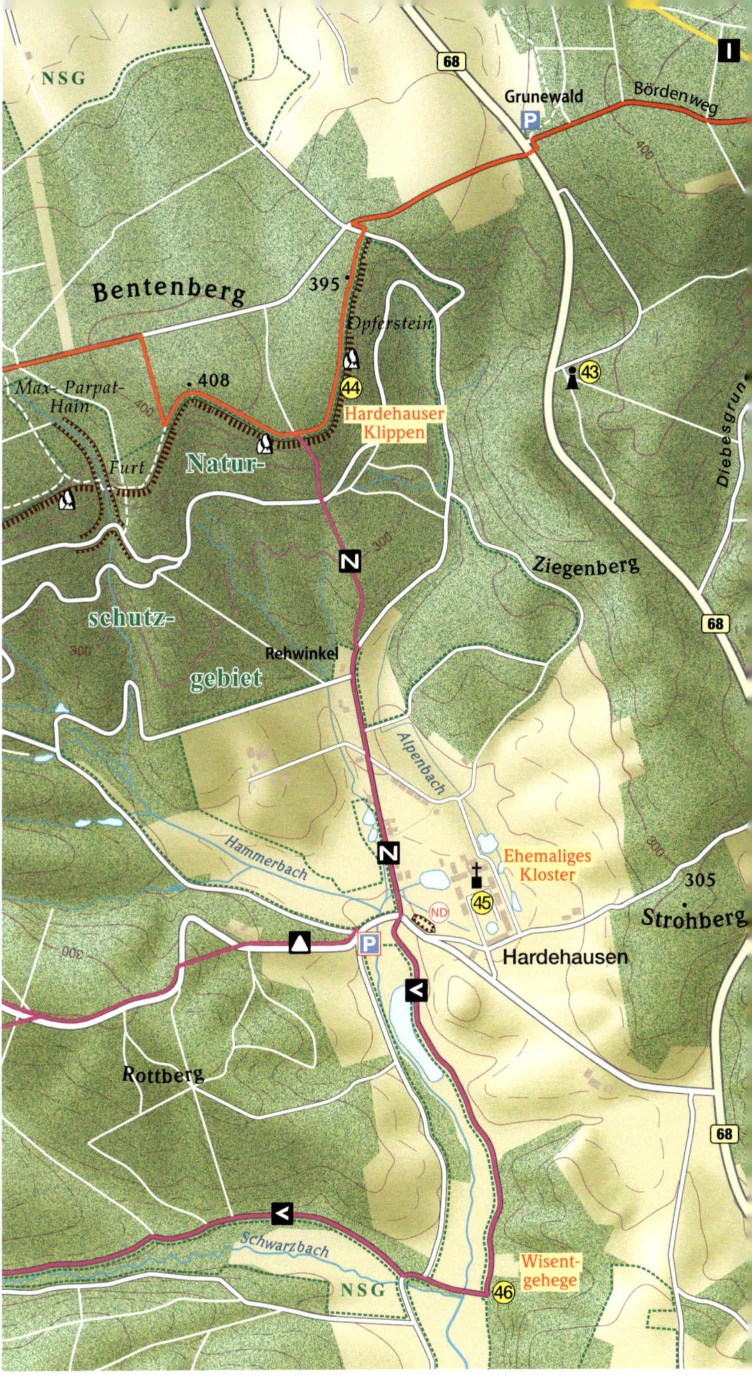

Maßstab 1:25.000

250 m 1 km

- 47 Natelenstein (»Nadel«) ➪ Text S. 96
- 48 Roters Eiche ➪ Text S. 97
- 49 Stauteich Blankenroder Mühle ➪ Text S. 98

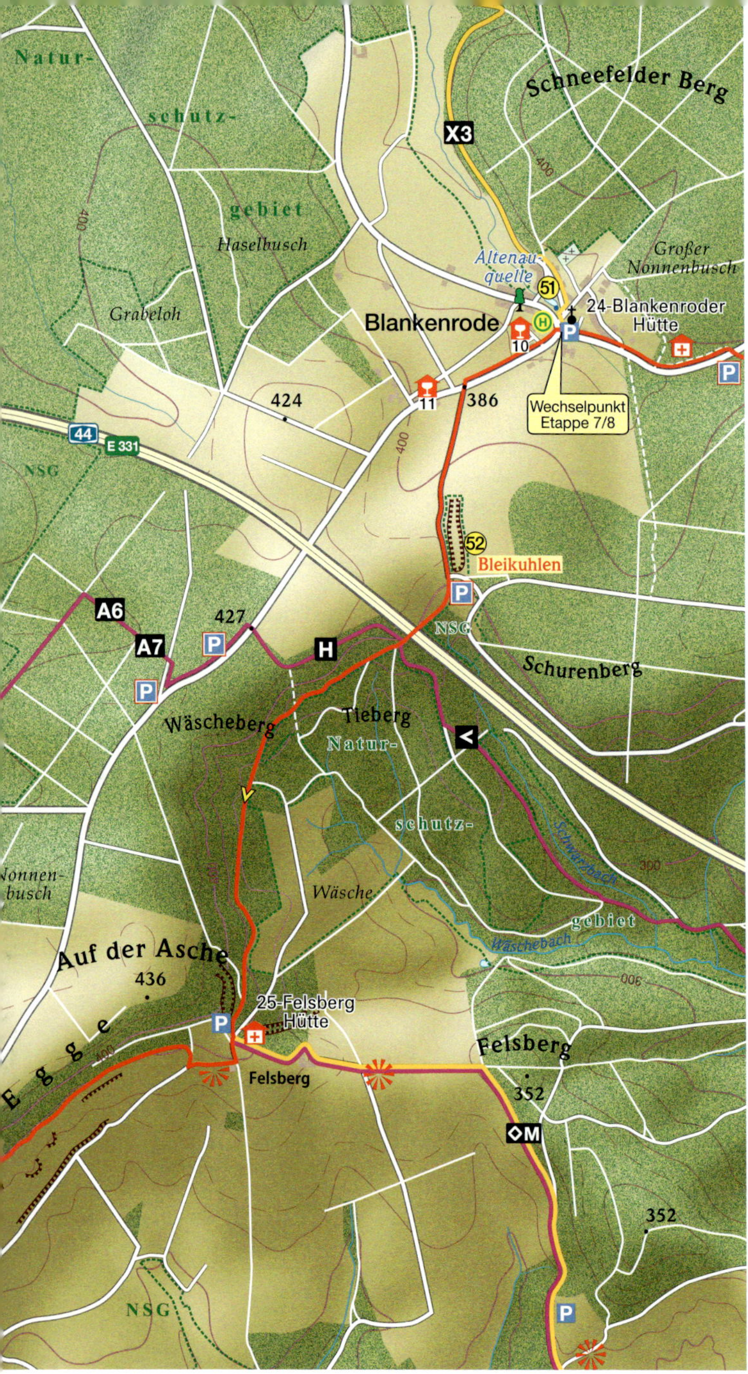

Karte X (zu Etappe 7/8)

50	Stadtwüstung Blankenrode	⇨ Text S. 98, Exkurs S. 99
51	Altenauquelle	⇨ Text S. 101
52	Bleikuhlen Blankenrode	⇨ Text S. 103, Exkurs S. 102

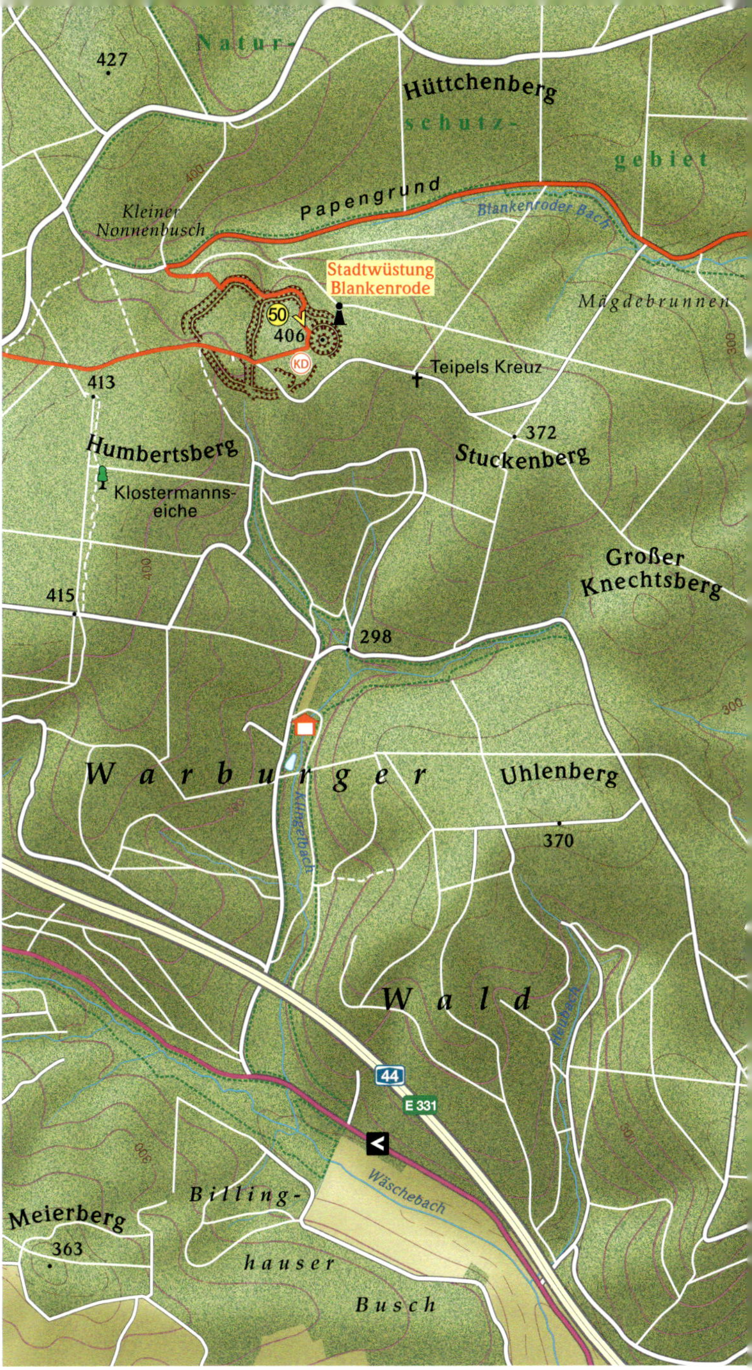

Maßstab 1:25.000 250 m 1 km

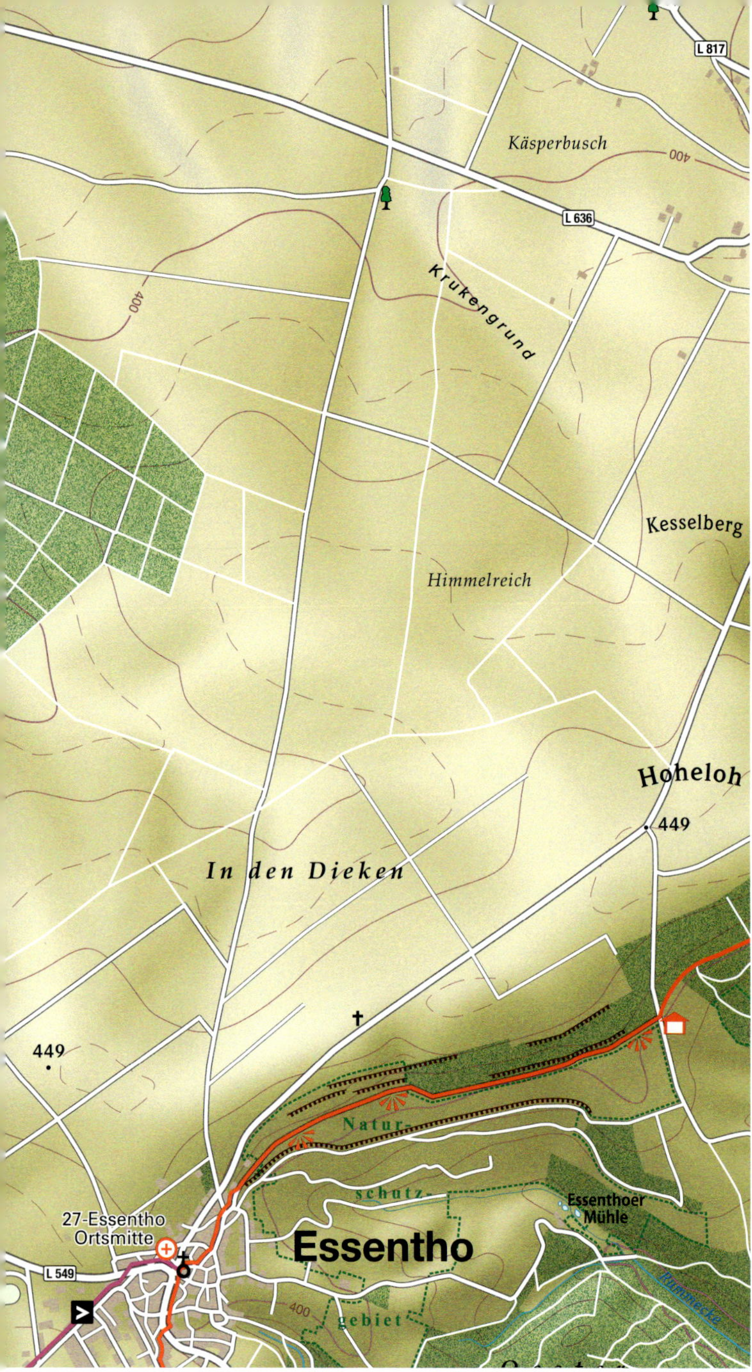

Karte XI (zu Etappe 8)

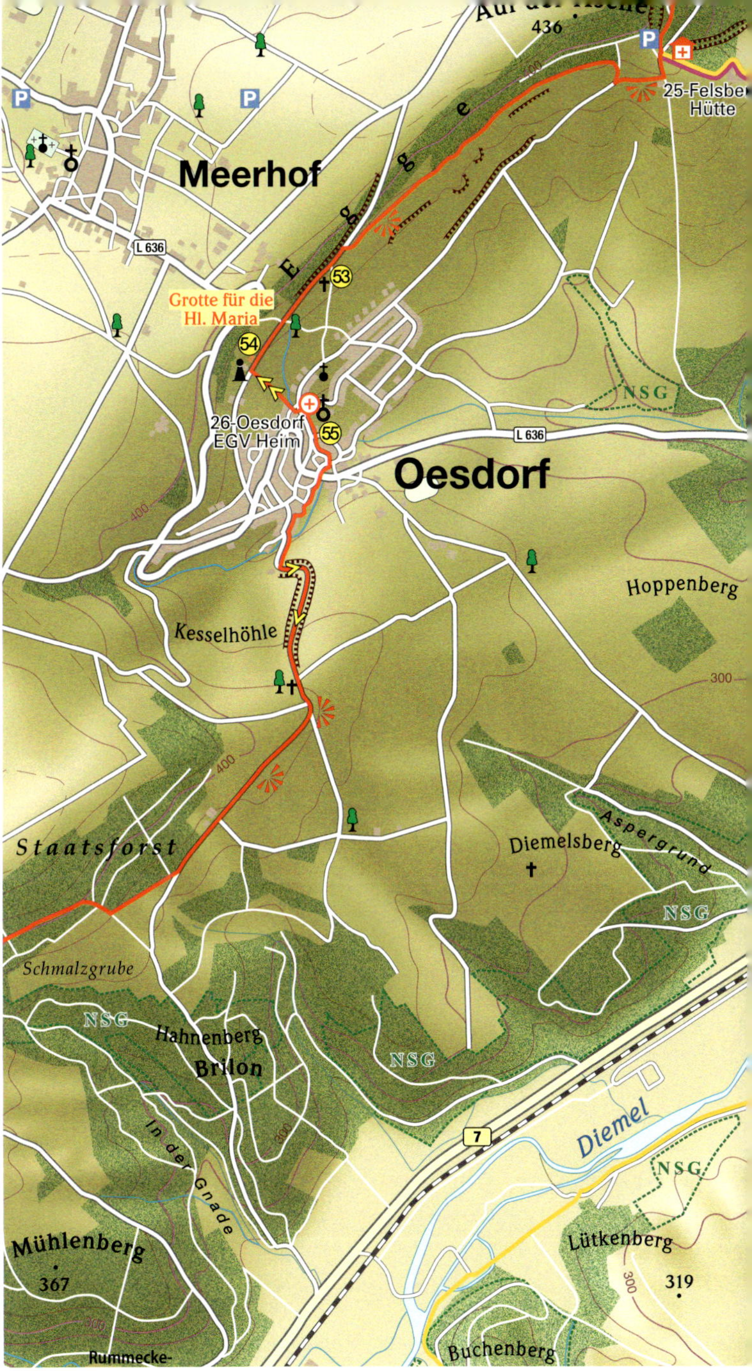

Maßstab 1:25.000

250 m — 1 km

(53) Heiliger-Aloysius-Statue ➪ Text S. 104

(54) Grotte für die Heilige Maria ➪ Text S. 105

(55) Pfarrkirche St. Johannes der Täufer ➪ Text S. 105

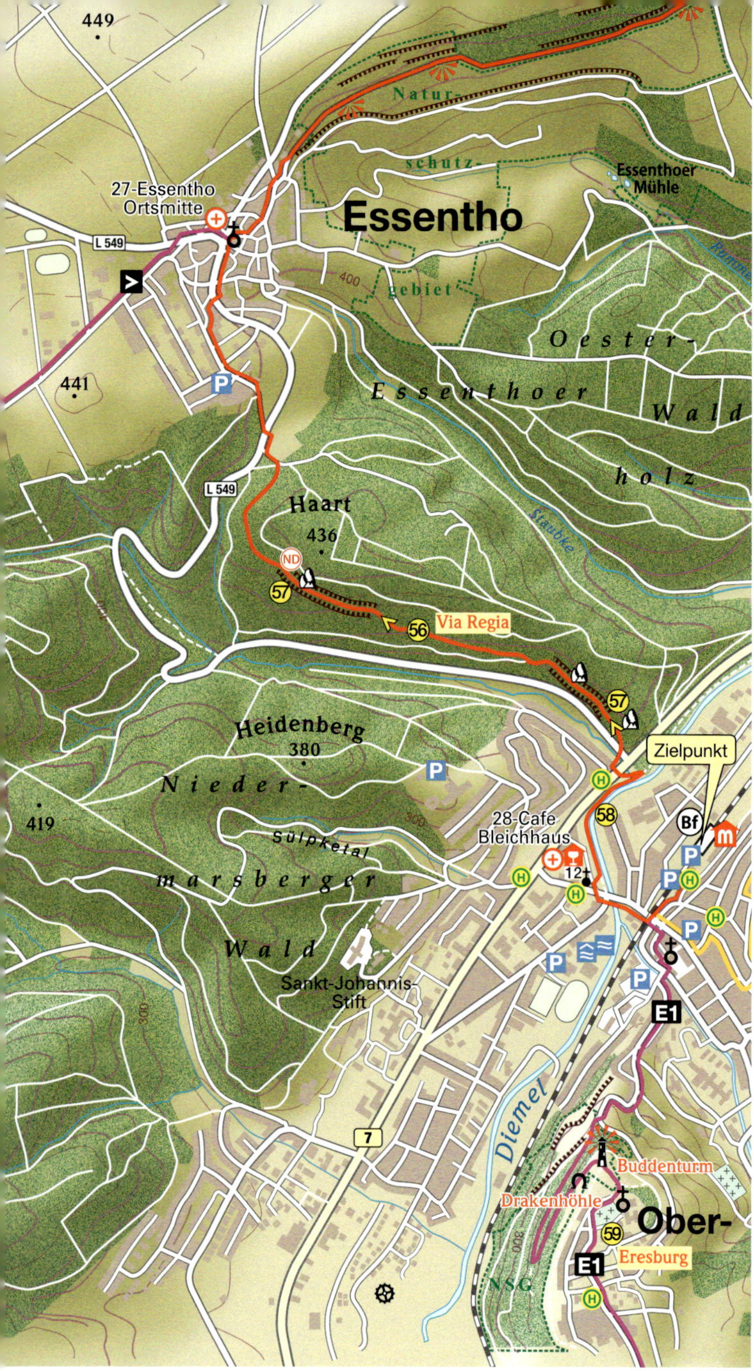

Karte XII (zu Etappe 8)

56 Via Regia (Frankfurt–Paderborn) ⇨ Text S. 107

57 Hohlweg im Zechstein ⇨ Text S. 107

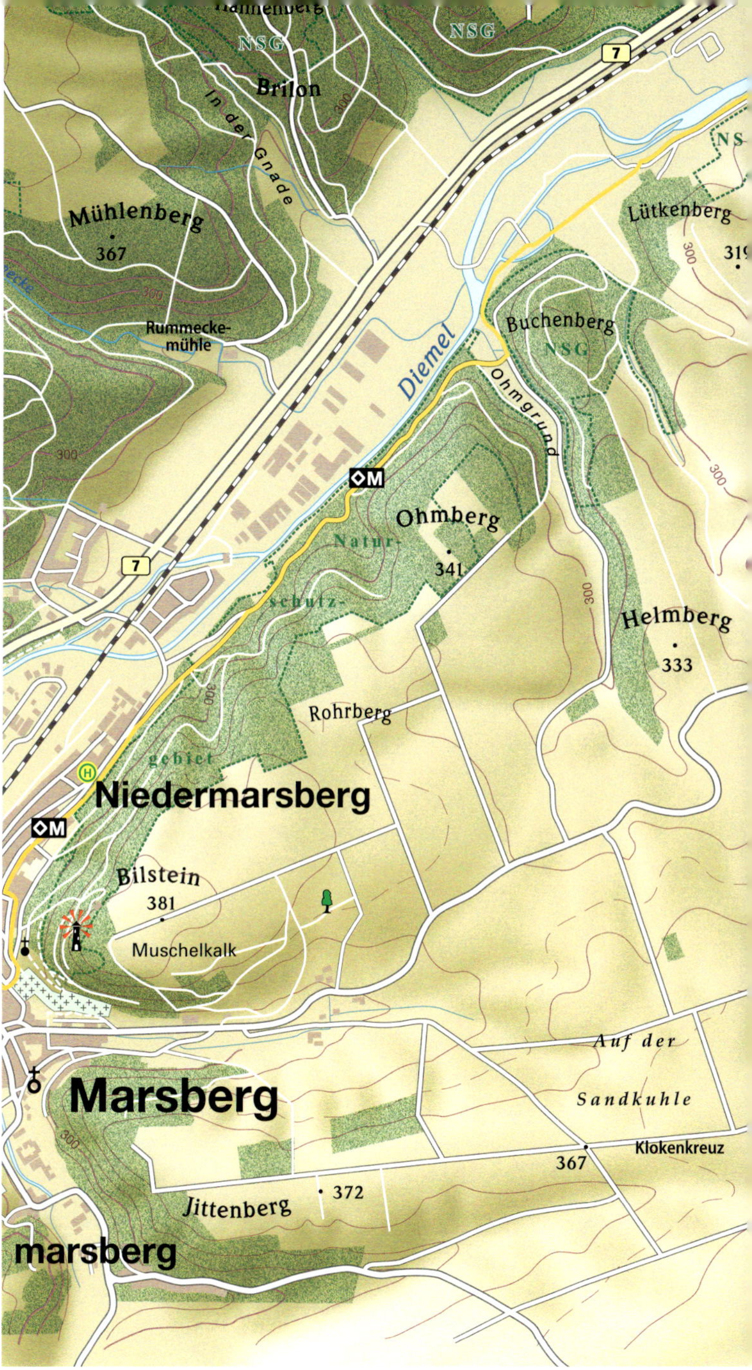

Maßstab 1:25.000

250 m — 1 km

58 Diemel ➪ Text S. 110

59 Obermarsberg (Eresburg) ➪ Text S. 110, Exkurs S. 111

Unterkunft und Verpflegung am Eggeweg

Mit Ausname von Anfangs- und Endpunkt des Eggewegs führt dieser Wanderweg nur durch wenige Ortschaften. Es empfiehlt sich daher, sich gegebenenfalls für den ganzen (!) Tag mit Proviant zu versorgen. Abseits der Ortschaften gibt es nur wenige gastronomische Einrichtungen am Eggeweg. Diese führen wir hier alle auf und sie sind in den Karten verzeichnet (22). In vielen Orten am Fuß des Eggegebirges gibt es hingegen zahlreiche Möglichkeiten zum Einkehren und Übernachten. Die Zugangswege von und zum Eggeweg werden in den Karten dargestellt. Für diese Orte nennen wir die Tourist-Informationen und geben die Entfernung zum Eggeweg an. Geordnet ist das Verzeichnis von Nord nach Süd nach Städten und Ortsteilen, die am Eggeweg liegen.

Horn-Bad Meinberg

Infozentrum Externsteine, Externsteinestraße 35, 32805 Horn-Bad Meinberg, (05234) 202 9796, www.externsteine.de
oder:
Touristinformation Horn-Bad Meinberg, Allee 9, 32805 Horn-Bad Meinberg, (05234) 98903, www.hornbadmeinberg.de

Ortsteile am Eggeweg:
Holzhausen-Externsteine, Ausgangspunkt des Eggewegs, Fremdenverkehrsort mit zahlreichen gastronomischen Einrichtungen
Horn, Entfernung zur Ortsmitte 1,5 km
Leopoldstal, Entfernung zur Ortsmitte 2 km
Feldrom/Veldrom/Kempen, Entfernung 0,7–1 km

Unmittelbar am Eggeweg liegen:
(1) **Felsenwirt Externsteine**, Restaurant & Café, März bis Nov. 10–18 Uhr, R: Mo, (05234) 2310, www.felsenwirt.de, Externsteiner Str. 35, 32805 HornBM
(2) **Jugendherberge Horn**, (05234) 2534, www.djh-wl.de, Jahnstr. 36, 32805 HornBM
(3) **Waldschlösschen**, Hotel und Restaurant-Café, (05234) 8414-0, Paderborner Str. 33, 32805 HornBM, Di–Fr ab 17, Sa/So ab 11 Uhr, R: Mo
(4) **Waldhotel** (und Restaurant) **Silbermühle**, (05234) 2222, www.silbermuehle.de, Neuer Teich 57, 32805 Horn-BM, täglich 10–22 Uhr (im Winter reduzierte Zeiten)

Steinheim

Stadtmarketing Steinheim, Emmerstr. 7, 32839 Steinheim, Tel. (05233) 9973-27, www.steinheim.de

Ortsteil am Eggeweg:
Sandebeck (4 km) mit Hotel

Altenbeken

In der Gemeinde gibt es ein Hotel sowie einige Pensionen und Ferienwohnungen. Bürgerbüro Gemeinde Altenbeken, Bahnhofstr. 5 A, 33184 Altenbeken, Tel. (05255) 1200-0, www.altenbeken.de

Ortsteile am Eggeweg:
Altenbeken (2 km),
Buke (2,5 km) und
Schwaney (4 km).

Bad Driburg

Die Kernstadt Bad Driburg liegt am Fuß des Eggegebirges unterhalb der Iburg. Entfernung zur Innenstadt: 2 km mit Höhenunterschied von nahezu 200 m. In Bad Driburg gibt es zahlreiche Unterkunftsmöglichkeiten aller Kategorien, auch eine JH.

Bad Driburger Touristik GmbH, Lange Str. 140, 33014 Bad Driburg, Telefon (05253) 9894-0, www.bad-driburg.com

Zwei Einkehrmöglichkeiten am Eggeweg:
(5) **Eggekrug**, (05253) 3249,

Westenfeldmark 4, 33014 Bad Driburg, Di–Fr ab 14, Sa/So ab 11 Uhr, R: Mo

(6) **Sachsenklause** auf der Iburg, (05253) 2404, Westenfeldmark 6, 33014 Bad Driburg, ab 9:30 Uhr, R = Di

Neuenheerse

Kommunal gehört Neuenheerse zu Bad Driburg, Entfernung zum Eggeweg 2,3 km.

Verkehrsverein Neuenheerse e.V., Alte Dechanei, Stiftsstr. 3, 33014 Neuenheerse, (05259) 512, www.verkehrsverein.neuenheerse.de

Lichtenau

Lichtenau liegt westlich des Eggegebirges. Drei Ortsteile liegen am Eggeweg. Tourist-Information Bad Lichtenau, Am Kloster 9, 33165 Lichtenau-Dalheim, (05292) 9319-225, www.lichtenau.de

Ortsteile am Eggeweg:

Kleinenberg, Entfernung 3,2 km; hier gibt es zwei Unterkunftsmöglichkeiten.

Blankenrode, Entfernung 0 km (siehe weiter unten)

Herbram-Wald liegt direkt am Eggeweg:

(7) **Waldpension Küchmeister**, Eggering 10–12, 33165 Li-HerbramWald, Tel. (05259) 98550, www.waldpension-kuechmeister.de. Abendessen gibt es dort auch für Wanderer, die nicht übernachten

(8) Hotel-Pension Garni **Haus Barbara**, Eggering 42, 33165 Li-Herbram-Wald, Tel. (05259) 215, www.hausbarbara.de. Einkehrmöglichkeit für Vorbeiwandernde ab 14 Uhr.

(9) Essen und Trinken: **Golfstübchen**, Herbramer Str. 2, 33165 Li-HerbramWald, Tel. (05259) 932766, www.golfstuebchen.de, Mi–So 12–24 Uhr

Willebadessen

Willebadessen liegt auf der Ostseite des Eggegebirges; Entfernung zum Bahnhof ca. 1,5 km, zum Zentrum 3 km. Es gibt ein Hotel (www.jaegerhof-willebadessen.de, Nähe Bahnhof), mehrere Gasthöfe und Pensionen sowie Gaststätten. Im Ortsteil Borlinghausen keine Gastronomiebetriebe.

Warburg-Hardehausen

Im Klosterort Hardehausen, Entfernung ca. 2,5 km, kann man einkehren und auch übernachten.

Tourist-Information Warburg, Neustadt – Marktplatz, 34414 Warburg, Telefon (05641) 908-50, www.warburg-touristik.de

Lichtenau-Blankenrode

Etwa 20 Kilometer nach Herbram-Wald kommt man wieder nach Lichtenau, jetzt in den Ortsteil Blankenrode. Hier gibt es zwei Übernachtungsmöglichkeiten:

(10) **Hotel-Café Eggewald**, Schulkamp 3, 33165 Lichtenau-Blankenrode, Tel. (02994) 458. Zum Einkehren ist das Hotel den ganzen Tag geöffnet (außer Do)

(11) Pension-Café **Haus Dewenter**, Zur Altenauquelle 30, 33165 Lichtenau-Blankenrode, (02994) 780, www.haus-dewenter.de. Auch zum Einkehren täglich geöffnet.

Marsberg

Obgleich man auf dem Weg von Blankenrode nach Marsberg noch durch die Ortschaften Oesdorf und Essentho wandert, sind sowohl Einkehren als auch Übernachten erst wieder in Marsberg möglich.

Touristinfo der Stadt Marsberg, Bäckerstr. 8, 34431 Marsberg Telefon (02992) 8200, www.tourismus-marsberg.de

Die Stadt bietet mehrere Hotels und Pensionen. Als Einkehrmöglichkeit (neben vielen anderen) wird vom Autor empfohlen:

(12) **Café Zum Bleichhaus**, An den Bleichen 1, (02992) 5317, Apr.–Sept., Di–Sa 13–20, So u. Feiertag: 12–20 Uhr, R: Mo

Exkurs-Übersicht